Kohlhammer

Die Autorin:

Prof. Dr. Lisa Niederreiter ist Kunst- und Sonderpädagogin, Dipl. Kunsttherapeutin, Künstlerin; klinische
Erfahrung in kunsttherapeutischer Atelierarbeit mit
Adressat*innen aus der psychosozialen Praxis; Lehre
und Forschung in der Sozialpädagogik und Kunsttherapie, künstlerische Arbeit

(Foto Barbara Walzer)

Lisa Niederreiter

Kunst, Bildung und Bewältigung

Kunsttherapie in pädagogischer und psychosozialer Praxis

Verlag W. Kohlhammer

1. Auflage 2021

Alle Rechte vorbehalten
© W. Kohlhammer GmbH, Stuttgart
Gesamtherstellung: W. Kohlhammer GmbH, Stuttgart

Print:
ISBN 978-3-17-037639-7

E-Book-Formate:
pdf: ISBN 978-3-17-037640-3
epub: ISBN 978-3-17-037641-0
mobi: ISBN 978-3-17-037642-7

Inhaltsverzeichnis

4 (Selbst-)Bildungsprozesse: Sinnbezüge von sich zur Welt 63

5 Jugend, Identität, Biographie und Entgrenzung 88

6 Trauma und Bewältigung in Kunst 117

1

Einleitung

1.1 Allgemeines

Idee der Publikation ist die Erstellung eines anwendungsorientierten Grundlagenwerks künstlerisch-kunsttherapeutischer Methoden für die psychosoziale und pädagogische Praxis mit einer Schwerpunktsetzung auf einen erweiterten und aktualisierten Bildungsbegriff. Ein vielfach in der entsprechenden Fachliteratur vertretener Standpunkt der Trennung zwischen eher kunstpädagogischen Zugängen im Kontext von Bildungsprozessen, einer kunst- und gestaltungstherapeutischen Methodik für die klinische Anwendung und ganz aktuell neueren Kunstvermittlungsformaten für offener orientierte Ziele kultureller Partizipation kann und soll m. E. nicht mehr in der Schärfe aufrechterhalten werden. Diese Trennung macht im Kontext institutioneller Logik und professioneller Qualifikation u. U. noch Sinn (Schule versus psychiatrische Klinik), in der Praxis treffen wir jedoch in vielen Feldern der Bildungs-, Beratungs- und Begleitungsarbeit auf Menschen, deren Unterstützungsbedarfe und Entwicklungswünsche so komplex gestaltet sind, dass die klassische Einteilung in bildungsspezifisch versus behandlungsbedürftig nicht mehr gelten kann. Zuschreibungen, Normalitätskonstruktionen, Inklusionsnarrationen, Berührungsängste und mangelndes Fachwissen im pädagogischen versus psychologischen Bereich begründen diese perseverierte Trennung.

Ganz konkret konfrontiert war ich in der Fachwelt besonders auf Kongressen zu künstlerischer Bildung wiederholt mit Vorwürfen von psychologisierender, heißt unwissenschaftlicher »Deutung«, sobald ich anlässlich von Projekt-Beschreibungen über mögliche Sinnzusammenhänge von künstlerischen Arbeiten für die Teilnehmer*innen berichtete, obwohl es sich häufig um deren eigene Äußerungen zu den Bildern handelte. Erstaunlich emotional und entwertend wurde solche Kritik formuliert. Ich halte jene wechselseitige, wie auch immer begründete und/oder begründbare Abwehr jeweils pädagogischer oder psychologischer Zugänge für nicht mehr zeitgemäß. Mein Vorrang liegt eindeutig in der komplementären Erweiterungsmöglichkeit des eigenen Fachwissens, d. h. klinisch und psychosozial Tätige ergänzen zum einen ihre Kompetenzen um Dimensionen soziologisch konnotierter (Selbst-)Bildungsprozesse und zum anderen vertiefen Professionelle in pädagogischen Feldern ihr (entwicklungs-)psychologisches, psychodynamisch subjektorientiertes und sozialpsychiatrisches Wissen. Zugehörige theoriegeleitete und methodische Entsprechungen adäquaten künstlerischen Handelns im jeweiligen Feld werden zu diesem Zweck konturiert, d. h. Kunst in ihren Wirkungsdimensionen und Funktionen kristallisiert sich als Bildungsereignis eventuell anders als im Kontext einer Krisenbewältigung. Trotzdem gibt es gemeinsame theoretische wie praktische Fundamente, die diese Publikation gezielt und pointiert versammeln will. Sie bietet multidisziplinäre Perspektiven zu psychoanalytisch informierter (Subjekt)Bildung, zu aktuellen gesellschaftlichen Entwicklungen im Spannungsfeld von Entgrenzung und Inklusion und passende Diskurse und Methoden aus den Künsten. Zudem werden relevante Aspekte um ästhetische Erkenntnis- und Handlungsprozesse in Zusammenhang mit Identität und Biographie einbezogen, ebenso wie aktuelle Konzepte zu einem anthropologischen Verstehen psychischen Leids in der Tradition kritischer Sozialpsychiatrie. Dabei geht es nicht um die Leugnung von Beeinträchtigung, Erkrankung, Störung oder »Symptomen«; es geht um eine erweiterte Sichtweise, die sich weder in klinischen Diagnosen noch in verwässernden Narrationen um »diversity« oder »Stärkenperspektiven« verliert, sondern gezielt fachspezifische Grundlagen zur Verfügung stellt, Menschen in Entwicklungsübergängen und/oder psychischen Krisen über das Kunstmachen zu unterstützen.

Dieser Band fokussiert demnach nicht wie die klinisch-kunsttherapeutische Literatur Theorien, Methoden und quantitative Forschungsergebnisse klinischer Praxis und ihre »störungsorientierte« Sicht, vielmehr werden Theoriebausteine aus der Tiefenpsychologie, der sozialpsychologisch informierten Individuationstheorie, der Bildenden Kunst und zu den Eigenarten ästhetischer Bildung zusammengestellt, insofern sie für einen psychosozial supportiven, entwicklungsfördernden, störungskompensierenden, den Einzelnen wie Gruppen ermächtigenden Ansatz relevant sind.

Das mag eklektizistisch klingen, scheint mir jedoch die sinnvollste Variante zu sein, das genannte Überschneidungsfeld theoretisch wie methodisch mit professionell breit gefächerten Grundlagen, zentralen Wissensbeständen, Konzepten und Anwendungsorientierungen auszustatten, so dass komplexe Zusammenhänge fachlich – auch ausgewählt und kapitelweise gestaffelt – angeeignet werden können. Das Wissen und Einordnen-Können von ästhetischen wie bewältigungsorientierten Prozessen ist bedeutsam, selbst wenn nicht mit jeder Klientel gearbeitet werden soll oder will. Die jeweiligen disziplinären Theorien werden dabei einzeln den thematisch passenden Kapiteln zugeordnet, wobei sie auch für andere Abschnitte der Publikation gültige theoretische Hintergründe bieten können. So etwa wird die gesellschaftliche Entgrenzungsdebatte in Kapitel 5 (▶ Kap. 5) zu Identität und Biographie oder die anthropologische bzw. kritische Psychiatrie im Kapitel 6 (▶ Kap. 6) zu Trauma verhandelt.

Durchgängiger Kerngedanke dieser Publikation bildet eine konsequente Abwendung von einem eher (klinisch) subjektorientierten Blick auf zu begleitete Bildungs- und Bewältigungsprozesse bei Individuen mit Unterstützungsbedarfen hin zu einer kritischen, die gesellschaftspolitischen Bedingungen, den entgrenzten »Zeitgeist« nachmoderner, globalisierter, medienorientierter Welt berücksichtigenden Perspektive. Eine Entsprechung findet dieses Spannungsfeld zwischen Subjekt und Welt auch auf der Anwendungsebene des ästhetischen Mediums, durchgängig werden künstlerische Positionen als Illustration oder Realisierung von theoretischen Diskursen eingebracht. Daneben kommt ausgewählten Werken der Bildenden Kunst im Methodenrepertoire eine prominente Rolle zu, als sie als themenspezifisch ausgerichtete Rezeptionsangebote für eine Auseinandersetzung mit der Welt nicht nur »aus sich selbst heraus« zum Einsatz kommen. Das bedeutet, Verfahren des künstlerischen Ausdrucks und gestaltenden Handelns werden um Interventionen aus breitgefächerten Formen der Kunstrezeption ergänzt, teilweise erweitern sich Kunstbetrachtungsmethoden zu schöpferischem Tun. Zudem reicht das Nachdenken bis auf die Ebene kultureller Teilhabe und dementsprechend zur Entwicklung entsprechender Formate verstärkter Ermöglichung von partizipativen Prozessen.

Eine vergleichende Theoriediskussion kunsttherapeutischer Ansätze wird nicht vorgenommen, jedoch sind dem in der Fachliteratur wenig vertieften Überschneidungsbereich von Bildung, Selbsterfahrung, psychosozialer Begleitung und Therapie im Verlauf der einzelnen Themenfelder vielfältige Überlegungen gewidmet. Mögliche gemeinsame psychoanalytische Konzepte, wie etwa jenes der Mentalisierung oder des »Übergangsobjekts« nach Winnicott als erstem schöpferischen Akt des Menschen werden dem gesamten Spannungsfeld von pädagogischen bis therapeutischen Aufträgen zu Grunde gelegt und konturiert. Hinsichtlich der einbezogenen Fachliteratur wurde der Versuch unternommen, klassische Vertreter*innen der jeweiligen Fachdebatten mit neueren Ansätzen und Forschungsergebnissen zu kombinieren, um ein breites, orientierendes Fundament anzubieten. Methoden und Anwendungsfelder beziehen sich durchweg auf Gruppen- wie Einzelarbeit über die gesamte Altersspanne hin (mit Ausnahme der Kindheit).

Als Autorin versuche ich für diese Publikation, die Bandbreite meiner professionellen Erfahrungen als Künstlerin, Kunsttherapeutin, Kunst- und Sonderpädagogin, Hochschuldozentin mit den entsprechenden Auseinandersetzungen in Theorien, Methoden und Praxiserfahrungen, als Anleiterin und Begleiterin von Bildungs- und Bewältigungsprozessen und als Forschende zu nutzen. Die Berücksichtigung, Überblendung, ja Verwebung der Diskurse um ästhetische Bildung, Bildende Kunst, künstlerisch-therapeutische Verfahren, deren Theoriebildungen, Interventionsformen und Praxen kennzeichnen die Publikation. Keiner der Bereiche wird vor- oder nachgeordnet sein, auch in meinem Professionsverständnis bereichern und durchdringen sich die Felder jeweils, was – wie ich hoffe – fruchtbar für die Leser*innen sein kann. Ob des bereits anvisierten komplexen Vorhabens kann das Feld ästhetischer Bildung und künstlerischen Ausdruckshandelns im Kindesalter in diesem Band nicht berücksichtigt werden, zu spezifisch wären hierzu entwicklungspsychologische und ästhetische Fundamente (zur Kinderzeichnung) zu legen. Implizit werden mit Theorien zur Symbolisierung, Mentalisierung und der psychoanalytisch informierten Gestaltung der Arbeitsbeziehung als korrigierende Bindungserfahrung trotzdem für die Arbeit mit Kindern relevante Modelle eingebracht. Daneben können in der aktuellen Fachdebatte wichtige Diskurse um trans- und interkulturelles Handeln sowie um genderspezifische Sichtweisen auf beispielsweise Bewältigungsanforderungen in der Adoleszenz und davon bestimmte Interventionsformen leider nicht vertiefter behandelt werden.

Aus technischem Anlass zu den zahlreich in diese Publikation eingebundenen Diskurs-, Positions- und rezeptiv-methodischen Beispielen aus der Bildenden Kunst erfolgt hier in Absprache mit dem Verlag der Hinweis, dass aufgrund einer kollektiv verfügbaren, schnell veränderlichen Medienpräsenz der zitierten Positionen präzise und konstant verfügbare Online-Quellenangaben nicht gegeben werden können. Die referierten Künstler*innen sind allerdings kunstwissenschaftlich so arriviert, dass jederzeit Abbildungen und weitere Referenzen und Angaben zu den genannten Werken abgerufen werden können. Daneben gelten als Hemmnis die unverhältnismäßig aufwändig zu erwerbenden Abbildungsrechte, die für kunstwissenschaftliche Analysen eher angemessen, doch für die Fachdiskurse dieser Publikation leicht im Netz zu visualisieren sind. Daneben werden Videos, Videoinstallationen oder bildnerische Darstellungen in ihren spezifischen Zusammenhängen zu Bildungs- und Bewältigungsprozessen, so sie der gesamten Abbildung nicht bedürfen, präzise beschrieben und bieten so die notwendige fachliche Nachvollziehbarkeit.

Mein größter Dank für das Zustandekommen dieser Publikation gilt zweifelsohne den vielen Menschen, mit denen ich über die letzten Jahrzehnte in Bildung, Ausbildung, Therapie, psychosozialer Begleitung, Forschung, Vermittlungs- und Projektarbeit mit künstlerischen Medien arbeiten konnte. Die geteilten gemeinsamen Erfahrungen, das systematische Nachdenken darüber waren und sind das wichtigste Fundament meines Wissensspeichers, der sich weiterentwickelt und in den Jahren nie an Überzeugung eingebüßt hat für die Künste als zentrales Medium von zu initiierenden Bildungs- und Unterstützungsprozessen. Im Gegenteil fächerte sich dieser unerschütterliche Glaube immer weiter auf und ist vielfältig theoretisch, in den Künsten selbst und auf der anwendungsorientierten Ebene verankerbar geworden. Gerne möchte ich diesen Erfahrungspool teilen, in der Hoffnung zu einer bereichernden Professionalisierung und Orientierung im Feld beitragen zu können.

1.2 Zielgruppen der Publikation

Aufgrund der avisierten Aufhebung der Teilung in pädagogische versus klinische Tätigkeitsfelder richtet sich die Publikation sowohl an Professionelle in pädagogischen wie klinisch-therapeutischen Kontexten. Sie soll für Kunstpädagog*innen in schulischen wie außerschulischen Zusammenhängen, für

Sozialpädagog*innen, Sozialarbeiter*innen, Jugendarbeiter*innen, Kunsttherapeut* innen, Kunstvermittler*innen, Künstler*innen, (Heil)Pädago-
g*innen, Ergo- und Beschäftigungstherapeut*innen, Psychotherapeut*innen
genauso Grundlagen und Inspirationen anbieten wie für Studierende der
jeweiligen Fachgebiete und für Akteure sozialraumorientierten und bürgerschaftlichen Engagements, die mit und in den Künsten versuchen, Menschen in besonderen Lebenslagen zu vertreten, zu vernetzen und zu begleiten (z. B. Hochbetagte, Sterbende, Menschen mit Fluchterfahrungen).

1.3   Kapitelübersicht

Über die Sichtung ausgewählter Pionier*innen einer nicht klinisch ausgerichteten Kunsttherapeutik bietet die Publikation in Kapitel 2 (► Kap. 2) einen Einstieg in die Thematik. Der Ansatz der pädagogischen Kunsttherapie
sowie neuere Rezeptionen zum Kunstverständnis Joseph Beuys' konturieren diese erste Annäherung. Überlegungen zu einem aktualisierten Kunstbegriff in seiner zunehmenden Nähe zum Alltag, in der neuen Sicht auf die
Rolle des*der Betrachtenden als Teil des Kunstwerks und den Erweiterungen und Kombinationen künstlerischer Genres zeigen interessante Bezüge
zu Kunst als demokratisierbare Form in Bildung und Teilhabe. Mit einem
zentralen Werkbeispiel, dem »Lauf der Dinge« des Künstlerpaars Fischli
und Weiss werden Prinzipien zeitgenössischer Kunst beispielhaft illustriert.
Auf dieser Basis ist Kunst in psychosozialen und bildungsorientierten Kontexten umrissen. Der zweite Teil dieses Abschnitts behandelt zentrale theoretische Konzepte, wie sie für intersubjektive Arbeitsbeziehungen und
-bündnisse im erzieherischen, bildungs- und bewältigungsorientierten therapeutischen Handeln gleichermaßen relevant sind. Dazu zählen das Le-
bensbewältigungskonzept als bedeutsame aktuelle Theorie aus der Sozialen
Arbeit und die Mentalisierung als tiefenpsychologisches Modell der Affektregulierungen und Repräsentationsfähigkeit von Gefühlen bei sich und anderen, über welche sowohl die eigene psychische Gefasstheit sowie die Fähigkeit zu adäquater sozialer und kommunikativer Kompetenz ergründet
und unterstützt werden können. Letzteres ist in Bildungskontexten ebenso
relevant wie in psychosozialen Unterstützungsprozessen, vor allem für
Adressat*innen mit biographisch bedingten emotionalen und sozialen Be-
nachteiligungen bis hin zu Trauma-Hintergründen und ungenügenden frühen Bindungserfahrungen. Das Potential, Gefühle, Bedürfnisse und Affekte

mental abbilden zu können, ist eng mit der Symbolisierungsfähigkeit verknüpft, damit ein zentraler Schritt frühkindlicher geistiger Reifung und Bewältigungsfähigkeit von Spannungszuständen und in der Symbolbildung wiederum grundlegend für bildhafte erste (Vorstellungs-)Akte. Abgerundet werden die handlungstheoretischen Handreichungen zu professionellen Kernkompetenzen »heilender« Beziehungsgestaltung im pädagogischen wie therapeutischen Feld mit Elementen psychoanalytischer Pädagogik, beispielsweise der Übertragungsbeziehung und dem »Containing«, insbesondere für die Begleitung von Menschen mit krisenhaften Erfahrungen und/oder herausfordernden Verhaltensweisen.

Kapitel 3 (▶ Kap. 3) widmet sich grundlegenden Überlegungen zu den Bestandteilen ästhetisch-künstlerischer Binnenprozesse im Ausdruckshandeln und in der Kunstrezeption aus multidisziplinärer Sicht. Dazu werden nach einem ersten allgemeinen, anwendungsorientierten Schritt zu essentiellen Potentialen ästhetischer Praxen Elemente einer psychoanalytisch verstandenen künstlerischen Ausdruckshandlung wie das »Übergangsobjekt« nach D. Winnicott oder »die Regression im Dienste des Ich« nach E. Kris vorgestellt. Für die psychisch bedeutsamen Prozesse der Bildrezeption lassen sich Forschungsergebnisse einer Bremer Forschungsgruppe um P. Soldt zu identifikatorischen und projektiven Vorgängen bei der Bildbetrachtung heranziehen sowie das in der Objektbeziehungstheorie verankerte Konzept der »Dyaden zu dritt« von H. Kraft. Bildwissenschaftliche Grundlagen aus der neueren Debatte um den »iconic turn« klären über die ausgesprochen wichtige und auszudifferenzierende Bedeutung eines Bildes als konstantes Gegenüber und als Wirklichkeitsausschnitt in der Ermöglichung von Auseinandersetzungsprozessen Einzelner mit ihrer (Lebens-)Welt auf. Die Theoretiker*innen des besagten Diskurses klärten zudem über die zentrale Funktion der Betrachtenden eines Kunstwerks für dessen Rezeption in dem Sinne auf, dass die Vorstellung über das Bild in seinem »objektiven« Charakter aufgegeben werden musste.

Die nun folgenden Kapitel gliedern den gesamten Gegenstandsbereich in zentrale thematische, anwendungsorientierte und/oder adressat*innenspezifische Felder im Spannungsfeld von Bildung, Bewältigung und Teilhabe. Dabei werden jeweilige, zum Feld passende aktuelle theoretische Leitdiskurse von methodischen Aspekten und von Praxis- und Projektbeispielen aus kulturorientierten, kunstrezeptiven und aktiv gestalterischen Verfahren oder deren Mischformen flankiert.

Den Einstieg in die Umsetzung bilden mit Kapitel 4 (▶ Kap. 4) Überlegungen zu (Selbst-)Bildungsprozessen, zur Rolle sinnlich-ästhetischer, selbstreflexiver Erkenntnisformen darin inkl. der Bedeutung gestalterischer Auseinandersetzung und Aneignung. Einer Annäherung an den aktuellen erweiterten Bildungsbegriff als der Herstellung von Sinnbezügen zwischen sich und der Welt folgen fachliche Rahmungen aus der kulturellen Bildungsdebatte. Kritisch erörtert werden an diesem Punkt Tendenzen der Instrumentalisierung schöpferischen Handelns und künstlerisch-kultureller Formate in sog. »Educational Projects« für und mit Randgruppen. Im Fortgang des Kapitels sind Aspekte des künstlerischen Binnengeschehens zusammengestellt, wie sie prominent zur Ermöglichung und Beförderung von (Selbst-) Bildungsprozessen herauszuheben sind. Dazu zählen die Besonderheiten ästhetischer Praxen in ihren sinnes- und subjektorientierten Dimensionen, ihre Nähe zur Ethik über die Empfindung, die andere Qualität jenseits von Funktionalität und Rationalität. Als gezielt nicht schulische Beispiele werden Praxis- und Projektvignetten zur Persönlichkeitsbildung durch künstlerisches Handeln im Studium und abschließend als Kontrast zu eher formalen Bildungssettings psychoedukativ orientierte Bildungsprojekte für psychiatrieerfahrene Menschen herangezogen. Zum besseren Verständnis der beiden letztgenannten Veranstaltungen, die zusätzlich auch Bewältigungsprozesse aktivierten und in den Varianten kunstrezeptiver Methodik sowie rezeptiv und gestalterisch handelnd ausgerichtet waren, erfolgt vorab ein Exkurs zu den Wahrnehmungs- und Verarbeitungsweisen von Menschen mit Psychoseerfahrungen. Ein Nachdenken über die Wahrnehmungsveränderungen psychotischen Erlebens macht die Zusammenhänge zur Bedeutung von Bildbetrachtungen in diesem Arbeitskontext besonders nachvollziehbar.

Kapitel 5 (▶ Kap. 5) beschäftigt sich im weiteren Sinne mit Jugend, Identität und Biographie in Verbindung mit zunehmenden und temporeicheren Anforderungen an Passungsnotwendigkeiten der Subjekte an die Bedarfe »entgrenzter« nachmoderner Gesellschaften. Die Hinführung dazu bildet ein verdichteter, mitunter kritischer Abschnitt einer gesellschaftswissenschaftlich und sozialpsychologisch inspirierten »Zeitdiagnose«. Zentrale Stichworte wie Enttraditionalisierung, Pluralisierung, Ökonomisierung, Virtualität und Globalisierung bilden die Grundlage eines Nachdenkens über die Auswirkungen einer so organisierten Gesellschaft auf die Subjekte, die sich permanent selbst orientieren, neu entwerfen, optimieren, als erfolgreich darstellen und die Risiken nicht gelingenden Lebens zunehmend selbst tragen müssen. Überlegungen zur Adoleszenz in ihren vielfältigen, umwälzenden und genderspezifisch zu betrachtenden Vorgängen und Aufgabenstellungen an jungen Menschen in mentaler, psychosexueller und sozialer Hinsicht machen die Brisanz nachmoderner Vielheitsoptionen für evtl. auch krisenhafte Verläufe im Finden der eignen Identität eindringlich deutlich. Bausteine psychoanalytischer Forschung erweitern den Blick auf diese prekäre Phase. Identität wird dabei nicht als eigene Begrifflichkeit verhandelt, vielmehr tauchen Facetten aktueller Konzepte von Identität in Postmoderne und Nachmoderne im Spiegel künstlerischer Werkreihen aus der zeitgenössischen Kunst auf. Eine mögliche Reflexion steigert sich von Jürgen Klaukes Dokumentationen performativer Spiele um Geschlechtsrollen über die vielfältigen »Selbstbilder« Cindy Shermans in der Doppelrolle der Künstlerin und des Modells bis hin zu Entwürfen/Erfindungen eigener biographischer Sequenzen und »life-events« im künstlerischen Werk Sophie Calles. Gillian Wearing bespielt mit ihren Foto- und Videoarbeiten in herausragender Intensität die Spannungsfelder »Identität/Biographie und (Re)konstruktion« sowie »Intimität und Öffentlichkeit«, wobei in der Rezeption ihrer Position die Fiktionalität Sophie Calles um den Aspekt des Authentischen erweitert werden kann. Die Beispiele aus der Bildenden Kunst veranschaulichen die Debatte um gesellschaftliche Entgrenzungsphänomene gleichermaßen wie sie sich als Folien für die Vermittlung und Auseinandersetzung mit entsprechenden Themen für Adressat*innen in der Adoleszenz anbieten. Im dritten Abschnitt des Kapitels erfolgt eine Zusammenstellung aktueller Veränderungen der Jugendphase sowie der künstlerisch-kulturellen Aktivitäten im Jugendalter, ausgelöst durch die Verfügbarkeit von Medien, durch eine veränderte Kindheit u. v. a. m. Angesichts kultureller Wandlungsprozesse nachindustrieller Gesellschaften wird in der Fachdebatte das Zurücktreten künstlerisch-handwerklicher Gestaltungsakte im bildnerischen wie plastischen Bereich im Zuge zunehmend medial vermittelter, virtueller Arbeits- und sogar Lebensweltvollzüge vermerkt, die Bewertung der Phänomene fällt allerdings unterschiedlich aus. Den erweiterten Praxisbezug des Kapitels stellen ein Beispiel aus dem biographieorientierten Kunstunterricht der gymnasialen Oberstufe sowie als Kontrast eine langlaufende kunsttherapeutische Begleitung eines drogengefährdeten Jugendlichen her. Ersteres verdeutlicht die Möglichkeit subjektorientierter, vertiefter Auseinandersetzungsprozesse von Adoleszenten mit ihrer Identität im schulischen Kontext, zweites umreißt die korrigierenden, orientierenden, kompensierenden und perspektivbildenden Valenzen ästhetischer Verfahren für Adoleszente in krisenhaft erlebten und verarbeiteten Übergängen. Eine beteiligende, stringent dialogische und jugendkulturell ausgerichtete Haltung in der Herausentwicklung des gemeinsamen Arbeitsbündnisses wird an diesem Fallbeispiel auch im Spiegel der gezeigten Methode des Dialogmalens gut nachvollziehbar.

Kapitel 6 (▶ Kap. 6) widmet sich dem Begriff des Traumas, der in seinen neueren Konzepten bestimmt, erarbeitet und in der Notwendigkeit einer aktualisierten, traumasensiblen Kompetenzerweiterung für viele (nicht klinische) Arbeitsfelder (bspw. Menschen mit multiplen Traumatisierungen und/oder Fluchthintergründen) umrissen wird. Traumaspezifische Reaktionen erscheinen daher nicht primär in ihrem klinischen Symptomwert, sondern in ihren möglichen Bewältigungsfunktionen; aus diesem Verstehen heraus leiten sich bedeutsame Prinzipien für die unterstützende Arbeit mit Betroffenen sowohl in stabilisierenden wie therapeutischen Settings ab. Ein um aktuelle sozialpsychiatrische und anthropologische Krankheitskonzepte erweitertes Begreifen von Krisen- und Trauma-Verarbeitungsmodi im Sinne einer »recovery« erlaubt fluidere, nicht etikettierende Ansätze der Begleitung Betroffener. Im Folgenden erhellen – rückgebunden an tiefenpsychologische Prozesse des Kunstmachens – Untersuchungsergebnisse und Behandlungsberichte die zentralen Funktionen der Symbolisierung für Traumabewältigung. Im Spiegel ausschnitthaft genannter brüchiger Künstler*innenbiographien und künstlerischer Arbeitsformen in einem Konzentrationslager zeigen sich Valenzen des Kunstmachens im Spannungsfeld von Ausdruck und Transformation für erfahrenes Leid sowie in der Stabilisierung bzw. Ressourcenaktivierung. Im weiteren Verlauf zeigen Expertenberichte den sorgsamen, langlaufenden Behandlungsprozess notwendiger Stabilisierung und erst dann (nicht immer) möglicher, mitunter auch kontraindizierter Konfrontation mit erlebten Traumatisierungen über künstlerisches Handeln mit spezifischen Symbolfindungen. Geeignete Methoden, Techniken und Materialien vervollständigen diesen Abschnitt zur stabilisierenden künstlerischen Begleitung Betroffener. Differenzierte, prozessorientierte Betrachtungen aus meiner Arbeit mit zwei jungen homosexuellen Männern im Krankenhausatelier, die sich mit der Diagnose AIDS Ende der 1980er Jahre mehrfach schwerwiegenden Bewältigungsanforderungen des Umgangs mit einer in dieser Zeit noch unausweichlich tödlichen Erkrankung und den Folgen gesellschaftlicher Ächtung stellen mussten, bilden den systematischen Praxisbezug in diesem Kapitel. Beide Klienten entwickelten als Reaktion auf die traumatisierend wirkenden physischen und psychosozialen Konsequenzen der Diagnose AIDS schwere seelische Krisen, in deren Kontext die künstlerische Arbeit im geschützten und psychosozial begleiteten Setting des offenen Krankenhausateliers zusammen mit anderen Betroffenen eine wichtige Bewältigungsressource darstellte, die sie unterschiedlich nutzen konnten.

Auf der Grundlage einer aktuellen kurzen Begriffsklärung um Inklusion und eines historischen Exkurses in die Welt der sog. »Outsider-Kunst« erschließt sich in Kapitel 7 (▶ Kap. 7) das Potential nonverbal-künstlerisch-kulturell codierter Handlungsformen und der dabei entstehenden Arbeiten für inklusive und partizipative Prozesse von und für Menschen mit (und ohne) Handicaps. Die aktuellen umfänglichen Entwicklungen im Feld von Kunstschaffenden mit Beeinträchtigungen sowohl in den sie begleiteten Einrichtungen als auch in der offiziellen Kunstszene zeigen den bedeutsamen Rang der Künste/kulturellen Formate für gesellschaftliche Teilhabe. Beispiele aus internationalen Ausstellungen in ihren teilweise gegensätzlichen Umgangsweisen mit Markierungen von »Outsider-Kunst« versus ihrer selbstredenden Inklusion klären darüber ebenso auf wie die folgenden Betrachtungen zu einem szenespezifischen »Kunstbegriff« sowie zu unterschiedlichen Hintergründen der Entstehung von autodidaktischer Kunst. Fundiert lassen sich so aktuelle Tendenzen, Projekte und Werkstätten im Terrain eines zunehmend professionalisierten Kunstmachens von Menschen mit Handicaps unter einer kontrovers geführten Debatte um den Qualitätsbegriff betrachten und diskutieren. Ein anderes Diskursfeld zur Analyse partizipativer Ermächtigungen von Menschen mit Nachteilen wird in diesem Kapitel mit dem Ansatz »sozial interventionistischer Kunst« eröffnet, besonders eine professionsethisch konnotierte Sensibilisierung möglicher Instrumentalisierung von Randgruppen, Kulturformaten und sozialen »Mehrwerten« betreffend. Kritisch kommen in diesem Abschnitt Stimmen von versierten Kunstwissenschaftler*innen über in diesem Sinne tätige Künstler*innen zu Wort, diverse Positionen und Aktivitäten von Künstlergruppen werden vorgestellt und im Kontext realer gesellschaftlicher Ermächtigungen von benachteiligten Menschen geprüft. Als Ziel verfolgt die Einbeziehung dieser Debatte zusammen mit dem Nachdenken über romantisierende Zuschreibungsvorgänge zur Künstler*innenrolle ein gesteigertes Bewusstsein für die gesellschaftliche Notwenigkeit inklusive und partizipative Prozesse (auch über die und in den Künste/n) mit einem Ernstcharakter voranzutreiben, sie mit Ressourcen auszustatten und singuläre »Leuchtturmevents« zu hinterfragen. Einer umfänglich theoriegeleiteten Argumentation statt zahlreicher Beispiele mit jeweiligen Akteuren wurde in diesem Abschnitt des Bandes der Vorzug gegeben, um auf die »Fallen« und »Verführungen« von integrativ ausgerichteten Kulturevents aufmerksam zu machen, welche nicht selten sozialpolitische Verantwortlichkeiten entlasten und in Wirklichkeit nicht zu nachhaltigen Verbesserungen für Adressat*innen mit Handicaps führen. In gewissem Widerspruch zu dieser Absicht steht das abschließend vorgestellte »voll inklusive« Kunstvermittlungsbeispiel mit anschließender künstlerischer Aneignung aus einem Museum für Weltkulturen.

Der durchaus problematische Diskurs um »art based research« bzw. Kunst als Forschung spielt im vorletzten Abschnitt, Kapitel 8 (▶ Kap. 8), der Publikation eine Rolle und wird auf mögliche Anlässe soziokulturell und bildungsorientiert relevanter Anwendung hin geprüft. Grundlage dieses Kapitels bilden die Vorstellung von Vorläuferkonzepten, wie dem der »ästhetischen Forschung«, eine Begriffseingrenzung und eine systematisierende Übersicht über Bezeichnungen und Ordnungsversuche künstlerischen Forschens im internationalen Vergleich der letzten 25 Jahre. Darauf folgt eine differenzierte Aktualisierung der mittlerweile facettenreichen Debatte in ihrer Nähe zu philosophischen Überlegungen und Theoremen. So wird versucht, das heterogene Feld, das in seiner Intensität auch Hochschulentwicklungsbestrebungen geschuldet ist, zu durchdringen und für die Leser*innen aufzubereiten. Die folgende Vorstellung einer forschungstriangulierten qualitativen Untersuchung, die auf künstlerischem Handeln als Experiment beruht, zeigt mögliche Absicherungen ästhetischen Forschens in anderen Konzepten und mündet schließlich in eine Sammlung von zentralen Prinzipien für gültige Zugänge künstlerischen Forschens. Sodann folgt mit der Vorstellung und Diskussion einiger Werkgruppen des international erfolgreichen bildenden Künstlers Kader Attia eine Annäherung künstlerisch forschender Zugriffe und Umsetzungen. Als Anwendungsbeispiele gelten das »ästhetische Biographieren« in der (interkulturellen) Erwachsenenbildung und im Studium als wichtiges Element und Instrument reflektierter Professionalität in einem helfenden Beruf sowie ein umfängliches Projektseminar künstlerischen Forschens zum »Künstlerpatienten« Joseph Forster aus der Sammlung Prinzhorn. Diese Veranstaltung erläutert und beschreibt an studentischen Beispielen eine intensive künstlerische Erforschung und Auseinandersetzung mit dem verstörenden Phänomen einer schweren schizophrenen Erkrankung sowie analog dazu die ausstellungsfähigen künstlerischen Exponate als Ergebnis und rezipierbares Objekt dieser Annäherung. »Art based research« erlaubt so nachvollziehbarerweise die Generierung vertiefter Verstehensprozesse.

Kapitel 9 (▶ Kap. 9) kümmert sich abschließend um ausgewählte eher praxisorientierte Handreichungen und Desiderate für das Anliegen des Bandes, Akteure in Bildung, Begleitung, Vermittlung und Beteiligung über die Künste gleichermaßen zu qualifizieren. Dazu erfolgen einleitend Konkretisierungen im Überschneidungsbereich klassisch kunstpädagogischer und kunsttherapeutischer Verfahren, Handlungsleitideen und methodischen Umsetzungen. Ideen zu einem kontrovers diskutierten Qualitätsbegriff in Pädagogik wie Therapie zwischen einer Produkt- versus Prozessorientierung erhellen die Bedeutung und Funktion der künstlerischen »Stärke« von Artefakten für alle Adressat*innen im Feld. Um das Bildgespräch bzw. um die Verbalisierung und sog. »Bewusstmachung« von

Bildinhalten ranken sich zahlreiche Deutungsmythen, die das Sprechen über die Kunst (von und mit Adressat*innen) zu den umstrittensten und am meisten mit Vorbehalten behafteten Interventionsanteilen künstlerischer Zugänge werden lassen. Insofern versucht der Band auch hier, zentrale Orientierungen und Hilfen zum (Nicht-)Interpretieren anzubieten und zu erläutern. Zu den Desideraten zählt eindeutig, den im Kontext von (unbewussten) Zuschreibungen/Fehlinterpretationen/Verwicklungen in reinszenierte Bewältigungswünsche der Klientel misslingenden Arbeitsbündnissen vorzubeugen, nämlich mit einem Plädoyer für Selbstreflexions- und Selbsterfahrungsprozesse im künstlerischen Handeln in allen (Zusatz)Ausbildungen, Qualifikationen und Studiengängen künstlerisch-pädagogischer und (ergo-)therapeutischer Natur, auch für Akteure des Feldes Kunst im Kontext. Professionsethischen Aspekten eines Instrumentalisierungsrisikos »abhängiger« Adressat*innen ist hiermit genauso vorzubeugen, wie ein fundiertes Erfahrungswissen um die Potentiale künstlerischen Handelns für die eigene Weltdeutung und -bewältigung zu einem Mitschwingen auch mit ungewöhnlichen und herausfordernden (künstlerischen) Aktivitäten von Adressat*innen qualifiziert. Den Abschluss des letzten Kapitels bilden Überlegungen zu einer künstlerischen Haltung als Modell eigener Professionalität, die jedoch in diesem Fall um anwaltlich-emanzipatorischer Aspekte angereichert werden.

2

Begriffsverständnis Kunst, Therapie und
Pädagogik und Bewältigung und Bildung

2.1 Ausgewählte Pionier*innen pädagogischer und kunstinspirierter Kunsttherapie

Systematisch und zugleich fundiert haben sich erstmals H.-G. Richter (1984) und K.-S. Richter-Reichenbach (1992) im Kontext des Studienschwerpunkts pädagogische Kunsttherapie am Fachbereich Heilpädagogik der Universität zu Köln mit theoretischen Grundlagen einer nicht klinisch orientierten, d.h. nicht primär psychodynamisch, aber auch nicht kunstwissenschaftlich hergeleiteten künstlerischen Therapie befasst (Richter-Reichenbach 1992). Ihre Leistung in dem alten Dilemma, die Kunsttherapie entweder über psychologische Theoriefundamente als therapeutisches Verfahren zu konturieren oder im Status eines Heilhilfsberufs im Dunstkreis von Ergo- und Beschäftigungstherapie zu belassen, bestand darin, die Kunsttherapie mit einem theoretischen Rekurs auf die ästhetische Erziehung in ihrer klassischen Billdungs-Konnotation zu nobilitieren und mit emanzipatorischen Intentionen auszustatten. Im Sinne einer Prävention oder Rehabilitation von Fehlentwicklungen hinsichtlich problematischer gesellschaftlicher Bedingungen postuliert das Konzept die therapeutischen Valenzen ästhetischer Erziehung (vgl. ebd., 53). Rekurrierend auf geistes-wissenschaftliche Klassiker wie Kant, Hegel, Schiller und Humboldt formu-liert Richter-Reichenbach den Kerngedanken ihres Konzepts so:

> »Werden ästhetische Prozesse pädagogisch ermöglicht, so sind sie allen anderen Lern-, Bildungs- und Therapieprozessen insofern überlegen, als sie das reflexive und sinnlich-erlebnismäßige Individuum mit seinen Vorstellungen, Ideen, Wünschen etc. gerade nicht ausblenden oder nur partiell ansprechen, sondern ihm unverstellten Raum, Entfaltungs- und Konkretisierungsmöglichkeiten bieten« (ebd., 63).

Herzstück der Theoriebildung Richter-Reichenbachs ist dabei der ästheti-sche Gegenstand in seinen in Wahrnehmung und Ausdruckshandeln zwin-gend an die Sinne, die Emotionen und Gedanken der Subjekte gebundenen Qualitäten, der zu Konkretisierungen drängt, welche wiederum für den*die Gestaltende*n Symbolcharakter besitzen können und als Selbstausdruck gelten müssen (vgl. ebd., 77 ff). Die Autorin untergliedert das Potential äs-thetischer Prozesse im Folgenden in fünf Subvalenzen, verbindet sie mit pädagogisch-therapeutischen Wirkungen (z. B. Ich-Stärkung, Sensibilisie-rung, Ermöglichung von Ausdruck und Kommunikation, Probehandeln, Er-weiterung von Verstehen und Toleranz usw.) (vgl. ebd., 102 ff) und gießt diese in didaktische Anwendungsmodelle. Auch wenn Domma, ein weiterer Verfechter der pädagogischen Kunsttherapie, zu Recht anmerkt, »dass die wissenschaftstheoretischen Voraussetzungen einer Disziplin »Kunstthera-pie« weder aktuell noch in absehbarer Zukunft gegeben sind« (Domma, 2016, 7), überzeugt das vorgelegte Konzept mit seiner Verankerung in der ästhetischen Erziehung, da es jenseits von Deutungsansätzen oder -hohei-ten spezifischer psychologischer Schulen und einer Konzentration auf kli-nischen Störungen das Potential künstlerischer Prozesse in Wahrnehmung und Ausdruckshandlung als autonomes, therapeutisch wirksames Agens in den Blick nimmt.

Letzteres haben auch therapeutisch arbeitende Künstler*innen für sich beansprucht. Sie taten dies mit einem anthropologischen Kunstbegriff – am bekanntesten und in der Fachliteratur am häufigsten zitiert Joseph Beuys in seinem erweiterten Kunst- und Therapiebegriff. Spezifischer möchte auch ich Beuys mit Gedanken aus einem Beitrag der Künstlerin und Kunstthera-peutin Elizabeth McGlynn zu Wort kommen lassen, die noch in seiner Klasse an der Düsseldorfer Kunstakademie studiert hat. Sie leitet ihren kunsttherapeutischen Ansatz u. a. aus Beuys' Werkprozessen ab, dessen Kern sie als »ein konstantes Oszillieren zwischen ästhetischen und sozialen Prozessen« bezeichnet (McGlynn, 2015, 103). Über innovative, mitunter verstörende Formen künstlerischer und performativer Akte zwischen neuer Materialität und geistiger Idee realisierte Beuys Manifestationen neuer »Selbst- und Welterfahrung« (ebd., 104) und setzte bei den Betrachtenden gleichzeitig »plastische soziale Prozesse« (ebd.) frei. Am Beispiel seiner Arbeit »Infiltration-homogen for Grand Piano oder: Der größte Komponist der Gegenwart ist das Contergankind« von 1966, einem in Filz zur Gänze eingenähten Konzertflügel, welcher in seiner Unbespielbarkeit die durch ein Schlafmedikament ausgelösten Verkrüppelungen tausender Kinder zu Beginn der 60er Jahre mehr als repräsentiert, kristallisiert McGlynn die Bedeutung von Kunst als soziale Plastik heraus:

> »Das Potential der Stummen und Sprachlosen zur Sprache zu bringen und in den Gestaltungsprozess mit einzubeziehen wird als plastischer Vorgang verstanden. Diese Ausgegrenzten können nun nicht mehr als schwach oder unnütz definiert werden. Gesellschaftlich besteht kein Grund mehr zur Rehabilitation – diese Wesen sind in der neuen sozialen Skulptur per se in den gesellschaftlichen Prozess integriert« (ebd.,105).

McGlynn hebt dabei analog zu Beuys' Ansatz darauf ab, in der künstlerischen Arbeit Schwieriges, Schmerzvolles, Leid und Verstörendes zu thematisieren, es nicht vorschnell zu beschönigen, zu heilen, zu kompensieren, ja zu domestizieren (vgl. ebd., 106 und 108). Die Qualität, auch Dunkles, Nicht-Erwünschtes, Befremdendes sichtbar zu machen und zu gestalten, ist der Kunst in besonderem Maße zu eigen, es ist eine ihrer prominenten Aufgaben hinsichtlich therapeutischer wie pädagogischer Prozesse. Ziel sei, so McGlynn, »das Erreichen des fragilen Gleichgewichts zwischen dem einzelnen Menschen und dessen (...) Beziehung zum sozialen Ganzen« und: »Beuys sieht diese Verbindungsarbeit zwischen Innerem und Äußerem des Menschen, zwischen Selbst- und Welterfahrung als einen grundlegenden plastischen Prozess und als schöpferische Arbeit« (ebd., 109). Insofern stellen diese so gefassten Grundprinzipien künstlerischen Handelns in einem sozialen Kontext Schlüsselkategorien für Bildungs- und Bewältigungsprozesse gleichermaßen dar. Sie sind im Sinne der Grundkoordinaten dieser Publikation bedeutsamer als das zwar systematischere, doch stark kunstpädagogisch orientierte Konzept von Richter und Richter-Reichenbach. Ohnehin sollen – gewissermaßen den »Geist« des vorliegenden Bandes proklamierend – zentrale Elemente der behandelten Theorien und Methoden eng mit der Kunst des Kunstmachens verknüpft sein, sich mehr daraus ableiten als aus der Pädagogik oder Therapie mit den Künsten. Künstlerische Prozesse und Produkte im Schaffen, Teilhaben wie Rezipieren sind die Transporteur*innen der Kernideen des gewählten Ansatzes. Als kunstbasiert soll daher das folgende Konzept herausentwickelt und konturiert werden. In diesem Sinne spricht auch Maset von einem neuen Paradigma, das die Kunstvermittlung in Abgrenzung oder Erweiterung von kunst- und kulturpädagogischen Zugängen setzen konnte (vgl. Maset, 2006, 11).

»Es geht in diesem Zusammenhang vor allem auch um eine Dimension von Kunstvermittlung, die eine Differenz darstellt, und die sich nicht nur künstlerischer Verfahren bedient, sondern diese selbst hervorbringt und anwendet« (ebd.).

Dieser prominent künstlerisch abgeleitete Zugang setzt eine Sichtung ausgewählter aktueller Diskurse in der Bildenden Kunst voraus.

2.2 Ein aktualisierter Kunstbegriff

Die Bildende Kunst kann hier weder erschöpfend noch systematisch umrissen werden, zu vielfältig sind ihre Wesensmerkmale und die ihr zugewiesenen »Aufgaben« im Kanon kultureller und gesellschaftlicher Prozesse, zu zahlreich und mit deutlicher Zunahme des Tempos die Erneuerungen von Stilen, Genres und Diskursen. So seien hier der seit etlichen Jahrzehnten erweiterte, die Grenzen alltäglicher Vollzüge überschreitende Kunstbegriff und das Crossover verschiedener künstlerischen Sparten inkl. digitaler Welten genannt. Es scheint sinnvoll, in ein Nachdenken über den aktuellen Kunstbegriff mit Paolo Bianchis Rekurs auf den Reformpädagogen Herman Nohl von 1946 zum »Sinn der Kunst« (Bianchi, 2018) zu beginnen:
»Deutlich wird, dass der Mensch die Fülle und den Sinn des Lebens nicht ohne seine leiblichen Sinne erfahren kann. Mit Nachdruck ist deshalb die Frage zu stellen: Was kann die Kunst zu einer lebendigen Sinnlichkeit und zeitgenmäßen Sinnperspektive beitragen« (ebd., S. 42)?
Diese Doppelung bzw. der Übergangsraum von ästhetischen Erfahrungen auf der Ebene der Sinne und dem Erkennen von Sinn und Bedeutung, ist die Schlüsselkategorie des Wahrnehmens von, Handelns in und der Wissensproduktion über künstlerische(n) Prozesse(n) und paradigmatisch für diese Publikation.
Die Frage nach dem »Was vermag Kunst?« auffächernd, nutze ich hier Überlegungen der Kunsttheoretikerin und Künstlerin Marion Strunk, die vorab die grundlegende Problematik eines »Kreativitätsimperativs« an je-

den im Sinne permanenter Neuschöpfungen (Strunk, 2018, 60) in der Jetzt-Gesellschaft diagnostiziert und kritisiert. So verlöre Kreativsein das zentrale Merkmal des momenthaft Nicht-Planbaren, des Befreiend-widerständig-Emanzipativen und der Überraschung. Kreativität mutiere zur Norm des neoliberalen Mainstreams und verflache so (vgl., ebd.). Siegmund argumentiert mit Dewey und Joas in dieselbe Richtung:

>Freiheit als Aufforderung, ja als Zwang, kreativ und frei zu handeln, um überhaupt wettbewerbsfähig zu bleiben, bestimmt nach der Darstellung vieler Autorinnen und Autoren den Alltag der meisten Menschen. Damit hat eine eigentümliche Aneignung von Strategien stattgefunden, die ehemals für die Kunst und das künstlerische Handeln reserviert gewesen sind« (Siegmund, 2015, 123).

Ernstgenommenes Schöpferisch-Sein hat mit der Hinterfragung des Gegebenen und Gewohnten – auch in der eigenen Denk- und Verarbeitungsweise – zu tun. Es konfrontiert, und der Ausgang ist jeweils ungewiss. Die daraus resultierende Anstrengung kann nicht als Dauerkompetenz eingefordert werden. Strunk beschreibt dies bezogen auf die Kunst so: »Kunst ist von keinen Allgemeinbegrifflichkeiten einzunehmen. Vielmehr ist von der Wirkung und dem Einfluss von Kunst auszugehen und von ihrer Eigenart, Veränderung als Möglichkeit zu zeigen« (ebd., 61). Das kann sie über verschiedene ästhetische Strategien, und wenn diese gelingen, vermittelt sich das in der Rezeption. Ein Gutteil der Strategien hat mit dem Aufspüren und der mit ungewöhnlichen, so noch nicht gesehenen Mitteln vorgenommenen Sichtbarmachung von Phänomenen der aktuellen Wirklichkeit zu tun. Es ist eine Auseinandersetzung mit Zuständen der Jetztzeit auf der Basis des*der biographisch so gewordenen Kunstschaffenden und seiner*ihrer künstlerischen Strategien. Hier berühren sich das Subjekt und das Kollektiv in seiner*ihrer künstlerischen Auseinandersetzung mit der Welt. Das bedeutet Arbeit, hohe (Selbst-)Reflexivität, die Entwicklung ästhetischer Differenzen und Verdichtungen, die evtl. erst auf der Grundlage von freischwebender, kritischer, auf den ersten Blick nicht sinngenerierender, zufälliger Prozesse und Haltungen entstehen können, und daher auch diese innovativ in Form gebrachten Lücken/Pausen/Brüche der Wirklichkeit verkörpern, welche aufmerken lassen, irritieren, sinnlich erfahrbar machen und nicht sofort eindeutig antworten oder lesbar sind. Das klingt vielleicht sehr allgemein, nimmt jedoch in der Ergründung künstlerischer Positionen aus ihren Kontexten, Themenstellungen und Traditionslinien der zeitgenössischen Kunst Gestalt an; das sollte auch im Feld der pädagogischen und psychosozialen Vermittlung eine große Rolle spielen.

>Wird Kunst zu einer Intervention, die sich in bloßer Kontemplation oder Information erschöpft, verstärkt das ihr Potenzial, als bedeutsam erkannt zu werden und

unmittelbar die gesellschaftlichen Abläufe tangieren zu können. Ihre Disposition ist dabei die der Mehrdeutigkeiten« (ebd., 68).

Das heißt, Kunst ist weder Illustration oder Erklärungshilfe für die von ihr bearbeiteten Fragen, noch bietet sie lineare Antworten oder Lösungen an. Sie führt im idealen Fall zu einem nicht nur kognitiven, sondern auch facettenreichen und empfindenden Verstehensprozess. Ihr ist Paradoxes, Widersprüchliches zu eigen: Kunst zeigt Problematisches auf und nimmt für sich in Anspruch, hier eine Wirkung zu entfalten, ohne real wirksam werden zu können. Strunk umreißt dies als »ein bewusstes Erkennen der Ambivalenz zwischen dem Widerstände-haben und dem Widerstand-leisten« (ebd.), ein nicht aufhebbarer Spannungszustand in den Künsten, der die Debatte mitunter schwierig gestaltet. Karen van den Berg meint, die Kunst sei nicht dazu da, die Welt zu retten (vgl. van den Berg, 2018, 91), doch: »sie ist verschwistert mit dem Möglichkeitssinn und vermag daher bestehende Ordnungen umzudeuten – politische, ethische und meinetwegen auch moralische« (ebd. 86). Anna Kreysing ergänzt die Betrachter*innen-Perspektive mit:

> »Freie Reflexionen, zu denen Ästhetische Erfahrungen einladen, führen, wenngleich sie durch ihre Gerichtetheit auf das Kunstwerk nicht als beliebig verstanden werden müssen, nicht zu eindeutigen Ergebnisse. Sie sind ergebnisoffen und haben damit das Potential, das uns im Entwerfen neuer Welten, im Generieren neuer Blicke und dem Verständnis von Möglichem und Wirklichem helfen kann« (Kreysing, 2015, 213).

2.2.1 Gedanken zur »Freiheit« der Kunst

Die oben skizzierten, in ihrer Paradoxie und Unbestimmtheit zu erfassenden »Aufgaben« der Kunst, gekoppelt mit der zunehmenden Verwischung der Künste mit dem Alltag, lädt zum Nachdenken über ihre sog. Autonomie ein:

> »Ließe sich künstlerisches Handeln als eine Handlungsoption unter mehreren beschreiben, so könnte man auch der in jüngsten Kunstentwicklungen auftretenden Verwischung der Grenze zwischen Kunst und Nichtkunst Rechnung tragen. Die Notwendigkeit einer genaueren Bestimmung des Verhältnisses von künstlerischem und nichtkünstlerischem Handeln ist damit aber nicht ausgeräumt, sondern stellt sich lediglich in einer neuen Art und Weise« (Siegmund, 2015, 124).

Darüber wird in Kapitel 8 (▸ Kap. 8) im Kontext der sozial interventionistischen Kunst bzw. der Community oder Social Arts in ihrer Bedeutung für psychosoziale und pädagogische Praxen konkreter nachgedacht. Die übergeordnete Denkfigur der (Zweck-)Freiheit der Künste, die das Andere, nicht Überlebensnotwenige des Seins bezeichnen soll, ist mit Wolfgang Welsch zu dekonstruieren:

> »Das Autonomietheorem – die zentrale Erfindung der bürgerlichen Ästhetik des späten 18. Jahrhunderts – ist in fast jeder Hinsicht verquer. Erstens speist sich die Kunst (...) aus uralten anthropologischen Antrieben und ist insofern weder autark noch autonom. Zweitens ist die ästhetische Lust nicht etwas, was sich unabhängig von unserer sinnlichen und kognitiven Organisation einstellt« (...). »Und drittens ist die ›Eigengesetzlichkeit‹ der Kunst (...) stets von extra-artistischen – sozialen, politischen, kulturellen – Faktoren abhängig oder mit ihnen aufs deutlichste verflochten« (Welsch, 2018, 132).

Kunst und, davon zu unterscheiden, künstlerische Handlungen finden in unterschiedlichsten Kontexten statt, und die jeweiligen Kontexte sind bei der Analyse von Kunst jeweils mitzudenken. Ohnehin existiert das »System Kunst«, wie es Welsch nennt, erst seit dem 18. Jahrhundert (vgl. ebd., 133). Erst seit dieser Zeit etablierten sich Museen, Galerien, Kunsthandel, Messen, Sammler*innen etc. »Kunst-Kunst« (ebd.) nennt Welsch die sich dort etablierenden künstlerischen Objekte. Daneben platziert er die schon seit alters her oder beispielsweise in den asiatischen Ländern überkommene »Real-Kunst« oder »Lebenswelt-Kunst« als Ausdruck dessen, »unsere Humanität zu entwickeln und zu verfeinern« (ebd.). In diesem Zusammenhang sollte auch die Zuschreibung an den Mythos der bis vor gar nicht langer Zeit ausschließlich männlich gedachten Künstlerpersönlichkeit befragt werden, und das nicht primär aus genderspezifischen Überlegungen. Dieter Mersch spricht hier vom »Prekariat des künstlerischen Genies« (Mersch, 2018, 71), das in Europa mit der Industrialisierung auf die Entstehung der Bohèmen in Abkehr von und Kritik der gesellschaftlichen Entwicklungen zurückgeht: »Es war im eigentlichen Sinne erst die Kunst des Avantgardismus, die vielleicht wie keine andere ästhetische Periode zuvor den Wahnsinn, ja die Ausnahme des Künstlers auf die Spitze getrieben hat, um sie im gleichen Atemzug umzustoßen« (ebd., 72). Die geniehaft geheimnisvoll inspirierte Subjektkonstruktion einer singulären Schöpferpersönlichkeit, die nur in ihrer Kunst lebt, wurde seit Beginn des 20. Jahrhunderts immer weiter hinterfragt und konterkariert. So entstanden beispielsweise mit den expressionistischen Künstler*innengruppen der »Brücke« und des »Blauen Reiter« erste auch programmatisch arbeitende Verbände, in denen ein gemeinsames stilistisches Bildprogramm flankiert von Publikationen zur Innovation der Künste (Almanach des Blauen Reiters) den Geniekult des Einzelnen entmachtete. Auch Dadaisten und Surrealisten arbeiteten zu Beginn des 20. Jahrhunderts mit ihren künstlerischen Strategien des »ready-mades« (Duchamps' Flaschentrockner) und diverser Zufallstechniken zur Entstehung des Kunstwerks (peinture automatique, frottage, grattage u. v. a. m.) an der Dekonstruktion des »Schöpferkults«. Seitz sagt dazu:

> »Die Erwartungen an Kunst sind widersprüchlich: Mit Blick auf die Autonomie weisen die Künstler jegliche Instrumentalisierung zurück und haben doch zugleich (man denke an diverse Avantgarden des letzten Jahrhunderts) wie selbstverständlich den Zustand der Gesellschaft reflektiert, kritisiert, auch transzendiert, Manifeste geschrieben und Utopien entworfen, und setzen mit einem regelrechten Aufbruch ins Leben die solitäre Unabhängigkeit von Kunst aufs Spiel« (Seitz, 2009, 37).

Ganz zu schweigen von den Entwicklungen z. B. des abstrakten Expressionismus, der Fluxusbewegung und der Social Arts nach dem 2. Weltkrieg, die prozessorientierte, das Publikum als Teile des Kunstwerks einbeziehende künstlerische Formate entstehen ließen, teils gänzlich auf die Produktion künstlerischer Objekte im klassischen Sinn verzichteten und somit die Autorenschaft brüchig werden ließen. Und trotzdem, denkt man an Jackson Pollock, Andy Warhol oder Joseph Beuys, der Mythos blieb erhalten oder entstand neu, evtl. bereits auf der Ebene »genialer Ideen« und Arrangements, die man so noch nie gesehen hat. Mersch spricht hier vom Befangensein in der Paradoxie der Künstlerrolle: »Deshalb verwundert es nicht, dass bei allen Künstlerproduktionen, die sich des Status des Künstlers, der Künstlerin als Subjekt ihrer Werke zu entledigen suchen, die Figur der Urheberschaft wie Jack in the Box wieder entgegenspringt« (ebd., 75). Das mystifizierte, sich hartnäckig haltende Bild des Schöpfergenies in dieser Publikation offenzulegen und zu hinterfragen bedeutet, die Widerstände gegen und/oder die Heroisierungen von Kunstschaffenden als mögliche Vorbilder für eigenes künstlerisches Handeln mit den Adressat*innen der eigenen Arbeit zu thematisieren, auch hinsichtlich der Rezeption von auf den ersten Blick nicht erschließbaren Kunstwerken. Das Verhältnis von Kunst, Künstler*innen, Kunstschaffenden und künstlerisch Tätigen in mehr oder weniger kunstimmanenten bzw. kunstfernen Kontexten oder Praxen könnte von einer gegenseitigen Öffnung profitieren, ohne die Differenz zwischen Kunst-Kunst und ästhetisch-künstlerischer Praxis leugnen zu wollen. Künstler*innen sollten als Modelle und Gradmesser für eigenes künstlerisches Tun ganz selbstverständlich befragt werden können, ebenso wie die Botschaften ihrer Objekte und Interventionen nicht nur klassisch kultursozialisierte Teilgruppen unserer Gesellschaft, sondern barrierefrei alle erreichen sollten, um das aktivierende und irritierende Potential ihrer Auseinandersetzungen mit gesellschaftlichen Entwicklungen vielen verfügbar zu machen. In diesem Sinne plädiert Mersch für eine Ablösung der kaum zu beantwortenden Frage: »Was ist Kunst?« durch die: »Wie geschieht Kunst?« (ebd. 75), den Blick somit zu richten auf die konkreten künstlerisch-ästhetischen Praxen und sichtbar werdenden Interventionen: »Künstlerische Prozesse, das ist gleichsam die erste Minimalbedingung, beruhen darauf, im Wahrnehmbaren Ruptionen, Unterbrechungen oder ›Wendungen‹ einzutragen. Die Praxis der Künste besteht in einer Praxis andauernder Wahrnehmungskonversionen« (ebd.). In einer Auseinandersetzung um die Erkenntnistheorie der Frankfurter Schule und der poststrukturalistischen französischen Denktradition entwickelt Mersch präzise und strenge Forderungen an künstlerische Manifestationen, da sie sich daran, eine wahrnehmbare, unverkennbare (nicht im Sinne einer Eindeutigkeit) Reflexionsfigur anzubieten, messen lassen müssen:

> »Daher die weitere These, dass im Umgang mit ästhetischen Phänomenen immer zugleich eine Differenz, ein disparates Zueinander-ins-Verhältnis-Treten, eine Produktion von Widersprüchen oder Zerwürfnissen entscheidend wird, welche die zugrunde liegenden Phänomene buchstäblich ›ent-setzen‹. Solche Ent-Setzung kann ganz unterschiedlich ausfallen: durch Nebeneinanderordnung, Dislokation oder Deplatzierung, aber auch durch schlichte Konjunktionen, die immer zugleich Disjunktionen enthalten. Alle Formen von Relationierung eröffnen dabei eine Konstellation, ein singuläres Paradigma, das unabhängig von einem machenden Subjekt, einer souveränen Verfügung über Materialien oder einer kontrollierenden Ermächtigung und ähnliches beschrieben werden kann« (ebd., 77).

Die Verdichtung seiner Forderung an das, was zeitgenössische künstlerische Arbeiten (in der Rezeption) leisten können, macht deutlich, wie sehr diese mit der Einbeziehung von sozialen Gegebenheiten, Realitäten, Materialitäten, Beobachtbarem, ihren irritierenden sinnlich wahrnehmbaren und emotional konnotierten Konstellationen konfrontiert sind, welche sie noch nie so sehr wie heute in eine Position zwingt, selbst reflektierende, sensibel beobachtende und dokumentierende Strategien anzuwenden.

2.2.2 Exemplarische Künstlerposition: Fischli und Weiss

Der Grundidee dieser Publikation entsprechend möchte ich die vorangestellten Überlegungen an einer Künstlerposition erläutern, bewusst nicht mit einer Einzelperson, sondern mit dem seit 1979 konsequent zusammenarbeitenden Künstlerpaar David Fischli und Peter Weiss. Zudem entspricht ihr Oeuvre in vielfacher Hinsicht den oben diskutierten Wesens- und Wirkmomenten zeitgenössischer Bildender Kunst. So arbeiten Fischli und Weiss mit den unterschiedlichsten Medien wie Video, Fotografie, Film, Künstlerbüchern, Installation und Skulptur, wobei sie einfaches, »armes« Material nutzen und in ihre Werke häufig Gebrauchsobjekte aus dem Alltag einbeziehen bzw. alltägliche Situationen modellhaft nachbauen. Vorgestellt werden hier einige Werkgruppen aus dem Katalog ihrer großen Retrospektive »Flowers & Questions«, die 2006 in der Tate Modern in London begann und neben Abbildungen auch zahlreiche Kommentare von Künstlerkolleg*-innen, Kurator*innen und Kritiker*innen enthält.

»Der Lauf der Dinge« (1986/1987) ist ein halbstündiger Film, in dem Stühle und Autoreifen eine zentrale Rolle spielen (siehe YouTube). Durch eine unglaubliche, einer ausgetüftelten experimentellen Versuchsanordnung gleichende Verkettung von miteinander verbunden Alltagsgegenständen, welche beispielsweise über Schnüre sich senkende Mechanismen von liegenden Hölzern auslösen, die wiederum Reifen in Bewegung setzen, die wiederum andere Mechanismen in Gang setzen, welche dann weitere Objekte stürzen, rollen, springen oder laufen lassen. So kippen Stühle, fällt eine Flasche um, entrollen sich Schnüre, explodieren kleine Feuerwerke, rotiert ein Eimer; unzählige dilettantisch wirkende Mechanismen aus einfachsten Gegenständen – jeder anders – sind in einer unendlichen Anordnung aneinandergekoppelt und lassen über verquere Rampenbildungen diese absurden Kettenreaktionen geschehen, perfekt getimt, ohne eine Sekunde Pause, ohne den geringsten Fehler, zwingend perfekt und gänzlich unnütz. Welche Botschaft mag dieser experimentellen Intensiv-Performance aus sich nacheinander in unterschiedlichsten Weisen zu Fall bringenden Objekt-Überbleibseln aus dem Keller von »Hinz und Kunz« innewohnen? Der bedeutende Philosoph und Kunstkritiker Arthur Danto schlägt eine breite Lesbarkeit vor:

> »And those hard wooden chairs! We have seen them in the scenes of torture by the painter Leon Golub in which victims, bound and blindfolded, are tormented with clubs and lightened cigarettes. And when Bruce Nauman inserted a straight chair into a piece of sculpture this, too was widely read as a reference to torture. The chair tipping over in The Way Things Go seems at once comical and frightening, as it would be if someone were sitting in it tied up. Perhaps this is why viewers do not always laugh, are not sure, whether this is funny, ...« (Danto, 2007, 215). »This is an argument for each thing having its place in a well-run society, which is the positive side of celebrating banality« (ebd.).

Danto faltet somit in seiner Analyse des »Laufs der Dinge« die Bandbreite der möglichen Reflexionsfiguren zwischen dem ungeheuren Energieverbrauch alltäglicher Umstände, die zwingend ihren Platz haben und ihre jeweiligen Folgen zeitigen, und einer möglichen kunstgeschichtlichen Kontextualisierung mit dem Stuhl als möglichen Platzhalter für Folter auf.

Auch wenn man den für kunstwissenschaftliche Rezeptionen typischen letzten Schritt der Bezugnahme zum Oeuvre anderer Künstler*innen nicht vornimmt, vermittelt sich der ungeheuer große Energieaufwand sensationell gut. Präzise gebastelte Geschehnisse aus zweckentfremdeten banalen Gegenständen, von denen am Ende nichts bleibt. Nach 30 Minuten ist die irre Kettenreaktion gelaufen, sie ist unumkehrbar und nichts Wirkliches ist dabei herausgekommen. Angeli Jahnsen führt ins Feld: »›Rube-Goldberg-Maschinen‹ und verwandte Apparaturen dagegen veranschaulichen das Problem, dass viel Aufwand keine Wirkung haben kann, indem sie ganze Maschinerien herstellen, mit denen nichts weiter getan wird als das, was leicht zu tun gewesen wäre« (Jahnsen, 2013, 120), wobei sie den Film von Fischli und Weiss in seiner Aussage noch extremer, beinahe fatalistisch findet (vgl. ebd.). In der Tat kommt diese Arbeit einem immensen Zeitspeicher gleich, Tage und Wochen des Ausprobierens, des Wieder-und-wieder-Aufbauens, des multiplen Scheiterns eines einzigen Mechanismus in der Gesamtkette der Versuchsanordnung sind darin enthalten und vermitteln sich unmittelbar beim Betrachten des Films. Kapielski ergänzt die Information, dass die ursprünglich in Super-8-Filmmaterial produzierte Anfangssequenz vom »Lauf der Dinge« von einer nur dreiminütigen Dauer durch Patrick Freys Videomitschnitt als sechsstündige Arbeit dokumentiert ist (vgl. Kapielski, 2007, 225).

Ungezählt und unermesslich ist das Arbeitspensum des zehnmal so langen finalen Films, je später in der Kettenreaktion Dinge nicht gelingen, umso länger, aufwändiger wird der gesamte Neuaufbau. Diese hochkomplizierte Anordnung sich nacheinander erschütternder Dinge, in der Wochen an Arbeit gebunkert sind, genügt sich selbst im Spannungsfeld von prekärst ausbalanciertem Geschehen und seiner Verpuffung. Das Werk vermag den Betrachtenden in der Welt aufzuheben und gleichzeitig vor den Niederungen alltäglicher Abläufe und Lebensvollzüge zu entheben. Intensiver ist Paradoxie nicht fühl- und wahrnehmbar, weil sich die ungeheure handwerkliche Präzision und der Aufwand genauso vermitteln wie die bittere Komik fataler Wirkungslosigkeit. Die Botschaft, die möglichen Erkenntnisse und philosophischen Reflexionen vermitteln sich dem*der intellektuellen Kunstkenner*in genauso wie dem*der kaum mit der Welt der Künste vertrauten Rezipient*in. So entschied sich der Kunstdozent Thomas Kapielski einige Handwerker einzuladen, als er den Film seinen Studierenden zeigte:

«While the students were completely enthralled by the playfulness and the sensation of the presentation – the show – and wrongly-imagined computer or film manipulation, the skilled manual workers – two carpenters, one model builder and one stage technician – extolled the effort which must have gone into the making of the film in addition to the plain elegance and simplicity of means« (Kapielsky, ebd., 225).

Fischli und Weiss als Illustration für Zentrales im Potenzial zeitgenössischer Kunst für diese Publikation zu wählen, entspringt der Idealvorstellung, aktuelle Kunst könne – trotz der vielfach geäußerten, teils berechtigten Kritik, sie sei hermetisch – mit ihren besonderen Darstellungsmitteln alle erreichen. Fischli und Weiss können das definitiv – machen Sie bitte den Selbstversuch und schauen Sie das Video auf YouTube an –, und sie eröffnen damit jene Erkenntnismomente, die nicht im klassischen Sinne erschüttern (oder vielleicht doch), jedoch in so spezifischer Weise »treffen«, dass ich hierzu den in der Fachdebatte kursierenden, auf den Beginn der Postmoderne Debatte zurückgehenden, von Lyotard wieder eingeführten Begriff des »Erhabenen« nutzen möchte:

> »Das Erhabene ist ein anderes Gefühl. Es hat statt, wenn die Einbildungskraft nicht vermag, einen Gegenstand darzustellen, der mit einem Begriff, und sei es auch nur im Prinzip, zur Übereinstimmung gelangen könnte. Wir verfügen zwar über die Idee der Welt (der Totalität dessen, was ist), aber wir haben nicht die Fähigkeit, von ihr ein Beispiel aufzuzeigen. Wir haben die Idee des Einfachen (des nicht weiter Teilbaren), aber wir können es nicht durch einen Sinnesgegenstand veranschaulichen, der dafür als ein Fall fungiert« (Lyotard, 1988, 199).

Wahrnehmungen des Erhabenen gelängen Lyotards Auffassung nach in jenen Kunstwerken, die das Nicht-Darstellbare zeigen, es sichtbar machen können (vgl. ebd., 200). Die Stilmittel der Künste, dies zu versuchen, seien vielfältig, würden jedoch nicht mehr auf das »Schöne« im Sinne eines kollektiven Geschmacks abzielen (vgl. ebd.). Das Erhabene ist gekennzeichnet durch das Paradox einer lustvollen Wahrnehmung, die gleichzeitig schmerzt. Fischli und Weiss erreichen diesen Effekt mit ihrem Video zum Lauf der Dinge, und es ist mehr als ein Effekt, es sind sich eröffnende Wahrnehmungs- und Erkenntnisräume, die bevorzugt mit dem altmodisch klingenden Ergriffensein beschrieben werden könnten.

2.2.3 Zusammenschau: der aktuelle Kunstbegriff im Arbeitsfeld

Abgesenkt auf die konkrete »Schnittmenge« und Beziehung zwischen Kunst und Pädagogik möchte ich mit Georg Peez die Ausweitung des Kunstbegriffs auf alle Materialien und Handlungsformen zu einem mittlerweile erweiterten Verständnis von Bildung und damit Pädagogik als Selbst- und Weltdeutung (▶ Kap. 4) und deren zahlreiche Verflechtungen benennen (vgl. Peez, 2018, 13). Als Kristallisationspunkt von Bildungsereignissen in einem Kunstwerk führt Peez Peter Eisenmanns »Denkmal für die ermordeten Juden Europas« in Berlin ins Feld. Über die ästhetischen Erfahrungen bei der Begehung dieses offenen, großflächigen, doch gleichzeitig minimalistischen Mahnmals, das keine eindeutigen Botschaften, doch eine Vielzahl von thematischen Bezügen eröffnet, geschehen Reflexionsprozesse: »Durch die performativen Eigenschaften dieses Mahnmals wird der Begriff des Denkmals dekonstruiert: es regt zum Denken an, ohne einen Gedanken vorzuschreiben« (ebd., 17). Des Weiteren führt auch er die große Bedeutung von Bildenden Künstler*innen in ihren theoretischen Überlegungen wie künstlerischen Arbeiten zur Erweiterung des schöpferischen Potentials ins Feld und exemplifiziert dies in der Umsetzung seines Kunstbegriffs in der Pädagogik mit den »one-minute-sculptures« von Erwin Wurm (ebd., 18). Hier werden Besucher*innen eines Ausstellungsraums aufgefordert, mit Alltagsgegenständen (Früchte, Stifte, Stöcke), die mit kurzen Handlungsanweisungen versehen sind, eine passagere skulpturale Plastik zu verkörpern, welche dann vom Aufsichtspersonal fotografisch dokumentiert wird. Die betrachtende Person wird kurzzeitig zum Kunstwerk, Alltag und Kunst überblenden sich, ästhetisches Handlungs- und Wahrnehmungsrepertoire wird (unvergesslich) erweitert (vgl. ebd., 20). Einen dritten großen Strang markiert Peez am Beispiel der »multiplen Autorenschaften« der Hohenbüchler Zwillinge (1997 Documenta) mit der wachsenden Zahl von Künstler*innen, welche im weitesten Sinne kunstpädagogisches Arbeiten als Teil ihrer künstlerischen Arbeit begreifen und praktizieren. In Kapitel 7 (▶ Kap. 7) werden diese partizipativen künstlerischen Ansätze einer kritischen Diskussion unterzogen.

2.3 Grundkoordinaten der Überschneidung von Pädagogik und Therapie bzw. Bildung und Bewältigung

2.3.1 Allgemeines

Das plurale Fachverständnis zwischen Kunst in Bildung und Therapie über künstlerische Medien umreißend, müssen in diesem einführenden Kapitel neben den genannten Verflechtungen von Kunst und Pädagogik noch Überlegungen und Abgrenzungen zum Überschneidungsbereich von Therapie, psychosozialer Begleitung, Bildung/Erziehung und Selbsterfahrung vorgenommen werden: »Kunstpädagogik enthält zwar therapeutische Momente – u. a. durch die kompensatorische Wirkung ästhetischer Praxis, und umgekehrt enthält Therapie pädagogische Elemente. Aber Kunstpädagogik ist nicht Kunsttherapie« (Peez, a. a. O., 91), so formuliert es Georg Peez. Eine klare Grenzziehung kann nicht vorgenommen werden, trotzdem lassen sich Handlungsprinzipien herauskristallisieren, die klinisch-therapeutische Aufträge von bildenden/erziehenden und begleiteten Interventionen differenzieren lassen. Mitunter sind es lediglich das Setting und die formalen Rahmungen, die therapeutische von psychosozialen Begleitungen unterscheiden, auch als primär kunstpädagogisch definierte Methoden und Interventionsformen haben therapeutische Valenzen.

Der faktische Überschneidungsbereich ist groß, doch ist das alles andere als ein Plädoyer dafür, ohne therapeutische und psychologische Kenntnisse und Kompetenzen mit therapeutischem Auftrag bzw. in therapeutischen Settings zu arbeiten. Letztlich sind begleitete, korrigierende, persönlichkeitsbildende, präventive, unterstützende, wachstumsorientierte, auf psychische Gesundheit ausgerichtete sowie krisenbewältigende Zugänge Inhalt und Ziel von Beratung, Erziehung und Bildung als auch von Therapie und können nur auf der Basis einer vertrauensvollen Beziehung geschehen. Der spezifische Auftrag für die anzustoßenden Prozesse in ihren unterschiedlich gewichteten pädagogischen oder bewältigungsorientierten Anteilen bedarf einer Klärung, um im Schutz eines geregelten Settings die Rahmung für das eigene professionelle Handeln zur Verfügung zu stellen und jeweilige implizite oder explizite Vereinbarungen/Arbeitsbündnisse zu schließen. Letztlich hat die Kritik einer Therapeutisierung pädagogischer Prozesse sowie der Indienstnahme des Künstlerischen für Therapie und die Forderung nach der therapeutischen Wirkung von Unterricht bereits die Pionierstunden kunsttherapeutischer Verfahren geprägt. Als mögliche theoretische Absicherung in dieser Gemengelage mag die ursprüngliche Wortbedeutung von Therapie als Dienen/Pflegen gelten, die jedoch im 18. Jahrhundert an die naturwissenschaftlich orientierte medizinische Lehre (vgl. Otto, 1993, 82) in ihrem engen Begriff von Krankheit und zu erzielender Symptomfreiheit gekoppelt wurde. Dies wird seit Jahren heftig kritisiert und mit gegenläufigen Modellen zu erweiterten Konzepten von Gesundheit und Krankheit beantwortet. Auch der sozialpsychiatrische Fachdiskurs bemüht sich seit Jahrzehnten um ein offeneres, anthropologisch geprägtes Verständnis von (schweren) psychischen Erkrankungen in ihrer Bedeutung für Betroffene in ihren Lebenszusammenhängen (vgl. Bock & Heinz, 2016). Der aktuelle »Recovery-Ansatz« formuliert in diesem Zusammenhang statt einer in vielen Fällen unrealistischen, auf äußere Symptome reduzierten Vorstellung völliger »Heilung« das Ziel, ein befriedigendes Leben mit der psychischen Eigenheit zu erlangen, welche Ausdruck biographischer Hintergründe und psychischer Verarbeitungsprozesse darstellt (vgl. Knuf, 2016).

Nichtsdestotrotz gibt es bedeutsame Unterschiede in den Rollen und Aufgaben des*der eher therapeutisch, in der Bildung oder psychosozialen Begleitung tätigen Professionellen und unterschiedliches theoretisches wie methodisches Wissen muss dazu herangezogen, die jeweiligen institutionellen Kontexte und wissenschaftstheoretischen Bezüge transparent gemacht und markiert werden. In der eingangs erwähnten pädagogischen Kunsttherapie nach H.-G. Richter ist dies beispielsweise ihre unbedingte Anbindung »an die Systematik der philosophischen Ästhetik und hiervon abgeleiteter ästhetischer Erziehungstheorien« (Richter-Reichenbach, 1993, 95). Gleichzeitig betont er die besonderen Valenzen ästhetischer Verfahren als »Formen der Selbstrehabilitation« (Richter, 1984, 89). In den jeweiligen Anwendungsfeldern geht es vielfach um therapeutische Momente oder Wirkungen, die einzelne Interventionen haben und nicht per se um Therapie. Gunter Otto hat sich in einem Beitrag »Therapie als Problem der (Kunst-)Pädagogik« so dazu geäußert:

> »Die Diskussion therapeutischer Absichten hat Folgen im erweiterten Bereich, in der allgemeinen Pädagogik als kritisch-diagnostisches Moment, in der allgemeinen Didaktik und Schulpädagogik als Impuls für eine grundlegende Veränderung des Lernens, in der ästhetischen Erziehung als Dynamisierung bestehender Praxis im Blick auf lernende Subjekte. Ist das ein Nachteil?« (Otto, 1993, 92).

2.3.2 Das Konzept der Lebensbewältigung

Das Spannungsfeld Bildung/Bewältigung in wechselseitiger Bedingtheit und Verflechtung kann prominent mit dem seit den 1980er Jahren durch Böhnisch und Schröer geprägten Theoriemodell der Lebensbewältigung (vgl. Stecklin & Wienforth, 2020, 20) bestimmt werden, welches in der Sozialen Arbeit eine bedeutende Rolle spielt und permanent aktualisiert wird. Für den vorliegenden Diskurs relevant ist m. E. die Integration psychodynamischer, soziodynamischer und gesellschaftlicher Dimensionen von Problemlagen und entsprechend davon abgeleitete Handlungsaufforderungen (Böhnisch, 2019, 11 f). Das kommt einem von vorn herein umfassenden Verständnis von Störungen bzgl. gelingendem Leben gleich, das per se nicht zwischen klinisch oder erzieherisch relevant unterscheidet:

> »Unter *(Lebens)bewältigung* verstehe ich das Streben nach psychosozialer Handlungsfähigkeit in kritischen Lebenskonstellationen. Lebenssituationen und -konstellatio-

nen werden dann als *kritisch* bezeichnet, wenn die bisherigen eigenen Ressourcen der Problemlösung versagen oder nicht mehr ausreichen und damit die psychosoziale Handlungsfähigkeit beeinträchtigt ist« (ebd., 20).

Zudem gilt das Konzept für alle Lebensalter, Lebenslagen und Querschnitthemen (vgl. Stecklin & Wienforth, a. a. O.) von Problemlagen einer globalisierten, nachmodern entgrenzten, interkulturellen, turbokapitalistischen Gesellschaft, die große Ungleichheiten und Risiken gelingenden Lebens produziert (▶ Kap. 5). Als interessant und für unseren jeweils therapeutisch bzw. pädagogisch codierten Auftrag bereichernd stellt sich die durchgehend »sinnverstehende« Haltung im Bewältigungskonzept dar, d. h. es wird davon ausgegangen, dass auch (selbst)schädigende, störende, unterlassende Verhaltensstrategien für die jeweiligen Subjekte erworbenes Bewältigungshandeln darstellen und diese eben (noch) kein besseres oder adäquateres oder solches, das ihnen keine zusätzlichen Probleme einbringt, zur Verfügung haben. Auch hier wird im sozialarbeiterischen Fallverstehen mit psychologischen Modellen wie dem des Selbst(werts), mit Mechanismen wie inneren und äußeren Abspaltungen und Delegationen gearbeitet (vgl. Böhnisch, a. a. O., 21 ff), welche Menschen aus Hilflosigkeit und Unfähigkeit, sich und ihre Hilfebedarfe mitzuteilen, heraus anwenden. Das exemplifiziert und differenziert Böhnisch an Gewaltproblematiken der Betroffenen sich selbst oder anderen gegenüber, die affektorientiert geschehen würden, wenn Hilflosigkeit überhandnehme. Damit ist die Theorie anschlussfähig an das in Kapitel 2.4.1 (▶ Kap. 2.4.1) vorgestellte Mentalisierungskonzept als Baustein pädagogischen wie therapeutischen Handelns. Beispielhaft erklärt Böhnisch eine Form äußerer, delegierender Abspaltung so:

> »Rechtsextremistische Programme bieten eine Projektionsfläche für die Abspaltung von biographisch verfestigten Selbstwert- und Anerkennungsstörungen. Ihre ethnozentristische bis rassistische Programmatik bietet nicht nur die Möglichkeiten der Abwertung anderer und damit der Selbsterhöhung der eignen Person, sondern offeriert auch ihre kollektive Einbindung und Bestätigung in gleichgesinnten sozialen Gruppen« (ebd., 27).

Für die hier geführte Debatte ist zudem die enge Verschränkung von Bildung und Bewältigung in dem vorliegenden Modell relevant: »In der Bewältigungsdimension entscheidet sich der Lern- und Bildungserfolg« (ebd., 146). Spies und Steinbach dividieren die komplexe Verwobenheit beider Bereiche auseinander:

> »Jede Bildungsbiografie und jedes pädagogische Handeln mit Anspruch bildender Anregung ist demnach ein Prozess, der an soziale Bedingungen, wahrgenommene Möglichkeiten oder Einschränkungen, Entwicklungen und Widerfahrnisse, repräsen-

tierte Wissensordnungen sowie gesellschaftliche Machtkonstellationen anschließt, die zu einem bestimmten Verlauf des Werdens, der Suche und Auseinandersetzung mit Gegebenheiten, Anforderungen und Bewältigungsstrategien führen und an Biografizität gebunden sind« (Spies & Steinbach, 2020, 417).

Zudem enthält das Konzept der Lebensbewältigung mit dem Augenmerk auf krisenanfällige »Übergänge« (z. B. Adoleszenz) Elemente aus der Entwicklungspsychologie. Als »*Bewältigungsfallen*« bezeichnet Böhnisch diese (a. a. O., 176). Nicht zu vergessen sind die gesellschaftlichen Bedingungen, welche Bewältigungschancen unterschiedlich ausfallen lassen, indem sie ungleich ausgestattete Lebenslagen und Milieus produzieren und auf übergeordneter Ebene eines professionsethisch codierten Handelns als Kampf um soziale Gerechtigkeit bedarf. Böhnisch spricht in diesem Zusammenhang vom »Begriff der *Befähigungsgerechtigkeit*« (ebd., 210):

> »Dieser zielt darauf ab, dass ein Gerechtigkeitsdiskurs das Prinzip unterschiedlicher personaler und biografischer Befähigungen zu Lebenschancen *aller* Menschen – unabhängig von ihren körperlichen und geistigen Vermögen – in den Mittelpunkt stellen muss« (ebd.).

2.4 Konzepte zur theoretischen Fundierung pädagogischer wie therapeutischer Prozesse

Im Folgenden sollen nun ausgewählte zentrale Theoriebausteine pädagogischen und therapeutischen Handelns zusammengestellt werden, insofern sie für alle Anwendungsfelder dieser Publikation grundlegend sind und damit modellhaft als sicheres theoretisches Fundament für all jene dienen können, die ihre therapeutisch/psychosozial supportiv wirkenden Kompetenzen auch im Kontext von Bildung erweitern wollen. Sie entstammen überwiegend der psychoanalytisch orientierten Entwicklungspsychologie und Heilpädagogik, der psychoanalytischen Kreativitätsforschung, sind somit von der Objektbeziehungstheorie inspiriert und nehmen in diesem Kontext den für künstlerische Verfahren so bedeutsamen Symbolbegriff besonders in den Blick.

2.4.1 Das Mentalisierungskonzept

Um diesen Überschneidungsbereich beispielhaft mit möglichen theoretischen Bausteinen auszustatten, wird nun das in Zusammenhang mit der Bindungstheorie stehende Mentalisierungskonzept in seinen Grundzügen vorgestellt, da es als tiefenpsychologischer Ansatz die »soziale, psychische Geburt« (Fonagy & Luyten, 2011, 905) des Menschen zu fassen vermag und eine fundierte Verstehensgrundlage für Pädagogik wie Psychologie und ästhetische Erkenntnis darstellt. Das Gesamtkonzept greift auf Erkenntnisse der Bindungstheorie, der Psychoanalyse, der Theory of Mind, der Psychotherapieforschung und Neurobiologie zurück (vgl. Gingelmaier et al., 2018). Für diese Publikation von besonderem Interesse ist der Zusammenhang der entwicklungspsychologischen Vorgänge im Mentalisieren mit der entstehenden Fähigkeit des Symbolisierens, d. h. emotionale, psychische, affektgeladene Inhalte denken und sich vorstellen zu können. Etwas mentalisieren bzw. symbolisieren zu können, stellt einen ersten Schritt zu mentaler Abstraktionsfähigkeit von Gefühltem/Empfundenem zum Denken und im Weiteren zum Verbalisieren dar. Mentalisierung und Symbolbildung sind zudem gleichermaßen auf der Ebene geistiger Entwicklung anzusiedeln. Mentalisieren meint dabei »die Fähigkeit, den Anderen und die eigene Person als Wesen mit geistig-seelischen Zuständen zu verstehen« (Gerspach, 2009, 93), d. h. sich selbst und den anderen denken zu können, sich in sich selbst hineinversetzen zu können und in den anderen Verhalten als intentionale Aktivität interpretieren zu können. Weiter erstreckt sich das auf die soziale Komponente, nämliche die »eigene mentale Verfassungen in ursächlichen Zusammenhang mit der mentalen Verfassung anderer Personen zu bringen« (ebd., 94). Staehle erklärt so: »Mentalisierung im engeren Sinne beinhaltet die Entstehung der Fähigkeit, sich selbst und andere als denkend zu erleben, über sich selbst zu reflektieren oder die Gedanken der Anderen wahrzunehmen und zu verstehen« (Staehle, 2008, 122). Das auf Fonagy und Target zurückgehende, um die Bindungsforschung erweiterte kognitionspsychologische Konzept der »Theory of Mind« erlaubt die menschliche Entwicklung von wachsendem Bewusstsein über Gefühle, Affekte, Bedürfnisse und Wünsche in ihrer Abhängigkeit von gelingenden frühkindlichen Interaktionen zu verstehen. Ohne an dieser Stelle auf die hierfür zentrale Bindungsforschung (Bowlby, Ainsworth) näher eingehen zu können, ist der Schlüssel zur Mentalisierungsfähigkeit in funktionierenden Affektspiegelungen im Säuglingsalter zu sehen:

> »So stellen Fonagy u. a. ein soziales Biofeedbackmodell der Affektspiegelungen, aus dem allmählich symbolische Repräsentationen erwachsen, an den Anfang der Ent-

wicklung. Zwar zeigt der Säugling Emotionen wie Freude, Ärger, und Traurigkeit, hat aber davon kein Bewusstsein. Die Eltern bemerken jedoch seinen jeweiligen Gefühlszustand und gehen intuitiv darauf ein« (ebd., 94).

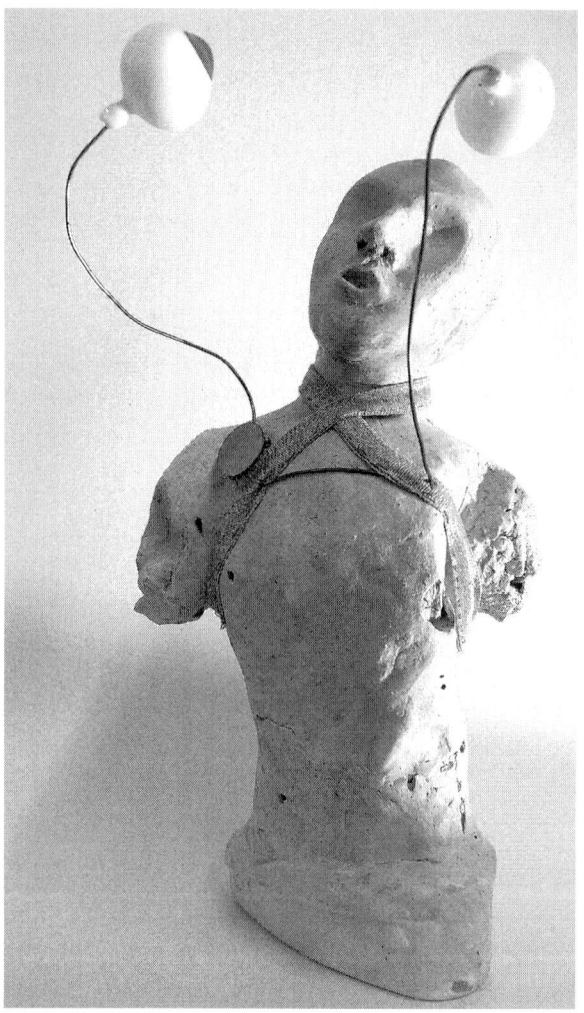

Abb. 1: Lisa Niederreiter (2013), »Glanz im Auge der Mutter I«, 32 cm, Ton, Draht, Glasaugen, Gummilitze

Das heißt, die primären Bezugspersonen spiegeln den jeweiligen Zustand des Kindes im eigenen Gesichtsausdruck (lächeln beispielsweise auch), sprechen dazu, benennen die u. U. auch unerträglichen Gefühle des Kindes

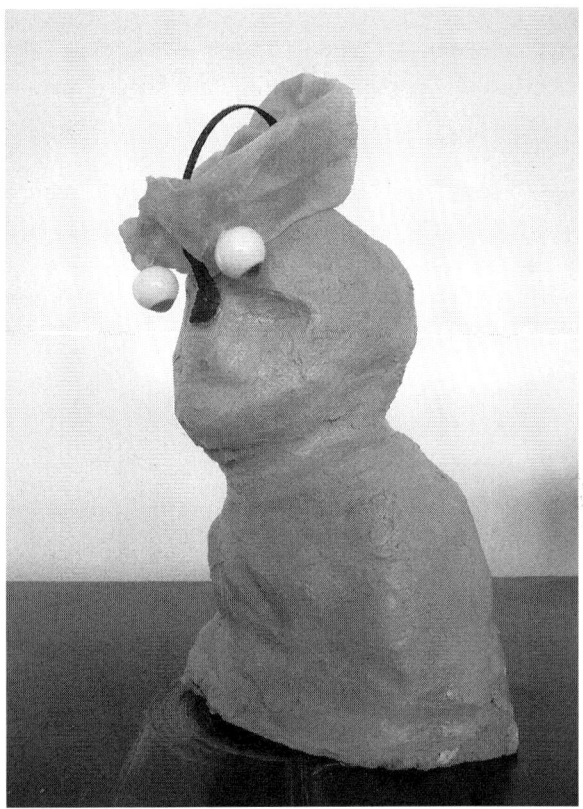

Abb. 2: Lisa Niederreiter (2013), »Glanz im Auge der Mutter II«, 36 cm, Ton, Latex, Glasaugen

(Erschrecken, Wut, Unwohlsein, Angst, Schmerz, Hunger, ...), nehmen diese Gefühle auf und trösten es, was zu Affektregulierungen führt. Der Säugling ist anfangs überwiegend konzentriert auf Körper- und Sinnesempfindung; Zustände werden so übermächtig erlebt, sind noch nicht repräsentierbar, distanzierbar oder steuerbar. In der Affektspiegelung durch die Eltern werden sie im Gegenüber »dargestellt«, im Außen identifizierbar und erhalten damit eine Repräsentanz außerhalb des eigenen Körpers. Dabei ist die nach Gergely benannte »markierte Affektspiegelung« (Gergely 2002 zit. nach Gerspach, ebd., 95) insbesondere bei unangenehmen Affekten und Zuständen bedeutsam. Die primäre Bezugsperson ist nicht nur bloßer Spiegel der Wut oder Angst, sie nimmt die Gefühle auf, hält sie aus (»Containing« nach Bion), benennt sie, erklärt evtl., dass das bald besser würde, bald vorbei sei, dass man da was tun könne und bringt diese darüber in eine für das

41

Kind aushaltbar Form, die es integrieren, als Teil des Selbst wieder aufnehmen kann (vgl. ebd.): »Diese Erfahrungen von Affektregulierung machen das Kind sicher und setzen bei ihm das Vermögen zur Reflexion frei« (ebd., 95). Zur Spezifizierung der empathischen Affektspiegelung zieht Gerspach Kohuts Konzept vom »Glanz in den Augen der Mutter« heran, den das Kleinstkind bei der Herausbildung der mentalen und selbstregulierenden Fähigkeiten und zur Gewinnung von Autonomie brauchen würde (Kohut 1975 zit. in Gerspach, ebd., 95). Als Illustration hier zwei Arbeiten aus meinem Werkzyklus »Glanz im Auge der Mutter«, eine Gruppe gegossener und modellierter Büsten, die unterschiedlich gestaltete »Prothesen« von blickenden und glänzenden Augenpaaren tragen, eine künstlerische »Erfindung« für fehlende spiegelnde Dialoge.

Über unterschiedliche Testverfahren kann die kindliche Mentalisierungsfähigkeit mittlerweile gut eingeschätzt werden, bezeichnend sind dabei Studienergebnisse, welche den engen Zusammenhang zwischen sicheren Bindungserfahrungen und Mentalisierungsreife bei Kindern belegen (vgl. Fonagy, a.a.O., 907). Im Gegensatz dazu zeigen sich bei Kindern mit desorganisierten Bindungserfahrungen, beispielsweise früh traumatisierten oder vernachlässigten Kindern, mangelnde Mentalisierungs- und Symbolisierungskompetenzen. Diese werden im »Agieren-Müssen« von Affekten und Bedürfnissen sichtbar, in einem wenig bewussten, stark verhaltensorientierten In-Szene-Setzen von Gefühlen und Impulsen mit anderen. Das bedeutet, das Kind verfügt nicht ausreichend über eine mentale Repräsentation von Gefühlen, Wünschen, Bedürfnissen und Affekten, sie können schwer vorgestellt, gedacht und (verbal) geäußert werden. Sie sind nicht im sprachlich-symbolischen Gedächtnis, sondern im unbewussten, körperlich/prozeduralen abgespeichert (vgl. Staehle, a.a.O., 126). Daher werden sie ausagiert, was in unserem fachlichen Zusammenhang wiederum die große Bedeutung szenischer, köperorientiert-performativer und nonverbal-sinnlicher und bildhaft symbolisierender Verfahren als Ausdrucks-, aber auch als Interventionsform für Adressat*innen mit geschwächten Mentalisierungsfähigkeiten auf den Plan ruft. Sinnlich-ästhetische Erlebnis-, Kommunikations- und Ausdrucksformen unterstützen die mentalen Wahrnehmungen und Erkundungen eigener emotional und affektiv getönter Zustände und Bedürfnisse im Sinne eines möglichen Erweiterns, Nachholens und »Nachlernens« von mangelnden Fähigkeiten zu mentalisieren.

Zwei Modi bzw. Niveaus innerhalb der Mentalisierung spezifizieren dementsprechende Kompetenzen im Kindesalter, stellen gleichzeitig Bezüge zum symbolisierenden Spiel in seiner Funktion für psychische und mentale Reifungsprozesse her und begründen daher den Einsatz des Spiels als wichtige Interventionsform. Der nach Fonagy und Target entwicklungspsychologisch früher anzusiedelnde Äquivalenzmodus (bis ca. 20. Lebensmonat) entspricht einem Gleichsetzen von innerem Erleben und äußerer Welt (vgl. Schultz-Venrath, 2013, 98); das kann in bestimmten Situationen oder im Zuge psychischer Erkrankungen auch in späteren Lebensaltern vorkommen. Beispiele sind ein Nichtunterscheidenkönnen von sich wertlos fühlen und wertlos sein, oder die Wahrnehmungsverzerrung etwa bei Stalker*innen, die sich in keinster Weise vorstellen können, das begehrte Gegenüber sei nicht im selben Maße an einem nahen Kontakt interessiert wie sie selbst (vgl. ebd., 99). Dass »ein Sich selbst und die Welt im Äquivalenzmodus verhandeln« zu Rigiditäten, Verkennungen der Realität/des Anderen und damit zu Problemen im Umgang mit sich selbst und anderen führt, wird nachvollziehbar. Im entwicklungspsychologisch später folgenden sog. »Als-ob-Modus« vermag das Kind sich nun mit viel Energie meist über das Spiel in Anlehnung an Objekte der Realität ein befriedigendes Szenario zu erschaffen und darin zu handeln. Es weiß dabei sehr wohl, dass das Spiel nicht Wirklichkeit ist. Es ist jedoch viel mehr als Phantasie, ihm kommt ein Charakter symbolischer Realität zu, es steht für Wirkliches, ohne wirklich zu sein. Das Spiel dient dazu, Erlebtes, Gewünschtes, Gefühltes, Gewolltes von sich an die Welt zu verhandeln, auszuprobieren, sich darin kennenzulernen und so größeres Bewusstsein zu erlangen.

Im engeren Sinne ist der Als-ob-Modus auch als Befähigung zu verstehen, gefährliche oder schädliche Affekte in gespielte (vorgetäuschte) Gesten oder Handlungen zu verwandeln (so tun als ob: beispielsweise den besten Freund, auf den man gerade wütend ist, mit ausgestrecktem Gewehr-Arm und entsprechenden Geräuschen scheinbar zu erschießen) und sie in dieser Symbolhandlung loszuwerden (ohne den Freund wirklich zu vernichten). »Auf diese Weise hat das Als-ob-Prinzip zwei Schlüssel-Aspekte: die ikonische Repräsentation (Imitation) von Objekten, Handlungen und Ereignissen und das Markieren des Vorgebens (Täuschens), [...]« (ebd., 101). Natürlich müssen die Als-Ob-Handlungen vom Gegenüber in ihrem pseudo-wirklichen Charakter auch verstanden werden, was seinerseits Mentalisierungsfähigkeiten voraussetzt. Im Alter von vier bis fünf Jahren gelingt im idealen Falle eine Integration des Äquivalenz- und Als-ob-Modus und das Kind erreicht so ein neues Reflexionsniveau. Auf Dornes verweisend umreißt das Gerspach so: »Das Kind kann nun die vermuteten mentalen Zustände selbst wieder zum Gegenstand des (Nach-)Denkens machen und auch über den Wahrheitsgehalt seiner eigenen Phantasien und Ängste nachsinnen« (Gerspach, a. a. O., 97).

2.4.2 Symbol, Repräsentanz und Mentalisierung

Der vorangegangene Abschnitt zu den Binnen-Vorgängen der Mentalisierung dient einerseits der theoretischen Grundlagenbildung zu tiefenpsychologischem Wissen im Kontext von Subjektbildung in Abhängigkeit von Bindungserfahrung und geistiger Entwicklung, wie sie für Pädagogik, psychosoziale Praxis und Therapie gleichermaßen bedeutsam sind. Zum anderen klingt hier mehrfach die später noch auszuarbeitende Funktion des Symbols auch im Kontext der ästhetischen Wahrnehmung und des Ausdruckshandelns an. Eine zentrale, tiefenpsychologisch inspirierte Theorie hierzu ist Donald Winnicotts Forschung zum sog. Übergangsobjekt als erster kreativer Akt in der menschlichen Entwicklung (vgl. Winnicott in Limberg, 1998, 49), das in Kapitel 3 (▶ Kap. 3) zu den Kernelementen künstlerischer Tätigkeit vorgestellt wird. Welch große Rolle der ästhetische Gegenstand als Manifestation von Symbolisierung spielt, leuchtet sicherlich ein. Vorauszuschicken ist im Anschluss an die Erarbeitung des Mentalisierens ein kleines Summary zum Symbolbegriff, der sich einerseits multidisziplinär breit aufgefächert darstellt und was die Tiefenpsychologie betrifft, auch innerhalb einer wissenschaftlichen Theoriebildung so überfrachtet scheint, dass eine umfassende Klärung des Begriffs für diese Publikation lediglich ausschnitthaft möglich ist. Mit Laurie Wilson nutze ich das Beres'sche, ichpsychologisch codierte Symbolverständnis als »Repräsentanz« (Wilson, 1991, 64) von etwas und nicht als deren Ersatz (vgl. ebd.). »Die Fähigkeit, ein abwesendes Objekt zu evozieren, setzt eine Qualität des kognitiven Funktionierens voraus, die es dem Schöpfer eines Symbols erlaubt, ein Bild in seinem Geist wahrzunehmen und festzuhalten« (ebd.). Diese Fähigkeit zu psychischer Repräsentanz (beispielsweise nach Nähe zu einem Objekt) ist nicht angeboren und wie die Mentalisierung Teil einer bedeutsamen Reifung im Kleinkindalter. Sie steht als dritte Stufe der frühen sensorischen Ebene als neurophysiologisches, prärezeptives Phänomen (Stufe eins), auf die sodann die Koppelung von sensorischen Reizen mit Inhalten (Stufe zwei) folgt, welche an Reaktionen ablesbar werden (vgl. ebd., 65). Die Herausbildung zu psychischen Repräsentanzen braucht dagegen keinen direkten Reiz von außen mehr, insofern ist sie »reifer«. Sie braucht vielleicht einen Anlass, aber keinen Wahrnehmungsreiz, und stellt »die Bausteine für andere komplexere psychische Repräsentanzen: für Bilder, Phantasien, Gedanken, Begriffe, Träume, Halluzinationen, Symptome und Sprache« (ebd., 65) zur Verfügung. Es sind empfundene Impulse, Bedürfnisse, Wünsche, die in der Repräsentanz/Symbolisierung mental vorstellbar werden, vielschichtiger, vieldeutiger, auch verunklärter als der in Worte fassbare Gedanke dazu. Darin birgt die Symbolisierung im Gegensatz zum Wort ihr herausragendes Potential. Rubin zitiert für diesen Weg des Affekts zur symbolisierenden Repräsentanz Gendlin: »Gefühl ohne Symbolisierung ist blind; Symbolisierung ohne Gefühl ist leer« (Gendlin zit. in Rubin, 1993, 331). Und weiter mit Rubin meint die symbolisierte oder auch mentalisierte Affekt- und Gefühlsrepräsentanz die prominenteste Form wirklichen Wissens als »perzeptuell-emotionale Erkenntnis« (ebd.), die selbst das denkbar macht, was noch vage oder unbeschreiblich erfahren wird und mehrdeutig, eventuell auch widersprüchlich oder paradox erlebt wird. So viel zum Vorgang des Symbolisierens in seiner Bedeutung für die psychische und geistige Entwicklung des Kindes in seiner Nähe zum Konzept des Mentalisierens. Ein weiterführendes Nachdenken über die Aufgabe des Symbols in der Kunst bzw. im künstlerischen Tun erfolgt im nächsten Kapitel.

Um die allgemeinen Überlegungen zu den Grundlagen erzieherischen versus therapeutischen Handelns abzuschließen, kann ergänzt werden, dass selbst für den schulischen Unterricht und die Rolle der*des Lehrenden umfängliche Konzepte für einen mentalisierungsbasierten Unterricht zur Eröffnung von Räumen für Gefühls-Symbolisierungen auch in der Gruppe vorliegen (vgl. Hirblinger, 2011). Insofern erfolgt hier nochmals ein Plädoyer dafür, Theoriebildungen aus der Psychoanalyse nicht als spekulative und oder unverhältnismäßige Therapeutisierung von Bildungsprozessen abzutun, sondern sie in ihrem Potential eines Verstehenszuwaches menschlicher Verhaltens- und Ausdrucksweisen aufzunehmen. Im Folgenden wird dies in Bezug auf die Ebene der Interventionen noch um weitere Aspekte aus der psychoanalytischen Pädagogik ergänzt.

2.4.3 Ausgewählte Aspekte psychoanalytischer Pädagogik für therapeutisches wie pädagogisches Handeln

Wie in den Erläuterungen zur Entstehung mentalisierender Kompetenzen in Abhängigkeit von gelingenden Bindungserfahrungen angeklungen, geht es in pädagogischen wie psychosozialen Settings häufig um ein Nachholen solcher (mangelnden) Erfahrungen in aktuellen (Arbeits-)Beziehungen bzw. um deren Korrektur. Ein entsprechend definierter geschützter Rahmen, wie ihn die Kunsttherapie vorsieht, ist im Kontext aufdeckender und korrigierender bzw. mit der Übertragung/Gegenübertragung operierender Verfahren, die ein Nacherleben und Aufarbeiten einer früheren konflikthaften und seelisch beeinträchtigenden (Bindungs-)Erfahrung ermöglichen, sinnvoll und notwendig. Doch geschehen Übertragungsprozesse bzw. die oben angeschnittenen »Inszenierungen« von zu wenig mentalisierbaren Affekten und Wünschen auch im pädagogischen Alltag, wobei als Vereinfachung der*die therapeutisch tätige Professionelle eher an der Übertragung, der*die Pädagog*in mit der Übertragung arbeitet (vgl. Naumann, 2010, 118). Das heißt, ein*e Adressat*in unserer Arbeit reaktiviert beispielsweise frühere Beziehungserfahrungen mit primären Bezugspersonen und überträgt diese auf uns: der*die Therapeut*in lässt sich intensiver auf diese Rollenzuschreibung ein, um dem Klientel eine alternative und bessere Bindungserfahrung erlebbar zu machen und der*die Pädgog*in nutzt die Analyse des Übertragungsgeschehens zum Verstehen der Adressat*innen in ihrem Verhalten und ihren Anliegen. Korrigierende Beziehungserfahrungen zur Verfügung zu stellen und mentalisierende Fähigkeiten auszubauen, ist auch in heil- und sozialpädagogischen Kontexten beispielsweise in der stationären Unterbringung von Kindern und Jugendlichen, in der Familienhilfe unabdingbar, so dass entsprechende Kompetenzen im Bildungs- und Erziehungsfeld ebenso fruchtbar sind.

Neben dem Mentalisierungskonzept können Elemente psychoanalytischer Pädagogik zur Qualifizierung im Überschneidungsbereich pädagogischer/therapeutischer Aufgaben bzw. für die Begleitung von Adressat*innen mit entsprechenden Bedarfen beitragen. Diese sollen in ihren wichtigsten Bausteinen skizziert werden. Naumann betont die emanzipatorische Tradition der psychoanalytischen Pädagogik aus ihrer Gründerzeit Anfang des 20. Jahrhunderts: »Positiv formuliert wird deutlich, dass die frühe Psychoanalytische Pädagogik die Autonomie und Beziehungsfähigkeit des Kindes mit der Selbstreflexion des Erziehers und seiner sozialistisch orientierten Kritik an der Gesellschaft zu verbinden trachtete« (Naumann, 2010, 114), was hier betont wird, da landläufig Psychoanalyse klischeehaft verkürzt mit individual- und triebpsychologischen »Deutungen« in Verbindung gebracht wird. Großen Anteil hatte die psychoanalytische Pädagogik nach dem 2. Weltkrieg an der Kritik der autoritären Erziehung und in der Entstehung der Kinderläden (vgl. ebd.). Sie hat sich in den letzten Jahren deutlich weiterentwickelt, die Erkenntnisse der Bindungstheorie (Bowlby) und der neueren Säuglingsforschung eingebunden sowie die intersubjektive Wende der Psychoanalyse mitvollzogen. Zudem agiert sie »sinnverstehend«, das bedeutet von jedem – gerade auch scheinbar unangemessenen, destruktiven oder irritierenden – Verhalten, Wahrnehmen und Bewerten eines*einer Agierenden wird dessen Sinnhaftigkeit angenommen. Das heißt, es wird davon ausgegangen, dass der*die Betroffene teils unbewusste, in der eigenen Biographie, den eigenen Bindungserfahrungen und den erlernten Bewältigungsstrategien (▶ Kap. 2.3.2) liegende Gründe für ein bestimmtes Verhalten hat. »Für all dies steht mit dem ›szenischen Verstehen‹ (Lorenzer) ein Erkenntnisverfahren bereit, das die Reflexion pädagogischen Geschehens im Hinblick auf dessen subjektive, intersubjektive und institutionelle Aspekte erlaubt« (Naumann, ebd., 117). In eigenen oder interkollegialen Reflexionen wird so versucht, die Bedeutung bestimmter Situationen für den Einzelnen im Kontakt mit anderen zu entschlüsseln, gerade was das Aufscheinen von Affekten (Aggressionen, Ängste, Wut) und problematischen Reaktionen betrifft. Vorausgesetzt wird, dass bisher gemachte Bindungserfahrungen in das Erleben der aktuellen Situation einfließen:

> »Jeder Mensch entwickelt schon als Kind durch die Verinnerlichung von mehr oder minder glücklichen Interaktionsformen unbewusste, sinnlich symbolische und sprachsymbolische Interaktionsformen. Unweigerlich setzt das Kind in weiteren Beziehungen sein Unbewusstes, seine Fantasie und seine bewussten Bedürfnisse in Szene« (ebd.,130).

Das gilt natürlich auch für Jugendliche und Erwachsene, und je nach Lebensalter ist es bedeutsam, ein mehr oder minder intensives »Entwicklungsbündnis« (ebd., 127) mit den Adressat*innen der eigenen Arbeit einzugehen und sich ihnen mittels des Bion'schen »Containings« und des »Holdings« nach Winnicott in seiner Professionalität als »Hilfs-Ich« (ebd., 129) anzubieten. Konkretisiert meint ersteres, schwierige Gefühls- und Affektlagen oder Verhaltensweisen zusammen mit dem*der Klient*in auszuhalten, ihre Bedeutung zu erkunden und sie nicht gleich unbesehen zu beseitigen. »Holding« meint Ähnliches, verbunden mit dem Anbieten einer Rahmung, evtl. eine Verbalisierung oder Markierung des wenig erträglichen Geschehens. Wie umfänglich hier sprachliche und reflektierende Interventionen eingebunden werden, hängt sehr vom Lebens- bzw. Entwicklungsalter des Gegenübers ab, nonverbale, ästhetische und performative Akte können bedeutsamer Teil dieses »Containings« sein.

3

Essentielle Theoriebausteine zum künstlerischen Binnengeschehen in Wahrnehmung und Gestaltung

3.1   Anwendungsorientierte Ebene

Am Anwendungsorientiertesten hat Mechler-Schönach die im psychosozialen Sinne als wirkungsvoll zu begreifenden Valenzen künstlerischer Prozesse gebündelt. Sie mag diesen Abschnitt einleiten und den Aufschlag bilden für die Aspekte tiefenpsychologischer Theoriebildung im Kontext ästhetischer Erfahrung (vgl. Mechler-Schönach, 2005, 9). So hebt sie nach einem Bedauern über die in der »Szene« existierenden 47 Bezeichnungen für künstlerisch-therapeutische Verfahren (vgl. ebd., 11) zuerst die expressive, d. h. ausdrucksermöglichende Funktion künstlerischer Handlungen hervor, die im Sinne einer Externalisierung Entlastung von »Innerlichem«, spannungsvoll Erlebtem ermöglichen und gleichzeitig die Erfahrung von selbst Geschaffenem im künstlerischen Produkt erlauben. Der freie, spielerische

Umgang mit künstlerischem Material begünstigt zweitens Prozesse der Erinnerung. Sinnlich-ästhetische, damit körpernahe, nur teils bewusste Impulse fließen automatisch in die Gestaltung mit ein und dienen als Chance, mental-emotional-biographische Zusammenhänge herzustellen und/oder zu entdecken. Drittens werden diese in einem Formgebungs- und Symbolisierungsprozess geordnet, identifiziert, mit Bedeutung belegt und lassen sich damit besser in die eigene Persönlichkeit integrieren (vgl. ebd., 14ff). Künstlerisches Ausdruckshandeln erfordert viertens ein stetiges Experimentieren mit Material, Farben und Formen. Erprobungen finden statt, die sich symbolisch aufladen zu einem auch für das Leben relevanten »Proberaum« (ebd., 16). Zudem stellt es fünftens eine zusätzliche, erweiterte Kommunikationsform zur Verfügung. Bildausdruck ist auch dann möglich, wenn es keine Worte (mehr) gibt für Erlebtes. Die Nutzung und Aktivierung all dieser Möglichkeiten im Kunstmachen führt zu einer Vielzahl von »befreienden, aktivierenden, kommunikativen und integrierenden bis zu ordnenden, strukturierenden Prozessen« (ebd., 17), die im Kontext von Identitätsbildung und -entwicklung genauso relevant sein können wie zur Erweiterung der Bewältigungskapazität bei Krisen o. ä. Insgesamt betreffen alle Valenzen eine Intensivierung schöpferischer Zugriffe auf das Leben.

Der Gesamtheit von Mechler-Schönachs genannten Wirkfaktoren liegen eine Vielzahl von theoretischen Konzepten aus kunsttherapeutischen, psychotherapeutischen, psychologischen und erziehungswissenschaftlichen Theoriebildungen und deren empirischen Ergebnisse zu Grunde (vgl. ebd.), die hier nicht zur Gänze nachzuzeichnen sind. Eigene langjährige Praxis verknüpft mit theoretischen wie empirischen Studien in unterschiedlichen Feldern Kunst einsetzender psychosozialer und pädagogischer Arbeit haben mich allerdings immer wieder zu ausgewählten psychodynamischen bzw. psychoanalytischen Konzepten zur Bedeutung ästhetischer Wahrnehmung und künstlerischen Ausdruckshandelns für das Subjekt als wissenschaftliche Verankerung von Kunst in Bildung, Therapie und Selbsterfahrung geführt und diese vertieft.

3.2 Psychoanalytische Modelle ...

3.2.1 ... für das künstlerische Ausdruckshandeln

Dem Kunstmachen kann als Wesenskern das strukturelle Merkmal des »Dritten« zugeordnet werden, das jedem ästhetischen Wahrnehmungs- und Ausdrucksprozess zu Grunde liegt – das Kunstobjekt wird zum Dritten, das die Dyade zwischen den Akteur*innen (Pädagog*innen, Adressat*innen) erweitert und dem psychoanalytischen Konzept der Triangulierung entspricht. Das »Pingpong« sonstiger dialogischer Kommunikations- und Interaktionsprozesse erweitert sich um ein Drittes, das zudem nicht flüchtig ist wie die Sprache, sondern sich im künstlerischen Produkt als reales Objekt verfügbar zeigt und unverändert bestehen bleibt. Bereits hier wird die für die Psychoanalyse essentielle Objektbeziehungstheorie berührt, mithilfe derer sich kreative Akte in ihrer mentalen wie emotionalen Wirkung auf die Subjekte sehr gut verankern lassen. Entwicklungspsychologisch gesehen sei laut Donald Winnicott die erste schöpferische Leistung des Säuglings/Kleinkindes die Erschaffung des sog. »Übergangsobjekts« (Winnicott 1969 zit. in Limberg, 1998, 50). Diese erste Symbolbildung in der frühkindlichen Phase meint die Ausstattung eines Kuscheltiers oder -tuchs mit der Bedeutung einer sicheren, konstanten Bindung auch in Abwesenheit der Mutter bzw. der primären Bezugsperson. Das Kleinkind will diesen Gegenstand immer bei sich haben, er vermag zu trösten und zu beruhigen. Diese symbolische Aufladung eines gefüllten Stoffknäuels mit der Bedeutung des Aufgehoben-Seins in der Welt wird insofern als erster kreativer Akt des Kindes markiert (vgl. Limberg, ebd., 51) und stellt über den Weg der Repräsentanz, Symbolisierung, Mentalisierung und Regulierung von Affekten (▶ Kap. 2.4.) den Beginn von frühen Individuationsprozessen und damit den Anfang der Strukturbildung des Ich dar.

Gleichzeitig dient der Umgang mit dem Übergangsobjekt (das Spielobjekt) dem Abbau von Spannung, Angst und Langeweile und entspricht somit dem Entwickeln von frühen Bewältigungsstrategien in für das Kind schwierigen Situationen:

> »Im Spiel wird das Spielobjekt zum Symbol der persistierenden Einheit mit der Mutter. Das Ich erstarkt als selbständiges, von der Mutter getrenntes, kann Trennung und Selbständigkeit genießen, indem es zugleich Symbole der Einheit schafft oder findet – was identisch ist« (Winnicott, 1973, 112).

Im Spiel sieht Winnicott den Vorläufer für die späteren kulturellen Leistungen des Erwachsenen, denn beides kennzeichnet die Fähigkeit zu einem schöpferischen und damit gesunden Leben. Über passagere Erlebnisse der (ästhetischen) Hingabe an das Spiel, seine symbolisierenden Handlungen und Objekte oder an die Betrachtung eines künstlerischen Objekts kann Einheit und Sicherheit in der Autonomie erlebt werden. Damit löst sich ein zentrales Paradoxon menschlichen Seins auf. Limberg nennt dies in Anlehnung an Winnicotts »intermediären Raum«, jenen sicheren Raum zwischen innerer und äußerer Realität, das »Alleinsein in Gegenwart eines anderen« (vgl. Limberg, a. a. O., 51). Es geht also mithilfe von Erprobungen mit Übergangsobjekten um verinnerlichte gute Objektbeziehungserfahrungen, die das Erleben von Autonomie wie Nähe gleichermaßen gestatten. Eine solche, aus der Bindungstheorie heraus begriffene Funktion künstlerisch-explorativen Tätig-Seins richtet sich in besonderem Maße an die neurophysiologisch nachweisbare Beschädigungen von Subjekten mit nicht gelungenen Bindungserfahrungen in der Kindheit. Dort wird die Bedeutung künstlerisch-spielerischen Handelns nicht nur für die aktuell mehr und mehr belegte Ermöglichungsnotwendigkeit kindlicher Selbstbildungsprozesse begründet (Naumann, 2011, 36 ff), sondern darüber hinaus noch das Potential zur Identitätsstabilisierung in den Blick genommen, welches emotional, psychosozial und kulturell deprivierten Menschen zur Verfügung zu stellen ist.

Das Winnicott'sche Konzept zu den entwicklungspsychologischen Anfängen des Schöpferisch-Seins lässt sich fruchtbar mit den Theoriebildungen des Kunstwissenschaftlers und Psychoanalytikers Ernst Kris koppeln, auf den die erste psychoanalytische Kreativitätstheorie zurückgeht (Kris 1977). Winnicott nennt das, was im intermediären Raum in jenem psychischen Zwischenreich von Wirklichkeit und innerer Wahrnehmung geschieht, die ästhetische Illusion:

> »Das Zwischenreich, von dem ich hier spreche, ist eben jener dem Kind zugestandene Bereich zwischen ursprünglicher Kreativität und der auf Realitätsprüfung beruhenden objektiven Wahrnehmung. Die Übergangsphänomene stellen die Stadien jenes Gebrauchs der Illusion dar, ohne den ein menschliches Wesen keinen Sinn in der Beziehung zu einem Objekt finden kann, das von anderen außerhalb seiner selbst befindlich wahrgenommen wird« (Winnicott 1969, zit. nach Limberg, a. a. O., 49).

Im kindlichen Spiel, später in künstlerisch-kulturellen Praktiken werde an diese Energien angeknüpft. Kris seinerseits prägte dafür das Konzept der »Regression im Dienste des Ich« (Kris zitiert aus Krüger, 2013, 50), d. h. es handelt sich um ein Wiederverfügbar-Machen früher schöpferisch-sinnlich-ästhetischer Kräfte:

> »Während in der Psychoanalyse die Regression ursprünglich lediglich als Abwehrvorgang mit entsprechender Schwächung des Ich angesehen wurde, so betonte Kris nun die positiven Möglichkeiten der Regression im Sinne der Flexibilisierung des Ich

im kreativen Prozess; gemeint ist die Fähigkeit des Künstlers, sich vorübergehend unbewussten Prozessen zu überlassen, ohne von diesen überwältigt zu werden« (Kraft, 1984, 26).

Damit leistet Kris in den Augen Krafts einen bemerkenswerten Beitrag zu psychodynamischen Vorgängen schöpferischer Tätigkeit (vgl. ebd.). Das Ich in seiner Persönlichkeitsstruktur und seinen Bewältigungsmechanismen wird im künstlerischen Tun bereichert, durchlässiger für Impulse aus dem Es, der wenig bewussten, sinnlich-affektiven Ebene, und empfänglicher für Eingebungen aus dem Reich der Phantasie. In der künstlerischen Arbeit muss dem Wahrgenommenen eine wirkliche Form/Gestalt verliehen werden, d. h. es muss geordnet und strukturiert werden.

Diese Form/Gestalt ist näher zu bezeichnen, z. B. mit dem zentralen theoretischen Begriff der kulturellen Codierung, in welche das künstlerische Objekt gegossen wird. Bilder fallen weder vom Himmel, noch entstehen sie aus dem Nichts im menschlichen Inneren. Domma nennt es »sich kulturell verpflichtender Darstellungen zu bedienen« (Domma, 1990, 95). Der*die Gestaltende will natürlich mit seiner*ihrer künstlerischen Arbeit verstanden werden, will jemand erreichen mit der künstlerischen Botschaft und gleichzeitig das vage Empfundene in einer »bedeutungsgesicherten« Gestalt unterbringen und sich damit selbst doppelt in einen Verstehenskontext einbinden, sich »aufgehoben« fühlen in einer kulturell abgesicherten Chiffre. Dabei handelt es sich um mehr als den in der kunsttherapeutischen Literatur allseits benannten Aspekt der Symbolbildung, welche m. E. disziplinär überwiegend psychologisch gefasst ist. Mit einer kunst- und kulturwissenschaftlichen Erweiterung des Symbolbegriffs eröffnet sich eine breitere Perspektive, biographische und/oder seelische Bedeutungsinhalte der persönlichen künstlerischen Auseinandersetzung in kollektiv verständliche Abbilder zu verwandeln. In Anlehnung an Panofskys Theorien zur Ikonologie (Panofsky, 1939/1955/1984), deren Dimensionen ich für eine mögliche Analyse kunsttherapeutischen Geschehens adaptiert habe, entwickelte ich im Kontext meiner Arbeit mit von AIDS betroffenen Menschen dafür das Konzept des »Andockens an Ikonen« (Niederreiter, 1995, 158). Dabei realisierte ich damals noch nicht, in welch hohem Ausmaß die Nutzung kulturell-kollektiv gültiger bildnerischer Codes, d. h. von Zeichen, Motiven, Kunststilen, bekannten Werken, von Künstler*innen auch über gestalterische Symbolisierungsprozesse hinaus Selbstaktualisierungs- und Bewältigungsressourcen für den*die Einzelne*n zur Verfügung stellen, weil sie das eigene Erleben halten bzw. »containen«. Das trägt nicht unerheblich zu seelischer Stabilisierung bei, mitunter leidvoll Erlebtes wird in eine kollektiv verständliche Chiffre gepackt, was sinngebend wie tröstlich wirken kann (▶ Kap. 6).

Ein weiterer mit der Objektbeziehungstheorie und dem Dritten in Zusammenhang stehender Aspekt der Nutzung von kulturell verbindlichen Codierungen ist mit projektiven und/oder identifikatorischen Vorgängen bei der Rezeption von Bildern/Symbolen und deren künstlerischer Aneignung zu nennen. Damit sind Momente besonderer Attraktion für bestimmte ästhetische Gegenstände im weiteren Sinn gemeint, weil man sich ihnen vertraut bzw. verwandt fühlt, und/oder weil man sie ersehnt o. ä. In besonderem Maße lassen sich so verstanden in der Nutzung von ikonischen Chiffren die Bezüge des Subjekts zur Welt erleb- und verhandelbar machen. Sie führen sodann zu Erkenntnissen, die Momente der Persönlichkeitsbildung wie Bewältigung gleichermaßen eröffnen. Das bedeutet, ästhetische Produkte sind binnenindividuell als Schnittstellen von einerseits sinnlich-körperlichen, unbewussten, affektiven und andererseits bewusst gestaltenden, kulturell »gewussten« Themen und Codes gekennzeichnet. Sie vermitteln so zwischen dem Subjekt und der es umgebenden Kultur. Es erfolgt demnach eine Integrationschance auf horizontaler Ebene zwischen Individuum und soziokultureller Realität und auf der vertikalen, zwischen präverbal-, präsymbolisch, emotional, vorbewussten und bewusstseinsfähigen, sinngenerierenden Anteilen. Gerade die sinnlich-körperlich-präverbale Ebene ist über den Aspekt der Materialauswahl und -verwendung landläufig mit der persönlichen künstlerischen Stilentwicklung analysierbar. Hierzu kann Kuhns Konzept der »Ikonographie des Mediums« herangezogen werden (zit. nach Domma, 1990, 96), d. h. über die Analyse von Strukturen im ästhetischen Produkt lassen sich Analogien zu affektlogischen Strukturen der gestaltenden Person herstellen. Diese psychoanalytisch geprägte Theoriebildung zur künstlerischen Stilentwicklung als Ausdruck von Objektbeziehungserfahrung ist vertiefbar mit dem Kuhns'schen Konzept des »enactments«, welches wiederum auf den Theorien um Winnicott, Kernberg und Ciompi fußt:

> »Der Terminus ›enactment‹ bereichert die philosophisch-kunsttheoretische Konzeption und Terminologie der Objekte und Objektbeziehungen um einen, für die Kunstgeschichte ›revolutionären‹ psychoanalytischen Aspekt, da nicht nur die öffentliche, soziale Dimension dieser Objekte Berücksichtigung findet, sondern darüber hinaus eine Beschreibung und Analyse der individuellen Vorgänge bei der Produktion und Rezeption von Kunstwerken und anderen kulturellen Gegenständen ermöglicht wird« (Domma, a. a. O., 90).

Kurz umrissen verkörpert das künstlerische Produkt verstanden als enactment die Synthese von kulturell verpflichtenden Chiffren ästhetischer Formen/Zeichen mit den affektlogisch codierten stilistischen Darstellungsweisen des Subjekts. Beispielhaft zu machen an einer stilistischen Überzeichnung eines künstlerischen Gegenstandes, etwa einem »überschwemmenden« Umgang mit Material oder Zeichen, die affektlogisch einem psychodynamischen »Zuviel« verbunden mit Impulsen der Überflutung entsprechen würde. Im Gegensatz dazu stünde eine »zwanghaft« gezähmte, sparsam überstrukturierte Attitude in der ästhetischen Ausdruckshandlung, welche Analogien zu einem großen psychischen Kontroll- und Strukturierungsbedürfnis offenbart. Selbiges gilt in der Rezeption für entsprechend bevorzugte oder abgelehnte Artefakte. Beide Beispiele eröffnen Sichtweisen auf psychodynamisch begründeten Bewältigungsstrategien des gestaltenden Subjekts in seiner Bezogenheit zur Welt und ihrer jeweiligen Entsprechung im ästhetischen Medium und künstlerischen Stil.

3.2.2   ... für die Bildrezeption

3.2.2.1 Projektion/Identifikation

Wie bereits angeklungen erweitern psychoanalytische Konzepte zusätzlich das Verständnis von Prozessen ästhetischer Wahrnehmung beispielsweise der Bildbetrachtung. Konkret wird hier das Verhältnis des Rezipienten zum ausgewählten Bild im psychoanalytischen Sinn als (Objekt-)beziehungsgeschehen begriffen und dies als besonderes Potential der ästhetischen Erfahrung weiter untersucht. Unsanktioniert nämlich (weil kein menschliches Gegenüber) kann der*die Betrachter*in eigene (verdrängte) Konflikte, Wünsche, Affekte, Phantasien, biographische Themen auf das betrachtete Bild übertragen bzw. werden diese beim Anschauen des Kunstwerks evoziert.

> »Das Ästhetische, so könnte man an dieser Stelle folgern, wäre also deswegen auf spezifische Weise aufnahmebereit für Projektionen bewusster und unbewusster Wünsche, weil es dabei einerseits um eine *grundlegende* Überschreitung des Alltäglichen mit seinen Beschränkungen und Enttäuschungen gehen soll; andererseits aber genau diese Möglichkeit der Transformation nahe und greifbar und *im Alltäglichen selbst* situiert erscheint« (Soldt, 2007, 11).

Tiefenpsychologische Sichtweisen wie das szenische Verstehen und der Winnicott'sche intermediäre Raum werden auch hier nutzbar gemacht, um jene spezifischen, frei flotierenden projektiven Identifikationsvorgänge im Bildbetrachtungsprozess zu ergründen. Erhellend sind hierzu die Ergebnisse eines Forschungsprojekts der Universität Bremen, welche die ästhetischen Wahrnehmungen und Gedanken bei der Bildbetrachtung mithilfe der transkribierten »Lautes-Denken-Methode« untersuchten (vgl. Soldt, a. a. O., 268 ff). Die Proband*innen dieser Erhebung sprachen ihren Gedankenfluss während des Anschauens eines gewählten Kunstwerks möglichst unzensiert laut aus, die Transkripte der Sequenzen wurden nach methodisch festgelegten Kriterien analysiert, Gefühle, Verstörungen, Imaginationen präzise herausgearbeitet, was vielschichtige emotionale und mentale persönliche Vorgänge sichtbar machte (vgl. ebd., 270 f). Allerdings darf mit dieser Grundannahme identifikatorisch-projektiver Vorgänge in der Rezeption eines Kunstwerks bei einer künstlerischen Weiterbearbeitung nicht automatisch auf das entstandene Werk geschlossen werden. Spannende Überlegungen und Anschauungsmaterial dazu liefert Sarbia (2015), die über eine große Erfahrung in kunstrezeptiven Verfahren als kunsttherapeutische Methode verfügt und anhand eines spannenden Fallbeispiels aufzeigt, wie eine von Anorexia nervosa betroffene junge Frau die Abbildung einer Skulptur von Alberto Giacometti (»the chariot«) auswählt und verändert. In ihrer zeichnerischen Weiterbearbeitung lässt die Klientin diese dünne, ursprünglich auf einem Wagen stehende, androgyne Figur eindeutig weiblich werden, sie hebt sie aus den Angeln, höhlt sie innen aus und hängt sie in die Luft (vgl. Sarbia, 2015, 193 f). Sarbia berichtet aus ihrem klinischen Alltag, dass Giacometti häufig von Adressat*innen mit Anorexia nervosa als Vorlage gewählt würde, und trotzdem sei der so offensichtliche Aspekt der Identifikation wie bei der oben genannten Klientin zu kurz gegriffen, denn er würde noch lange nicht die sehr differenzierten Aspekte ihrer drastischen Veränderungen und damit ihrer spezifischen Aneignung erhellen: »Aber Identifikation und Projektion als ein Weg, sich Kunst anzueignen, ist ein eingeschränkter, zumal sich in der Identifikation nach meiner Erfahrung, wie aufgezeigt, die pathologische Symptomatik eher artikuliert, denn reduziert« (ebd.).

In diesem Zusammenhang plädiert Sarbia für eine Abkehr von Interpretationen aus einer selektiven Konzentration auf identifikatorische Momente der Bildauswahl und für eine Erweiterung gemeinsamer sorgsamer Betrachtung des neu geschaffenen Werks in seinen formalen Lösungen, etwas, das sie als »begleitetes Wahrnehmen« (ebd., 196) bezeichnet und das in Kapitel 9.3 (▶ Kap. 9.3) zum Umgang mit Sprache und Deutung nochmals aufgegriffen wird. Mit dem skizzierten Fallbeispiel soll dem Konzept der Identifikation mit dem Bildobjekt und damit der Objektbeziehungstheorie als Grundlage der Bildrezeption nicht widersprochen werden, doch könnte eine Verengung auf diese Perspektive gerade den künstlerischen Weiterbearbeitungen gewählter Werke nicht zur Gänze gerecht werden. In Kapitel 4 (▶ Kap. 4) werden zu obigem Gesichtspunkt differenzierte Projektbeispiele gezeigt und erläutert. Als sehr relevant erweisen sich Projektions- bzw. Identifikationsvorgänge m. E. für die Intensität eines Kontakts zu einem Bild, wie lang und intensiv sich der*die Einzelne sich damit beschäftigen kann und möchte, wie viel ästhetisches »Futter« für Fühl-, Wahrnehmungs-, und Denkprozesse ein Kunstwerk zur Verfügung stellt. Zudem entsteht mit dem Konzept eine weitere Ebene der Reflexion, die Adressat*innen wie Prozessleiter*innen gleichermaßen nutzen können, um sich dem Bild forschend nähern zu können. Hartmut Krafts Konzept der »Dyaden zu dritt« eröffnet darüber hinaus die Perspektive der Einbindung der*des Kunstschaffenden als Urheber*in des Werks als weitere Ebene der Reflexion von Bildbetrachtungen.

3.2.2.2 »Dyaden zu dritt« (H. Kraft)

Kraft's Rezeptionsmodell der »Dyaden zu dritt« mit seinen interaktionellen Aspekten und den mehrfach »zirkulären Selbst-Objekt-Passagen« (Kraft, 1989, 95) umfasst zwei gleichwertige, bei der Bildbetrachtung zum Tragen kommende Beziehungen, nämlich die zwischen Bild und Betrachter*in und zwischen Künstler*in und Betrachter*in, welche ihrerseits über die Beziehung der*des Kunstschaffenden zum eigenen Bild wiederum eine Triade bilden. Zwischen den drei »Dialogpartner*innen« (Kunstwerk, Künstler*in, Bildrezipient*in) entstehen nun sich mehrfach neu entfachende Wahrnehmungs- und Reflexionsprozesse, wobei nach Kraft nicht nur Mechanismen der Projektion und Identifikation ausschlaggebend sind, sondern auch die (eher bewusstere) Empathie- und Introspektionsfähigkeit des*der Betrachtenden und seine*ihre (wiederum eher unbewussten) unterschiedlichen Strategien der Abwehr eines Kunstobjektes eine große Rolle spielen (vgl. ebd., 99). Diese Vorgänge sind bei der Analyse eines Rezeptionsprozesses zu berücksichtigen. Zusätzlich überzeugen Krafts Thesen zum Identifikationsmoment und Beziehungsangebot mit der Künstler*innenpersönlichkeit mittels, über oder im Kunstobjekt selbst. »Damit ist nun die Funktion der Kunst für das Selbsterleben, ihr Beitrag zur Bildung eines kohärenten, stabilen Selbst, sowie zur Bildung stabiler Objektbeziehungen angesprochen« (ebd.,105). Das heißt, im idealen Fall ist es der Künstler*innenpersönlichkeit im Werk gelungen, eine eigene und gleichermaßen kollektiv bedeutsame »menschliche« Thematik (Konflikt) in ihrer aktuellen soziokulturellen Bedingtheit künstlerisch durchzuarbeiten und diese Gestaltungsbzw. Bewältigungsleistung der*dem Betrachter*in im Rezeptionsprozess zur Verfügung zu stellen. Dabei geht es nicht primär um den konkreten Inhalt des (biographischen) Konflikts im Bild, es geht um die Qualität und Intensität seiner ästhetischen Transformation in der kollektiv verbindlichen Chiffre des Kunstwerks. Im wahrsten Sinne um die ästhetische Bewältigung eines existenziellen Themas, an der auch der*die Rezipient*in teilhaben kann. Koppelt man die ästhetisch-gestalterische Leistung der*des Kunstschaffenden mit dem Konzept der »Regression im Dienste des Ich« nach Kris (► Kap. 3.2.1) als das Zusammenfließen von Primär- und Sekundärprozesshaftem (unbewusste und bewusste Anteile) in jedem schöpferischen Akt, so eröffnet sich für die Bildrezipienten eine weitere identifikatorische Dimension der Teilhabe an der Leistung der*des Kunstschaffenden. Für den produktiv-schöpferischen Anteil der Sinngenerierung innerhalb der ästhetischen Erfahrung zwischen Sekundär- und Primärprozesshaftem schlägt Gattig den Begriff der »Perigression« vor (Gattig, 2007, 47), wobei hier der Kris'sche Regressionsbegriff für den kreativen Akt des*der Kunstschaffenden um seine progrediente Funktion, insofern diese auch im Erleben des Betrachters an Bedeutung gewinnt, erweitert wird:

> »Ich werde zu zeigen versuchen, dass im Konzept einer kreativen Perigression auch eine Verfügungskraft des Künstlers über die primärprozesshaft organisierten Wahrnehmungsvorgänge im Betrachter enthalten ist. Perigression meint insofern die oszillierenden Austauschprozesse innerhalb eines von beiden gemeinsam aufgebauten interaktiven Feldes« (ebd., 48).

Hier treffen sich die Ergebnisse der Bremer Forschergruppe mit den Ansätzen der Dyaden zu dritt nach Kraft, indem der*die Rezipient*in mit eigenen Themen an die ästhetische Durcharbeitung des*der Kunstschaffenden andocken kann. Konkretisiert umfasst das all jene Prozesse der Verbindung des Betrachter-Subjekts mit der Realität im Ästhetischen (das ist genau wie ich) bzw. der Veräußerung über Wünsche und Bedürfnisse (so wäre ich gern, genau sowas brauche ich). Auch Mollenhauer geht auf dieses Phänomen ein und bezeichnet die spezifischen Vorgänge bei der Beschäftigung mit Kunst-Objekten als »Ich-Selbst-Zirkel« (Mollenhauer, 1996, 29 f). Er erläutert sie so:

> »Das Thematisch-Werden von Sinnesereignissen mit Bezug auf ›Ich‹ und ›Selbst‹, und zwar als kunstförmige, bedeutet, daß es eine (innere) Bewegung gibt, vielleicht unwillkürlich bei den den Sinnen dargebotenen äußeren Reizen beginnend, über die physiologisch und neurologisch beschreibbare Verarbeitungen laufend, dann bei den erworbenen Beständen (Selbst) ankommend, dann (weil kunstförmig erzeugt und frei von pragmatischen Druck) die Instanz des Ich gleichsam zur Stellungnahme herausfordernd, nun ein Wechselspiel von Ich und Selbst ermöglichend, eine Befragung gleichsam, ein Selbstgespräch, bei dem sich neue Empfindungen (um nicht mehr Wahrnehmung zu sagen) einstellen« (ebd., 29).

57

Er weist diese Ich-Selbst-Zirkel für den rezeptiven wie produktiven Bereich im musikalischen wie bildnerischen Feld über ausdifferenzierte Interviews mit Kindern zu ihren Empfindungen und Gedanken nach (vgl. ebd., 42 ff) und markiert dabei besonders das »fiktive Spiel mit Bedeutsamkeiten« (ebd., 31) innerhalb dieser Prozesse. Durch künstlerische Objekte angestoßene Reflexionsprozesse sind als Selbst-Objekt-Passagen vorstellbar, welche sinnlich-kognitive Ereignisse in persistierender dialogischer Form auslösen. Sie sind in zweifacher Hinsicht bemerkenswert: Zum einen laden sich Objekte aus der Außenwelt im ästhetischen Wahrnehmen und Handeln mit subjektiver Bedeutung auf, Subjektanteile wandern ins Objekt ein, verändern in der Spiegelung wiederum die Wahrnehmungen des Subjekts, verleiten zum ästhetischen Weiterhandeln, welches immer begleitet ist von Sinn und neuem Erkennen. Das heißt, ästhetisches Handeln ist verknüpft mit einem ständigen Agieren und Reagieren, wir sind Subjekte der sinngeleiteten ästhetischen Handlung, werden gleichzeitig Objekte der Wirkung des ästhetischen Produkts und dies mündet in einen Prozess sich dabei vollziehender Erkenntnis. Reflexion und Selbstreflexion durchdringen sich (vgl. Griebel, 2006, 75 ff). Da sinnlich inspirierte Gestaltungsimpulse nie zur Gänze bewusst, d.h. kognitiv durchgearbeitet sind, und Phantasie, sinnliche Vorlieben, Affekte, unterschiedliche Gefühlslagen, spielerische, in regressive Energien führende Aktivitäten gleichermaßen konstitutiv zum ästhetischen Gesamtvorgang gehören, wird (Selbst)zensur unterwandert und (Selbst)kontrolle gelockert. An dieser Stelle der Argumentation können die am Ende von Kapitel 2 (▶ Kap. 2) skizzierten Vorgänge der Mentalisierung als Zwischenschritt von Affekt/Emotion hin zur Symbolisierung und sprachlichen Benennung stehen.

3.3   Bildwissenschaftliche Grundlagen

Die theoretischen Aspekte zum Bild als Objekt in Betrachtung und Gestaltung sind nun um zentrale bild- und kunstwissenschaftliche Forschungsergebnisse zu einem veränderten Bildbegriff in der »Nachmoderne« zu ergänzen. Seit den späten 1990er Jahren ist der Paradigmenwechsel zu einer zunehmend visuell dominierten Gesellschaft als »iconic« bzw. »pictural turn« in die Fachdiskussion eingegangen. In Ablösung des sog. »linguistic turn« der 1970er Jahre handelt es sich um einen relativ heterogenen, multidisziplinär (Kunst- und Medienwissenschaften, Anthropologie, Wahrnehmungspsychologie, Philosophie und prominent in der Hirnforschung und Neurobiologie) geführten Diskurs (vgl. Breidbach, Clausberg, 1999). Insofern ist er auch schwer einzugrenzen. G. Boehm, ein Vertreter dieser Strömung, spricht von der »Rückkehr der Bilder« (Boehm, 1994, 13) und setzt dies in den historischen Kontext einer Übermächtigkeit der Sprache:

> »... dieser rudimentäre Status der Bildreflexion hat seine Gründe sicherlich auch darin, dass allein die Sprache eine Meta-Instanz repräsentiert. Auch über Bilder verständigen wir uns redend. Eine stumme, strikt visuelle Reflexion des Bildnerischen ist zwar nicht ausgeschlossen, wie die Geschichte – insbesondere der modernen Kunst – zeigt, sie bleibt aber am Rande« (ebd., 326).

Als eine zentrale Denkfigur des Iconic Turn formuliert H. Belting, dass das Subjekt der wahre Ort der Bilder sei (vgl. Belting in Breidbach, a. a. O., 287):

> »Ohne unseren Blick gäbe es keine Bilder, sondern wären die Bilder etwas anderes oder gar nichts. Zwar empfangen wir Bilder der Welt oder solche im sozialen Raum von außen, aber wir machen sie zu unseren eigenen Bildern, sowohl im kollektiven wie im persönlichen Sinne« (Belting & Kamper, 2000, 7).

Dabei müsse in innere und äußere Bilder unterschieden werden, wobei erinnerte Bilder in einer Grauzone dazwischen anzusiedeln seien:

> »Unsere Körper besitzen die natürliche Kompetenz, Orte und Dinge, die ihnen in der Zeit entgleiten, in Bilder zu verwandeln und in Bildern festzuhalten, die wir im Gedächtnis speichern und durch Erinnerung aktivieren. Mit Bildern wehren wir uns gegen die Flucht der Zeit und den Verlust des Raumes, den wir in unseren Körpern erleiden« (Belting, 2001, 65).

Ihre Wirkmacht entfaltet diese bildwissenschaftliche Grundlage in Prozessen der Identitäts- und Biographiearbeit (▶ Kap. 4): »In dieser Übersetzung repräsentieren sie (die Bilder, Anm. d. Verf.) die Welt durch die Verkörperung, die sie als Bilder in unserem Gedächtnis besitzen. Der Tausch zwischen Erfahrung und Erinnerung ist ein Tausch zwischen Welt und Bild« (ebd., 66). Unsere Wahrnehmungen und Erfahrungen im Hier und Jetzt und in der Zukunft werden in der Folge immer an diesem Bildspeicher gemessen und zu ihm in Relation gesetzt werden. Insofern stellt er für menschliches Erleben und Verarbeiten von Welt eine nicht unerhebliche Referenzgröße dar.

3.3.1 »Mehrwerte« des Bildes

Zahlreiche Thesen betreffen darüber hinaus den sog. Mehrwert des Bildes, wobei klassische Vertreter der Anthropologie und Phänomenologie wie

Merleau-Ponty in diesem Kontext wieder eine Renaissance erleben. Boehm weist darauf hin, dass ein Bild mehr sei als eine sprachliche Metapher oder seine objektivierbare sprachliche Umschreibung (vgl. Boehm, a. a. O., 27 ff), was in der Notwendigkeit seiner sinnlichen Wahrnehmung durch eine*n blickenden*n Betrachter*in konstitutiv ist. Vertieft man diesen Aspekt mit Merleau-Pontys Konzept zur »Phänomenologie der Wahrnehmung« (ebd.), so wird aus dem Ansehen eines Bildes auch ein selbstbezogener Akt, denn jedes Anschauen findet im Körper jedes*jeder einzelnen Betrachtenden statt und reflektiert idealerweise diese Ebene mit. Sinapius charakterisiert das Bild in diesem Zusammenhang so:

> »Es (das Bild, Anm. d. Verf.) existiert immer nur im Kontext der Erfahrung, die derjenige an das Bild heranträgt, der es anschaut. Damit ist das Bild weniger ›Widerspiegelung‹ von etwas als eine Interpretation, ein Begreifen oder eine Wirklichkeit in dem Augenblick, in dem ich es anschaue« (Sinapius, 2008, 22).

Darin enthüllt sich die selektive Wahrnehmung des betrachtenden Subjekts, die gleichzeitig Interpretation und Wirklichkeitskonstruktion wird.

Das Bild ist zudem mehr als ein Abbild, d. h. die bloße Nachahmung eines wirklichen Objekts (vgl. Belting in Breidbach, a. a. O., 34 ff). Bilder – das gilt umso stärker für die Kunst der Moderne – sind weit mehr als die Imitation reeller Ansichten. Sie »sind Prozesse, Darstellungen, die sich nicht darauf zurückziehen Gegebenes zu wiederholen, sondern sichtbar zu machen, einen ›Zuwachs an Sein‹ (Gadamer) hervorzubringen« (Boehm, 1994, 33). In diesem Kontext übt Belting Kritik an der klassisch kunstgeschichtlichen Methodik einer Reduktion auf die historische Einordnung von Bildern: Dabei würden die »eigenen Sinnpotentiale« und ihre »eigentümliche Darstellungsmacht« verloren gehen (ebd., 35f). Hinzu kommt die im 20. Jahrhundert vollzogene Ausweitung des Werkbegriffs, es ist nicht mehr das »in sich abgeschlossene Objekt« (Sinapius, 2008, 25), es bezieht die Erfahrung, die mögliche (Gestaltungs)Handlung, Interaktion und Darstellung mit ein (vgl. ebd.), was in einigen Feldern bis in den Alltag hineinreicht (▶ Kap. 2.2.1). Der zentrale Charakter eines Bildes besteht in seiner Ähnlichkeit zu einem wirklichen Objekt: »Die Ähnlichkeit ist absichtlich hervorgebracht: das sie zeigende Ding ist hinsichtlich dieser Eigenschaft ein Artefakt. Ein natürliches Sich-Gleichen zweier Dinge macht nicht das eine zum Bild des Anderen« (Jonas, 2001, 107). Das bedeutet, in der intendierten Ähnlichkeit des Bildobjekts zum Naturobjekt und in der Art und Weise, wie diese Ähnlichkeit ausgestaltet ist, wird für den Betrachter eine Wirklichkeit wahrnehmbar, die gleichzeitig von der Eindeutigkeit der wirklichen Wirklichkeit befreit ist. Zentrales Element dieser Ähnlichkeit ist ihre Unvollständigkeit, anderenfalls wäre

das Bild eine Imitation der Realität und damit kein Bild mehr. Die nicht perfekte Nachahmung der Wirklichkeit ist damit für den Wesenskern eines Bildes konstitutiv (vgl. ebd., 108). Die notwendige Reduktion von Merkmalen
des abgebildeten Objekts erzeugt – wie Jonas es zu fassen versucht – »Grade
der Freiheit« (ebd., 109). Je besser der*die Maler*in es versteht, über wenige
ausgewählte Merkmale Wirkliches kenntlich zu machen, desto größer wird
der Spielraum für Ausdruck. Oder, mit Jonas weitergedacht: »Dieser Aspekt
der Unvollständigkeit deutet auf Idealisierung, die keineswegs nur in die
Richtung der Schönheit zu gehen braucht« (ebd.). Dabei sind dem Umgang
mit dieser Ähnlichkeit zur belebten Welt gerade in der Kunst der Moderne
keine Grenzen gesetzt. Konsequenz für Künstler*in wie Betrachter*in ist die
Zunahme an Imagination, an Einbildungs-Kraft.

Ein Bild bleibt ruhig und konstant, auch wenn es eine Handlung oder
eine Stimmung in einer Landschaft darstellt, die im nächsten Augenblick
anders sein werden. Das Dargestellte ist zwar wirklich, aber körperlos. Das
macht jenen besonderen Spannungscharakter des Bildes zwischen Realität
und Virtualität aus, den Jonas so fasst: »Sie (die Ähnlichkeit, Anm. d. Verf.)
kann das Gefährliche darstellen, ohne zu gefährden, das Schädliche, ohne
zu schaden, das Erwünschte, ohne zu sättigen« (ebd., 111). Zu dieser eigen-
artigen Schutzfunktion von Bildern äußert sich Kamper folgendermaßen:

> »Bildflächen schirmen Körper ab. Der Zweck ist die Aussperrung der Angst auf die
> Rückseite des Spiegels. Das Bild schützt vor dem Schmerz. Der Schmerz stützt das
> Bild. (…) Angst, Verletzung, Schmerz sind, wenn es Bilder gibt, auf deren Rückseite
> verbannt. Die Körper sind jenseits der Bilder im Exil. Umgekehrt bestehen die Bilder
> aus massiven Verletzungen, aus schier unerträglichen Traumata. Sie verhüllen sie:
> sie hüllen sie ein« (Kamper, a. a. O., 18).

Das Bild muss letztlich auch in seinem Objektcharakter betrachtet werden,
das bereits in Kapitel 2 (► Kap. 2) mit dem »Dritten« bezeichnet wurde, denn
es hat einen Bildträger, der in seiner Stilgestaltung, Bearbeitung und im Pinselstrich des*der Kunstschaffenden isoliert angeschaut werden kann. Gleichzeitig ist es ein Bild/eine Plastik und als das verweist es/sie auf die Wirklichkeit, die zur Darstellung gelangt ist: »Es ist diese zweifache Unterscheidung,
oder dreifache Schichtung, die dem Bilde jene nichtkausale Gegenwart ermöglicht, die es dem Zufall realen Geschehens entrückt« (ebd., 113).

3.3.2 Der Rezeptionsprozess

Im Anschluss an die Aufschlüsselung der Mehrwerte des Bildes werden im
Folgenden die daraus abzuleitenden Konsequenzen für den Rezeptionspro-

zess bzw. die Rolle des Betrachters erörtert. Dazu ein kunstwissenschaftlich inspirierter Versuch, die Funktion eines Werks mit H. U. Reck zu umreißen:

> »Generell, d.h. unabhängig von solchen normativen Erwartungen an Innovation oder Stabilisierung, Bestätigung oder Opposition, Bekräftigung oder Verunsicherung, ist Kunst eine Methode der Generierung und Inszenierung eines Dazwischen, eines Intermediums zwischen Sprache, Imagination, Erkennen und Handeln. Die Wahrnehmung der Wirklichkeit ist nämlich keine einheitliche Repräsentation, sondern zugleich deren Simulation. Es gibt keine direkte oder unverstellte Wahrnehmung der Dinge, in der diese ontologisch bezeichnet würden« (Reck, 2000, 187).

So in der Eröffnung eines »Dazwischen« begriffen, wird die hohe Involvierung der Betrachtenden an der Bildwahrnehmung ersichtlich. Das Bild ist nicht Mittel zur Kommunikation, sondern Medium einer Schnittstelle der Begegnung zwischen Kunst, Wirklichkeit und dem eigenen Selbst. Bildern wohnt kein festlegbarer Sinn inne: »Sinn ist keine Objekteigenschaft, sondern eine Reflexionsfigur« (ebd., 191), was in der Konsequenz den*die Betrachter*in in den Mittelpunkt der Generierung von Erkenntnis stellt: »Leitend ist die Auffassung, dass es keinen objektiven Betrachter gibt« (Reck, 1999, 241). Da das Bild nicht Wirklichkeit ist, erfährt der*die Betrachter*in im Bild über die Ähnlichkeit der Motive zur Realität ein Stück Wirklichkeit, jedoch ist er*sie gleichzeitig in der Verfremdetheit der Abbildung aufgefordert, sich durch eigene Denk- und Wahrnehmungsleistung mit jenem Stück Wirklichkeit auseinanderzusetzen, mit eigenen Sinnbezügen zu besetzen, damit anzueignen. In dieser Konfrontation mit der Wirklichkeit im Bild profitieren Rezipient*innen davon, dass das Bild ihnen in Ruhe und Konstanz als Objekt auf drei Ebenen zur Verfügung steht (als Bildmotiv, also Wirklichkeitsausschnitt, als kunstgeschichtlich konnotiertes Element und als Bildträger) und dass es bestehen bleibt. Sein Objektcharakter zeichnet sich darin aus, dass auch der grausamste Wirklichkeitsausschnitt in geschützter Form auftritt. Für den Rezeptionsprozess bedeutet dies das Entstehen eines »Dazwischen«, das dem Betrachter Raum für eine vielschichtige Eigenverortung, Eigenbewertung und Sinngenerierung in der Konfrontation mit dem Artefakt eröffnet. Die bildwissenschaftlichen Aspekte um den Iconic Turn unterstreichen neben den tiefenpsychologischen so die große Bedeutung von Kunstbetrachtungen in der Ermöglichung von Bildungs- und Bewältigungsereignissen.

4

(Selbst-)Bildungsprozesse: Sinnbezüge von sich zur Welt

Ohne hier vertiefter in die klassische Bildungsdebatte in ihren Ordnungs-
versuchen von formeller (z. B. schulisches Format), formaler (außerschulische Angebote wie offene Jugendarbeit) und informeller (»private«, alltags-
nahe Erziehung) Bildung einsteigen zu können (vgl. Bundesministerium für
Familien, Senioren, Frauen und Jugend, 2005), werden diesem Abschnitt
bedeutende Aspekte einer Aktualisierung im Bildungsdiskurs vorausgeschickt, insofern sie zudem mit ästhetischen und kulturellen Gegenständen
verknüpfbar sind. Neuere Begriffsbestimmungen wie Bildung als Aneignung von Welt, Fähigkeit zu »Selbst- und Weltdeutung« (Majer et al., 2015,
14) oder als Herstellung von Sinnbezügen zwischen sich und der Welt machen deutlich, dass Bildung weit mehr Dimensionen der Persönlichkeitsentwicklung umfasst, als der gängige leistungs-, skill- und kompetenzorien-
tierte Bildungsbegriff in einer Wissensgesellschaft nahelegen würde und
daher zu kritisieren ist (vgl. Scherr, 2008, 137 ff). Ebenso zeigt er die komplexe Verwobenheit von Subjekt und (sozialer) Umwelt, macht die Notwendigkeit intensiver Anstrengungen der Einzelnen sichtbar, das eigene

Leben zu gestalten und die eigene Hinwendung zur Welt reflektierend zu durchdringen.

> »Im Unterschied zu klassischen Sozialisationstheorien ist für Bildungstheorien nicht nur die Frage relevant, welchen gesellschaftlichen Formierungsprozessen die individuelle Subjektivität in jeweiligen sozialen Kontexten unterliegt. Darüber hinaus befassen sich Bildungstheorien mit Prozessen der Individuierung zum selbstbestimmungsfähigen Subjekt, also mit der Entwicklung von Potenzialen individueller Autonomie gegenüber gesellschaftlichen Erwartungen und Zwängen« (Scherr, ebd., 139).

Letztlich sind es Selbstbildungsprozesse mit aktiv handelnden und reflektierenden, auch kritischen Anteilen, die neben Lernprozessen in den formalisierten Formaten Bildung prominent ausmachen. Naumann geht in seinem gerade im Kindesalter optimal und störungsfrei zu realisierenden, auf Selbstbildung beruhenden Bildungsbegriff noch ein Stück weiter, indem er, auf Adorno rekurrierend, die Befähigung zum Widerstand gegen beeinträchtigende und benachteiligende Lebensbedingungen als Teil von Bildung und Erziehung proklamiert (vgl. Naumann, a. a. O., 119).

> »Der Begriff Subjektbildung verweist terminologisch darauf, dass die Prozesse, in denen Individuen sich Wissensbestände sowie Wahrnehmungs-, Deutungs-, Handlungs- und Bewertungsmuster sozialisatorisch aneignen, nicht als einseitige Prägungs- und Beeinflussungsvorgänge verstanden werden können, sondern konstitutiv als eine Eigenleistung des sich bildenden Individuums zu analysieren sind, die dessen Eigentätigkeit voraussetzen (Scherr, a. a. O., 140).

Gleichzeitig umfasst ein solcher kritischer, aktiver, an das Hier und Jetzt gesellschaftlicher Bedingungen und deren Bewertung geknüpfter Bildungsbegriff, dass Subjekte in der Lage sind, Selbst- und Weltverhältnis nach eigenen und allgemeinen Bedürfnissen zu gestalten, zukunftsorientiert Neues zu entwerfen und Solidarität mit anderen zu entwickeln. In der Befähigung der Subjekte, gelingendes Leben als Ergebnis umfassender Bildungsprozesse zu erreichen, zeigen sich auch Überschneidungen zu Akten der Bewältigung beispielsweise von für Entwicklungsprozesse im Lebenslauf typische Krisen, Übergänge in Zusammenhang mit zunehmender Entgrenzung nachmoderner Lebenswelten mit ihren multioptionalen Lebensentwürfen (▶ Kap. 5). Bildung geschieht somit nicht nur auf der kognitiv-intellektuellen, mentalen Ebene, sondern umfasst ganz prominent die sinnlichen, affektiven, emotionalen und psychischen Anteile, womit wir die Vorgänge ästhetischer Wahrnehmung und Erkenntnis berühren. In der Konsequenz bedeutet dies, künstlerisch-kulturelle Praxen in ihrem Bildungspotential im übergeordneten Sinne sowie das Binnengeschehen im Wahrnehmen ästhetischer Ereignisse im Alltag genauer in den Blick zu nehmen, um ihr Potential hinsichtlich der ästhetischen wie mentalen Anstrengungen in der Deutung von Wirklichkeit, dem eigenen Selbst darin und der eigenen Stilbildung auszuloten.

4.1 Elemente kultureller Bildung

Im Feld künstlerischer/kultureller Praxen füllt sich der oben skizzierte erweiterte Bildungsbegriff substantiell als Ort kultureller Bildung. Damit ist das Gegenstandsfeld an das Subjekt und seine Wahrnehmungs- und künstlerisch-kulturelle Handlungs-/Ausdrucksfähigkeit gebunden. Voraussetzung ist ein erweiterter Kulturbegriff, der dem seit einigen Jahrzehnten im Feld kultureller Bildung gültigen »Lebensweltparadigma« (Zacharias, 2015b, 170) entspricht und Alltagskulturen und ein »offenes Kulturverständnis« (ebd., 55) berücksichtigt. Das heißt, eine mögliche Orientierung an exklusiven künstlerischen Hoch- und Ernstkulturen ist verabschiedet. Gleichzeitig sind kulturelle Bildungspraxen für alle im Sinne eines partizipativen Modelles zu denken. Treptow begreift die Möglichkeit zu Bildung als »Transformation von Selbst- und Weltverhältnissen« (Treptow, 2015, 207) und genauer noch:

> »Unter Selbst- und Weltverhältnissen wäre die Beziehung des Individuums zu sich selbst als Person und als Mitglied sozial-, natur- und kulturbezogener Diskurs- und Handlungsfelder zu verstehen. Dies bedeutet für die Theorie kultureller Bildung im besonderen Sinne, dass die Aufmerksamkeit für individuelle Selbstverortungen in Umwelten gerichtet wird, die für solche Transformationen wichtig sind« (ebd., 208).

Das meint ganz allgemein die Welt der Dinge und Symbole, die wahrnehmbar und gestaltbar sind, und impliziert ein seit den Neuerungen im Diskurs der Cultutral Studies inzwischen alltagsnahes Verständnis von Kultur. Diese Entwicklungen begannen gerade, was die Kritik und Erweiterung des Kulturbegriffs betrifft, bereits in den 1970er Jahren, schlugen sich beispielsweise nieder in Jugend-, Pop-, Alternativ- und Stadtteilkulturen, später erweitert durch Migrationskulturen (vgl. ebd., 62 ff); sie können hier lediglich gestreift werden. Als für diese Publikation besonders relevant erweist sich der historisch angelegte emanzipatorische Charakter kultureller Bildung, der bereits auf die Reformpädagogik zu Beginn des 20. Jahrhunderts zurückgeht (vgl. Hill, 2015, 85 ff) und in den 70ern des vorigen Jahrhunderts mit den neuen Sozialen Bewegungen (vgl. Zirfas, 2015, 25 ff) einen deutlichen Schub erhielt. Es ging um die Erweiterung der Entfaltungs- und Verwirklichungsmöglichkeiten bzw. der Bildungsräume und -chancen für die Individuen und ihre Ermächtigung dazu. Allerdings sind die Orte, Organisationsformen, Ziele und Zielgruppen kultureller Bildung höchst heterogen: »es weist eine Fülle von Überschneidungen mit anderen pädagogischen Teilbereichen, etwa der Kinder- und Jugendarbeit, der Erwachsenenbildung, der Kunstpädagogik, der Freizeit- und Erlebnispädagogik, der interkulturellen Pädagogik, der Sozialarbeit, der Gesundheitspädagogik etc. auf« (ebd., 31), was eine systematische Beforschung des Feldes schwierig gestaltet. Auch kritische Töne sind in der aktuellen Gesamtdebatte auszumachen, beispielsweise zu »Kultur als Dienstleistungsfaktor« (ebd., 37) oder eine gesteigerte Forschungstätigkeit in Richtung Kompetenzorientierung (vgl., ebd.) kultureller Bildung und damit eine Konzentration auf deren Verwertbarkeit. Die zunehmende Eventisierung und Konsumorientierung des öffentlichen Lebens in Form von kulturellen Festivals kann zudem als problematisch ausgemacht werden. Wiederholt wird die schulische kulturelle Bildung kritisiert, einerseits, weil den künstlerischen Fächern ein eher nachgeordneter Status innewohnt, zum anderen, weil weniger ästhetische Praxen denn kognitives Wissen über die Künste vermittelt wird.

Neue Chancen und Räume entstehen hier jedoch über die Ganztagsbeschulung mit ihren außerunterrichtlichen kulturellen Angeboten. Deutlich konturiert und mit einer langen Tradition ausgestattet zeigen sich die musischen, künstlerischen, performativen, körperorientierten sowie spiele- und kulturpädagogischen Verfahren in der Sozialen Arbeit mit einem Schwerpunkt auf außerschulische, außerfamiliärer und präventiver Bildungsarbeit mittlerweile für alle Lebensalter. Hinzu kommt ihr Einsatz in dem in diesem Kapitel zu vernachlässigenden Bereich der Gesundheitsfürsorge. Kuckhermann hebt als ihre zentralen, alle Felder umspannenden Dimensionen erstens die ästhetische Produktion zwischen Mimesis (nachbilden/nachempfinden) und Poesis (neu erfinden), zweitens die »ästhetische Rezeption als Wahrnehmungs- und Deutungsarbeit« (Kuckhermann, 2015, 188) und drittens die Präsentation hervor. Zweites basiert im künstlerischen Feld auf einer nonverbalen, nicht diskursiven Symbol-, Körper- und Lautsprache, die polyvalent durch Anschauung, Einfühlung und Erfahrung interpretierbar wird. Das birgt die Chance, Deutungsmuster aufzulösen, neue Zugänge zu finden, Kommunikations- und Reflexionsmöglichkeiten zu erweitern und zu bereichern (vgl. ebd., 190). Im dritten Baustein der Präsentation, des »Zeigen des Werks«, sei es in einer Kleingruppe, die eine ästhetische Methode zur Erweiterung der Selbsterfahrung ausprobiert hat, sei es das Konzert einer stationären Wohngruppe von Menschen mit Behinderung, oder die Präsentation von Jugendlichen zu ihrem Stadtteil im Gemeinderat, immer geht es um ein Öffentlich-Werden/Hinaustreten in den sozialen Kontext, um Kommunikation und »Sinnverständigung« (ebd.). In der Gruppenarbeit sind die gestaltenden Teilnehmer*innen in einer Doppelrolle gefragt, sowohl als Kunstschaffende, die sich zeigen, als auch als Rezipient*innen, die wahrnehmen, sich einfühlen müssen, aufgefordert sind, Deutungsarbeit zu leisten und Interpretationsversuche zu unternehmen.

Ihre Geschichte und ihre Kernintentionen in den Blick nehmend steht die Debatte um Kultur/Kunst in der Moderne bis in die Jetztzeit hinein eng in Verbindung mit der gesellschaftlichen Entwicklung, deren krisenhaften Verläufen und den Versuchen, Antworten in Richtung emanzipatorischer, integrativ-partizipativer, den Anerkennungsdiskurs und andere ethische Fragestellungen fördernder Formen zu entwickeln: »Immer verfolgt die Kulturpädagogik avant la lettre die These, dass die kulturelle Bildung eine besondere Bildungsform darstellt, die durch andere Bildungsformen (etwa kognitive, technische etc.) nicht kompensiert werden kann« (Zirfas, a. a. O., 39). Zirfas spricht in diesem Zusammenhang vom »unhintergehbaren Eigensinn« (ebd.) dieser Bildungsform. Treptow unternimmt den Versuch, die gesamte Debatte trotz ihrer Heterogenität auf eine gemeinsame theoretische Ebene zu heben, die durchaus eine Kernparadoxie enthalten würde (hier bezieht er sich auf Niklas Luhmann), die im Bewusstsein zu haben, sicher lohnenswert ist:

> »Darin korrespondieren zwei Seiten. Auf der Seite der Bestimmung von Bildung ist diese Kategorie selbstreferenziell, weil Bildung immer nur im Medium der Kultur stattfinden kann. Und selbstreferentiell, weil der Begriff schon den Bildungsprozess derer voraussetzt, die sie erleben und schaffen« (Treptow, 2015, 218).

Hinzu kommt die Tatsache, dass kulturelle Bildung bzw. Enkulturation einer anthropologischen Kategorie gleichkommt. Das Subjekt kann sich nicht entziehen, kulturelle Gegebenheiten, Bedeutungsmuster und Praxen mehr oder minder zur Kenntnis zu nehmen und anzuwenden, bzw. wie Treptow formuliert, kommt die aisthetische Wahrnehmung der Welt einer »conditio humana« gleich, die immer Ordnung, Selektion, Sortierung und Deutung der multiplen, andauernden, vielfältigen Sinneseindrücke meint (vgl. ebd., 208). Würden wir nicht Sinneseindrücke fokussieren, andere ausblenden, würde uns die Welt mit ihren Eindrücken überfluten, wir könnten keine sinnstiftenden Entscheidungen für weitere Interaktionen und Handlungen treffen. Konsequent weitergedacht impliziert dies aisthetische Erfahrungen und Deutungen in beinahe allen Momenten des Lebens; insofern ist die

Pluralität entsprechender Konzepte, Ansätze, Theorien, Methoden in ihren Überschneidungen zu anderen Feldern und Fachdisziplinen wie Bildung, Sozialisation, sozialräumlicher, kulturpolitischer, transkultureller, philosophischer und psychologischer Überlegungen und Forschungen damit befasst und kaum zu überblicken. Und dabei ist leicht zu übersehen, wie unhinterfragt (alltags)kulturelle Auseinandersetzungs- und Aneignungsprozesse inkl. der Zielsetzungen kultureller Bildung vom Zeitgeist, von der gesellschaftlichen Organisiertheit abhängen, von ihr permanent geprägt, gesteuert, ja manipuliert werden. Sich dessen bewusst zu sein ist unabdingbar:

> »Die Theorien (zu ästhetisch-kultureller Bildung; A. d. Verf.) befassen sich sowohl mit dem Selbst- und Weltverhältnis der Individuen zur Ästhetik der Macht, wie zur Ästhetik des Widerstands, zu der des Friedens und der Gewalt, zu der des Sakralen und der des Profanen, zu der des Schönen und Hässlichen, des Erhabenen und des Alltäglichen, des Rohen und Gekochten« (Treptow, a. a. O., 221).

Insofern fordert Treptow einen metatheoretischen Blick auf die kulturelle Bildung, um der Gefahr eines unkritischen, geschichtsunabhängigen und trivialen Begreifens des Gesamtkomplexes zu entgehen:

> »Erst wenn berücksichtigt wird, wie sich gesellschaftliche Konfigurationen zu jenem Kontext entwickeln, innerhalb dessen die Formen und Arenen kulturellen Ausdrucks entstehen, kann die Theorie kultureller Bildung einer unhistorischen Betrachtung entgehen. Unhistorisches Denken, sei es auf der Dimension der Weltzeit, der gesellschaftlichen, der sozialen oder der biografischen Zeit, enthält die Möglichkeit der Vereinfachung durch Vergessen, aber auch das Risiko, sowohl vom geschichtlichen Wandel des Symbolischen als auch vom Wandel seiner jeweils generationenbezogenen Aneignungsformen abzusehen« (ebd.).

Daher erfolgt von der Mehrzahl der Autor*innen im Feld ein prononciertes Plädoyer für eine kritische und emanzipatorische Kulturarbeit (Braun, 2015, 294) nach ästhetischer Mündigkeit (Bernhard, 2015, 272). Letzterer entfaltet hierzu eine äußerst kritische Position in Anbetracht der Durch-Ökonomisierung unserer Gesellschaft mit ihrem Terror der Warenästhetik. Er spricht von »sinnlich-ästhetischer Entzifferung«, »Entmüllung«, und »Defetischisierung« (ebd., 261 f) und von einer ästhetischen Bildung, die eine als dezidiert pädagogisch zu verstehende Aufgabe sei (vgl. ebd.). Als Desiderat künftiger Kulturpädagogik fasst Tom Braun wie folgt zusammen:

»Eine solchermaßen umrissene ästhetische Erfahrung macht das eigene In-der-Welt-Sein als einen sich fortwährend ereignenden Prozess des Wahrnehmens und Handelns gegenwärtig. Kulturpädagogische Praxis aktiviert daher das Moment der Kritik, indem sie im Medium ästhetischer Pro-

zesse für das Subjekt die Relationalität menschlicher Lebensführung auffällig werden lässt. Sie evoziert damit zugleich Fragen an die je individuellen
Lebensbedingungen sowie an die Verfasstheit gesellschaftlicher Institutionen (Braun, a. a. O., 294).

Entsprechende Ressourcen zur Eröffnung so gestalteter Bildungsprozesse auch für Benachteiligte zur Verfügung zu stellen, Kulturen der Anerkennung und Beteiligung auch rechtlich und institutionell abzusichern, sind
Voraussetzungen dafür.

4.2 Kritische Anmerkungen zu »rhythm it is«: »Education«-Projekte großer Kunstinstitutionen

Modell für die eben umrissene Forderung nach anerkennender Beteiligung
von Adressat*innen kann nur bedingt in ihrer Indienstnahme durch Theater oder Oper liegen, die Hanne Seitz seit Mitte der 2010er Jahre vermehrt
diagnostiziert und am Beispiel des ungeheuren Medienerfolgs von »rhythm
it is«, einer Tanzchoreographie mit 239 Berliner Jugendlichen aus 25 Nationen und teils benachteiligten sozialen Verhältnissen zur Oper Sacre du
Printemps kritisiert (vgl. Seitz, 2008, 28). Diese auch in den Trainingspro-
zessen als Film festgehaltenen Theater- und Opernproduktionen haben
zahlreiche Nachahmer*innen gefunden, in welchen schwierige Jugendliche
aus benachteiligten Milieus ihren inneren »Schweinehund« überwinden
und im tänzerischen Können zu klassischen Stoff den Quantensprung ihres
bisherigen Lebens vollziehen. Die »Task-Force« Kunst als Bildung, die in
der »community art« Großbritanniens der 1990er Jahre einen Vorläufer
hat, wird in Kapitel 7 (▶ Kap. 7) im Kontext partizipativer Prozesse im Sinne der Inklusion genauer betrachtet. Doch auch in Zusammenhang mit Bildung möchte ich auf die Instrumentalisierung nicht nur der Künste, sondern auch der eingebundenen Akteure für Formate sensibilisieren, in
denen es primär um mediale Aufmerksamkeit geht: »Seit die Informations-
gesellschaft begriffen hat, dass Wissen allein nichts nützt, sondern Können
vonnöten ist, werden Politiker, Bildungsplaner, Unternehmer, Stadtplaner
u. a. nicht müde, den Künsten eine fast magische Fähigkeit zur Kompetenz-
entwicklung zuzuschreiben« (Seitz, ebd., 31) und entsprechende Program-
me für alle aber v. a. für besonders problematische Bildungsorte wie die
Rütli-Schule in Berlin Neukölln aufzulegen, in der das Kollegium aufgrund
hoher Gewaltbereitschaft 2006 eine Schließung gefordert hatte (vgl. ebd.).

Neben zusätzlichen sozialarbeiterischen und sportlichen Angeboten kamen etliche Kunstprojekte an den Start, u. a. »Rütli-Wear«, eine über Siebdruck mit von Schüler*innen gestalteten Logos bedruckte T-Shirt-Produktion, die weltweit abgesetzt wurde. Die Schule wurde zur Erfolgs-Story: »›Rütli‹ ist inzwischen zur Marke avanciert« (Seitz, ebd., 33).

4.3 Binnenprozesse künstlerisch-ästhetischer Bildungsakte

> »Die Künste sind durch nichts anderes substituierbar, ein Erfahrungs- und Praxisfeld sui generis; sie bieten unvergleichliche Erfahrungs- und Bildungswelten, die das Leben über die gesamte Lebensspanne bereichern und die gerade durch ihre Nicht-Alltäglichkeit, ihre Differenz zum Alltag gekennzeichnet sind« (Liebau, 2015, 107).

Dieses Andere des Alltags heißt nicht die Ferne künstlerischer Handlungs-formen zu Praxen oder Materialien des Alltags, es meint eher das »Mehr« zu anderen Ausdrucks-, Wahrnehmungs- und Reflexionsweisen in den all-täglichen Lebensvollzügen, das darüber Hinausreichende, etwas, das nicht vordergründig einen Zweck erfüllt oder eine Funktion hat. Liebau kenn-zeichnet die ästhetische Erfahrung auch in ihrer Unverfügbarkeit (ebd., 108 f):

> »Die Künste eröffnen Wahrnehmungs-, Ausdrucks-, Darstellungs- und Gestaltungs-möglichkeiten, die immer wieder und immer neu Herausforderungen darstellen kön-nen, mit Unerwartetem und auch Unverständlichem umzugehen, aber auch gerade mit Gewohntem und Gekonnten, mit Übung und Wiederholung« (ebd., 107).

Können spielt trotz der Erweiterung und Entgrenzung des Qualitäts- und Kunstbegriffs in allen Genres eine Rolle. Man ist nie »fertig« mit etwas, mit dem Skateboard lassen sich immer noch virtuosere Figuren in die Arena der Urban Art zaubern, auch Sprayen und Bass spielen muss gelernt sein, Plat-zierungen und Kombinationen von »Ready-Mades«, für die auf den ersten Blick keine künstlerischen Fertigkeiten benötigt werden, erfordern Imagina-tion, die Entwicklung von konzeptuellen Ideen ungewöhnlicher, nie gesehe-ner, über die Wirklichkeit hinausreichender Inszenierungen. Das Weiter, das Neue und noch Fremde ist Thema jeglicher künstlerischen Praxis und gleichzeitig die Rückkehr zu oder Einbindung von Gewohntem, schon Ge-konntem, die Dynamik so begriffener Bildungsprozesse tritt hervor. Und je-de*r künstlerisch Agierende verliert sich im idealen Fall momenthaft an das jeweilige Tun, vergisst sich und die Zeit. Und immer entsteht ein Produkt, das im Wortsinn in die Welt tritt und sie erweitert: »Hier geschieht Bildung, hier kann man die Wechselwirkung zwischen Ich und Welt buchstäblich sehen, die durch die Gleichzeitigkeit und die Wechselwirkung von Welt-Bildung und Ich-Bildung zustande kommt« (ebd., 108). Sicht-, fühl- und hörbare Formen aller künstlerischer Aktivitäten setzen sich einem sozialen Feedback aus, sind wesenhaft dafür gemacht, von anderen rezipiert zu werden oder zu kommunikativen und partizipativen (Mitmach-)Prozessen zu führen. Weil der künstlerisch-kulturelle Ausdruck in seiner sprichwörtlichen »Zwecklosigkeit« die freiste Ausdruckform darstellt, erlaubt sie im sozialen Miteinander die intensivste Konfrontation mit dem »Anderen«, der Andersartigkeit. In einem gelingenden Verständigungsprozess entstünde dann im Idealfall Neugierde, Akzeptanz und Bereicherung durch das »Fremde«. Das wäre mit der Eigenart ästhetischer Wahrnehmungsformen zu erklären, die sich in einem subjektimmanenten Spüren bzw. Fühlen der jeweiligen Wahrnehmungssensation ereignen, mit der beinahe immer die Empfindung einer gewissen Qualität von Angenehmem, Unangenehmem, Schmerzhaftem, Ekligem, Verstörendem, Wunderbarem einhergehen. Daran knüpft sich die Hoffnung einer intersubjektiven Erfahrung, dass der*die Einzelne nichts in die Welt bringt, das er*sie nicht auch selbst empfinden, erleiden oder erleben möchte. Baumgarten verortet genau an dieser Argumentationslinie die Nähe der Ästhetik zur Ethik in seiner Theorie zur ästhetischen Wahrnehmung (vgl. Baumgarten 1750/1988, 121f).

Dem ästhetischen Denken, den auf fühlbarer Erfahrung beruhenden Wahrnehmungs- und Erkenntnisprozessen, würde im Vergleich zu den anderen Erkenntniswegen des Menschen das Ethische am meisten innewohnen, da auf der Ebene von Empfindungen Schmerz, Grausamkeit und Destruktion für sich und andere gleichermaßen vermieden werden will. Insofern lässt sich eine Befähigung zu ästhetischer Wahrnehmung auch mit Aspekten der Prävention vor Destruktivität in Verbindung bringen. Ästhetische Erkenntnis ist über die Koppelung an die Sinneswahrnehmungen nämlich ein verkörperter Prozess, der eine eigenständige Erkenntnisleistung darstellt (► Kap. 8). Die wissenschaftliche Debatte um die Ästhetik, die ich hier nicht nachzeichnen möchte, geht von einer Gleichwertigkeit dieser ästhetischen Erkenntnisform zu theoretischem und praktischem Erkennen aus (vgl. Brandstätter, 2008, 103), streicht jedoch ihre Andersartigkeit heraus: »In der ästhetischen Erfahrung sind Anschauung und Begriff in einer unabschließbaren Bewegung miteinander verbunden. Analog dazu geht auch ästhetische Erkenntnis niemals vollständig in begrifflichem Erkennen auf« (ebd.). Das heißt, ästhetisches Erkennen kann Begriffe hervorbringen, verliert sich aber nicht in deren abstrakten, auf allgemeingültige Systematisierung angelegten Wesenheit begrifflicher Erkenntnis, da es unabdingbar mit der sinnlichen Erfahrung, dem ästhetischen Erleben des Subjekts verknüpft ist. Allesch plädiert unter Berufung auf Welsch und anderen in diesem Zusammenhang für eine transdisziplinäre Sicht auf das Gegenstandsfeld der Ästhetik (vgl. Allesch, 2006, 145), in welcher psychologische und philosophische Perspektiven gleichermaßen involviert sind. Mit Seel und Böhme nimmt Allesch folgende Verdichtung vor:

> »Eben diese Verklammerung mit der Ethik wird man im Rahmen einer als transdisziplinäres Gegenstandfeld verstandenen Ästhetik eher als spezifisches Merkmal eines philosophischen Zugangs ansehen denn als zwangsläufigen und zentralen Bestandteil einer Theorie der sinnlichen Erfahrung. Umgekehrt wird man sich aber, wenn man die ästhetische Erfahrung als konstituierendes Merkmal menschlicher Subjektivität ansieht, die nicht beliebig in eine wahrnehmende und handelnde aufgespalten werden kann, der Frage nach den Handlungsaspekten ästhetischer Erfahrungen und Bewertungen nicht entziehen können« (ebd., 144).

Diese neueren Sichtweisen auf die ästhetische Erfahrung als Teil komplexer Lebensvollzüge und ihrer deutenden und ethischen Durchdringung bieten eine theoretische Begründung für das ästhetische Medium als Kerndimension von (auch moralischer) Bildung. Unterschiedlichste Disziplinen sind davon berührt: die Kunst- und Kulturwissenschaften, die jeweils psychologisch orientierte Kreativitäts- und klinische Kunsttherapieforschung, sowie im Kontext von Bildung die Forschungsanstrengungen der Kunstpädagogik. Zur Interpretation ästhetischer Binnenprozesse und Gegenstände tauchen wiederholt Dewey und Mollenhauer auf. Deweys ästhetische Theorie »Kunst als Erfahrung« von 1934 konstituiert die Offenheit der ästhetischen Erfahrung als Kategorie schöpferischer »Selbst- und Welterschließung« (Peez, 2001, 50) in Abgrenzung von Routinen, Normen und Zielgerichtetheit.

4.4 Praxisillustrationen

4.4.1 (Persönlichkeits-)Bildung in der künstlerischen Lehre von Studierenden der Kunstpädagogik

Als erstes Beispiel aus der Praxis möchte ich nicht die klassisch erwartbaren Formen und Formate von kultureller Bildung (Lebensalter und Institutionen, sprich Kinder- und Jugendarbeit) bedienen, sondern gemäß der oben skizzierten Erweiterung neue Felder biographischer und kultureller Bildung zeigen. Das erste Anschauungsmaterial scheint in doppelter, vielleicht sogar dreifacher Hinsicht lohnenswert: »Innehalten beim Begleiten künstlerischer Prozesse« (2019) betitelt Tobias Loemke seine Dissertation, in welcher er in einer Doppelrolle als Lehrender und Forschender über die Methode des Ausbreitens und Erzählens von ästhetischen Vorlieben und entstandenen künstlerischer Arbeiten während und vor dem Lehramtsstudium der Kunstpädagogik nach Erkenntniszusammenhängen der Probandinnen zur eigenen Biographie und damit zu transformatorischen Bildungsprozessen fragt. Sein forschungsmethodisch innovativer Zugang erlaubt Erkenntnisse zu neuen Methoden und Formen qualitativer Bildungsforschung in Abhängigkeit von Biographie und Profession sowie zur Funktion des*der Professionellen im Begleiten, Anleiten und Intensivieren der jeweiligen ästhetisch-künstlerischen Praxen. In präziser Manier konturiert Loemke um die Dimension der »handlungsleiteten Orientierungen« (Loemke, ebd., 16) herum ein Erhebungsdesign, das dem sinnlich-ästhetisch-stilistischen (halb- oder unbewussten) Spannungsfeld der Studierenden in ihrem künstlerischen Handeln, ihrer Intention und dem, was danach an Veränderung/ Verschiebung geschieht und zu Reflexionen zwingt, entspricht. Nichts Beliebiges zeigt sich so, sondern ein an die rekonstruktive Sozialforschung gekoppelter künstlerischer Handlungsbegriff, der Bildungsgeschehnisse aufzuspüren vermag. Wie schon mehrfach in dieser Publikation formuliert, gibt es kein monolithisches Innen, aus dem heraus sich etwas künstlerisch zeigt. Es wurden in der Regel vorher schon Erfahrungen mit dem Außen gemacht, die die künstlerischen Absichten geprägt haben:

> »Demnach gibt es in künstlerischen Prozessen keinen Kern des Eigenen, der nur durch geeignete Interventionen freigelegt werden muss. Erst in der Reflexion des Widerständigen, das einem im künstlerischen Prozess begegnet, und des Antwortgeschehens auf diese Phänomene tritt das sich konturierende Selbst aus der Distanz in Erscheinung« (ebd., 26).

Loemkes theoretisch abgesichertes Erhebungsdesign, das im »Auslegen« von zentralen Artefakten auf großen Präsentationtischen besteht, lässt er filmisch festhalten. Flankiert wird dieser Vorgang von Erzählungen/Erläuterungen der Probandinnen und einem zusätzlichen Interview zu biographischen/lebensweltlichen Aspekten durch neutrale, doch kunstpädagogisch qualifizierte Personen. Methodisch ausdifferenziert analysiert, interpretiert und reflektiert Loemke nun die narrativen und bildhaften Ergebnisse und setzt sie zueinander in Verbindung. Ungewöhnlich anregend ist bereits die

Betrachtung der sehr unterschiedlichen Art, auf die die ausgelegten Artefakte der vier Studienteilnehmerinnen – jeweils in der Menge, der Ausrichtung, der Gruppierung der Bilder/Objekte – voneinander abweichen, ganz zu schweigen von ihren unterschiedlichen Stilen, Themen und Materialitäten. In Verbindung mit den Erzählungen und abhebend auf die bildungsrelevanten Verschiebungen im künstlerischen Geschehen, möchte ich vergleichend zwei Beispiele aus Loemkes Dissertation zeigen und seine zugehörige Analyse in ihren Ergebnissen zusammenfassen. So werde ich Alpha vorstellen, die als relativ junge Studierende kurz vor dem Examen die wenigsten Bilder auslegt, und deren handlungsleitete Idee »Neues ausprobieren« der hochschulimmanenten Intention der Erweiterung von künstlerischen Erfahrungen und Kompetenzen entspricht (vgl. ebd., 309). Im intensivierten Experimentieren mit kunstfremdem Material während einer Studienfahrt erlebt Alpha in der Ablehnung ihrer Kommiliton*innen den neu entstandenen Werken gegenüber eine erste Irritation, was Loemke mit Waldenfels' »Widerfahrnis«-Begriff markiert, der in der Folge Bildungsprozesse auslöst. So bewertet die Probandin für sich das Anderssein im Kunstmachen nicht nur künstlerisch positiv und fährt die Arbeit mit den neuen Materialien fort, sondern auch persönlich: die Transformation bezieht sich auf eine neue, nicht nur auf das Studium bezogene Sicherheit der eigenen Persönlichkeit, in einer neuen umfassenden Selbstbewusstheit (vgl. ebd., 310). So kann man in diesem Verlauf beinahe von einer Schlüsselarbeit sprechen.

Ganz anderes und komplexer stellen sich die Transformationsprozesse von Delta dar, die mit ihrem höheren Lebensalter und einem nicht erfolgreich beendeten Erststudium auf eine weitere Lebensspanne und damit biographische Ereignisse zurückblicken kann. Ihre erste handlungsleitete Idee, den Rahmen des universitären Angebots zu nutzen und vertiefter zeichnen zu lernen, wird durch die lärmende Baustelle unmittelbar neben den Hochschulgebäuden gestört. Sie beginnt die Baustelle und Baumaschinen zu zeichnen, gleichzeitig beginnt sie diese in ihrer Analogie zum eigenen Leben, also in ihrer biographischen Bedeutung, zu verstehen (vgl. ebd., 314). Ein zweites Widerfahrnis geschieht während einer Studienfahrt. Statt wie geplant mit den mitgebrachten ikonischen Zeichen aus ihrer Kindheit in der DDR künstlerisch zu arbeiten, beginnt sie Artefakte aus gefundenen Metallteilen herzustellen, die wiederum biographische Erinnerungen wachrufen und durchgearbeitet werden können (vgl. ebd., 315). Ein drittes Widerfahrnis stellt die Auseinandersetzung mit einem »Anstalts«-Künstler der Sammlung Prinzhorn dar (Kunstsammlung von Arbeiten psychiatrischer Patient*innen vom Beginn des 20. Jahrhunderts). Delta beginnt auf ebenso winzigem Raum zu arbeiten, wie jene Kunstschaffenden damals in den Psychiatrien und fängt an, zu Hause Ordnung zu schaffen. Auch hier bewirken künstlerische Veränderungsprozesse Bildungsbewegungen bzw. stehen in enger Wechselwirkung zu ihnen. Loemke hält es – seine Erhebung zusammenfassend – bei dieser Art Bildungsforschung für notwendig, das künstlerische Lernfeld genau anzuschauen:

> »Meines Erachtens gibt der Fall Delta eine Antwort auf dieses Desiderat. Hier zeigt sich, wie ein Mensch in der Konzentration auf seine künstlerische Arbeit biographische Herausforderungen annimmt, achtet, umordnet und sie in einer inneren Kausalität abschließend darstellen kann« (ebd., 330).

Der Überschneidungsbereich von Selbsterfahrung, Selbstreflexion und Bildung in ästhetischen/künstlerischen Erfahrungen, die auch wie im beschriebenen Setting durch Universitätsveranstaltungen ausgelöst werden können, faltet sich deutlich auf. Im übertragenen Sinne begegnen wir letztlich Transformations- und Selbstbildungsprozessen in einer innovativen und wissenschaftlich anspruchsvollen Untersuchung.

4.4.2 Bildungsprozesse über Bildbetrachtungen mit psychisch beeinträchtigten Erwachsenen

Wie Bildungsprozesse vor dem oben skizzierten theoretischen Hintergrund einer aus der Objektbeziehungstheorie begriffenen Bildrezeption konkret aussehen können, kann das nun folgende, nicht alltägliche Praxisprojekt veranschaulichen. Es steht zudem gleichzeitig für die nicht untypische Überschneidung von Bildungs- und Bewältigungsprozessen in der psychosozialen Praxis. Dabei handelt es sich um ein über 12 Termine laufendes Kunstbetrachtungsangebot mit psychoedukativem Charakter für psychiatrieerfahrene Erwachsene im Rahmen einer Tagestätte für Menschen mit chronifizierten psychischen Erkrankungen. Als psychoedukative Methode versteht man sowohl von pädagogischen wie psychologischen Fachkräften angebotene Formate der Information über psychische Erkrankungen und deren Behandlungs- und Bewältigungsmöglichkeiten in der Gruppe. Das besondere Potential dieser Interventionsform besteht in der Chance, sich die angebotenen Informationen subjektorientiert anzueignen, was bedeutet, dass eigene mögliche biographische Zusammenhänge zur Entstehung der Erkrankung erkundet, über die eigene »Krankheitskonstruktion« nachgedacht und eigene Bewältigungsoptionen entwickelt werden können, das Gesamtgeschehen gleichzeitig in eine Gruppe eingebettet ist, was hilft, Vergleichsmöglichkeiten, gemeinsame Betroffenenperspektiven und Selbsthilfepotentiale zu eröffnen. Das nun vorzustellende Kunstbetrachtungsprojekt verfügt über Aspekte dieser Zielsetzung. Auf der Basis eines thematisch in einer Dramaturgie stehenden Seminarprogramms (Bildgenres wie Landschaft und Portrait, über Kunststile wie den Expressionismus, bis hin zur Auseinandersetzung mit Künstler*innenpersönlichkeiten wie Vincent van Gogh, Frida Kahlo, Henri Toulouse-Lautrec und Joseph Beuys) konnten sich die Teilnehmer*innen mithilfe von Kunstpostkarten und kleinen kunstgeschichtlichen Exkursen mit den jeweiligen Bildwelten, Kunststilen und vor allem Künstler*innen und ihren Biographien vertraut machen, sich in jeder Sitzung ein wichtiges Bildmotiv aussuchen und eigene Befindlichkeiten, Wahrnehmungen und Erkenntnisse zum gewählten Bild formulieren. Übergeordnetes Ziel des Workshops, die Auseinandersetzungsfähigkeit mit der eigenen psychischen Erkrankung und damit ihre Bewältigung zu steigern, wird in der Werkauswahl sichtbar. Die genannten Künstler*innen der drei Vertiefungssitzungen waren ihrerseits selbst von psychischen wie physischen Erkrankungen und Krisen betroffen. Sie wiesen damit eine Gemeinsamkeit mit den Teilnehmer*innen auf und stellten damit so etwas wie eine Reflexionsfolie dar. Dies entspricht den Forschungsergebnissen zur Kunstrezeption in helfenden Kontexten. So hebt G. Franzen die bedeutsame Analogie von zur Verfügung gestellten Bildern und Problemlagen hervor, beispielsweise Dürers Melancholia für Menschen mit Depressionen (vgl. Franzen in Kruse, 1997, 307 ff).

4.4.2.1 Wahrnehmungseigenheiten von Menschen mit schweren psychischen Erkrankungen

Dem Bericht über das Bildungsprojekt soll ein kurzer Exkurs zu Wahrnehmungs- und Verarbeitungsbesonderheiten von psychoseerfahrenen Menschen vorausgeschickt werden, da sich die Bedeutsamkeit von Bildrezeption weiter erschließt. Dazu ein Zitat von Frau Schirmayer mit der Diagnose einer schweren Depression:

> »Kunstbetrachtung – ein erst durch eigenes Malen entdecktes Interesse – war bisweilen die letzte noch mögliche, sinngebende Beschäftigung. Da die Farben der Kunstdrucke in Büchern nicht so leuchten, so differenziert sind wie die Farben in der Natur, empfinde ich nicht die Diskrepanz zwischen dem, was ich sehen müsste und dem, was ich wirklich wahrnehme; hier schmerzt Schönheit nicht. Eine wirklich dreidimensionale Struktur gibt es nicht, so dass ich die Flachheit meiner Wahrnehmung nicht kompensieren muss. Auch meine quälend verlangsamte Auffassungsfähigkeit ist hier nicht hemmend. Die Bilder ›laufen mir nicht so schnell vorbei‹. Einzelheiten kann ich beliebig lange anschauen, ich ›verpasse‹ nichts, den Gesamteindruck ver›-

fehle‹ ich nicht, das Verstehen ist ganz frei. Es genügt, wenn die Augen langsam, gleichsam naiv tasten; die Bewegung ist mir überlassen. Und das Erstaunliche: Alle Bilder bleiben im Gedächtnis, geben mir inneres Leben, das die Leere verdrängt« (Schirmeyer, 1999, 114).

Ohne auf einzelne Symptome bei Menschen mit schwerer psychischer Erkrankung näher einzugehen, möchte ich an dieser Stelle die Brüchigkeit der Realitäts- und Selbstwahrnehmung nennen. Tiefenpsychologisch erklärt geschieht hier eine Überschwemmung des Ich, sowohl von eigenen (teils unbewussten) Affekten und Gefühlen als auch von Reizen aus der Umwelt. Die Grenzen zwischen Innenleben und Außenwelt verschwimmen dabei, innerweltlich Vorgestelltes wird als Realität erlebt und umgekehrt können äußere Eindrücke das Ich im Übermaße bedrohen. R. Strobl beschreibt dies als einen »Zusammenbruch rationaler Denkvorgänge« und bezeichnet es als einen »›Gestaltzerfall‹ des gewohnten Erlebnisfeldes«, welcher das gesamte Ich-Erleben einschließlich dem Denken, Fühlen, der Vitalität und der Psychomotorik betrifft (Strobl in Thomashoff et al., 1999, 69). Die damit einhergehende Schwächung der Ich-Funktionen mit ihrer zentralen Fähigkeit zur Reflexion macht deutlich, dass die Betroffenen gerade im Verhältnis des Eigenen zur Realität eine tiefgehende Erschütterung bis hin zur gänzlichen Auflösung verlässlicher Bezüge erfahren. Dies drückt sich in großen Schwierigkeiten und Ängsten von Betroffenen aus, Bezüge zu Objekten herzustellen (vgl. Franzen, a. a. O., 307). Denkt man dies konsequent weiter, so kann die Bildbetrachtung einen sicheren Raum anbieten, das Verhältnis des eigenen Ich zur Wirklichkeit im Spiegel der Bilder probehalber neu auszuloten. Im Detail geschieht das in der Konfrontation mit Wirklichkeitsausschnitten, wie sie in den Bildern präsent sind (z.B. mit den südfranzösischen Landschaften Cézannes), gleichzeitig aber auch mit der Wirklichkeit der Kunst und ihrer Strömungen (Spätimpressionismus). Es handelt sich also um die Herstellung eines Realitätsbezugs auf zwei Ebenen und spricht für die Verschränkung von Bildungs- und Bewältigungsprozessen. Da Bilder jedoch nie Imitation der Realität sind, entsteht jenes Mehr an Wirklichkeit (▶ Kap. 3.3.1), das dem*der Betrachtenden erlaubt, diese Wirklichkeit mehrdimensional wahrzunehmen und mit dem Eigenen anzureichern. Wir erinnern Schirmeyers Beschreibung, dass bei der Bildbetrachtung die Diskrepanz überwunden werde, zwischen dem, was sie als objektive Wirklichkeit eigentlich sehen müsste, und dem, was sie im Bild wahrnehmen könne (vgl. a. a. O.). Konkret heißt das, sie kann sich über die Bildbetrachtung wieder langsam an die äußere Realität herantasten. Auf dem Weg der Restabilisierung des Ich und des Bezugs zur Realität nach der Verstörung einer akuten Psychose kann somit das Bild eine Art geschützte

Probe- oder Hilfswirklichkeit zur Verfügung stellen. In Verbindung mit den vereinfachenden, verfremdenden, subjektiv färbenden künstlerischen Strategien einzelner Kunststile vor allem der klassischen Moderne (Spät-impressionismus, Expressionismus) werden deren Entsprechungen zu ver-änderten Wirklichkeitswahrnehmungen von Psychiatrieerfahrenen nach-vollziehbar und die in der Fachliteratur mehrfach gennannte besondere Eignung dieser Kunstströmungen für Kunstrezeptionen (vgl. Sarbia 2015, Niederreiter 2005) erklärbar. In der Chance des Sich-selbst-zum-Bild-in-Be-zug-Setzens, des Sich-selbst-im-Bild-Verortens, der eigenen Bildsinnfin-dung, geschieht intensive Selbstwahrnehmung im Realitätsbezug auf den Ebenen des Empfindens, Denkens, Sprechens und Interagierens. Bildwelten halten somit als Schonraum das tastende Verorten und Suchen des Eige-nen im Anderen aus. Zusätzlich bieten Bilder in ihrer Ruhe Verlässlichkeit, sie bleiben als Gegenüber konstant, Reizüberflutungen werden vermieden. Flankiert wird dies von der Schutzfunktion des Bildes, schmerzhafteste Re-alitäten, wie van Goghs Selbstporträt mit abgeschnittenem Ohr, sind nur repräsentiert.

4.4.2.2 Projektauswertung

Kurz umrissen bestand die Methode des psychoedukativen Angebots in der Vorlage von ca. 15 Kunstpostkarten zu den jeweiligen Themen, anfangs meist aus mehreren Epochen, auf deren Basis mittels kunstgeschichtlicher Informationen das Genre (Landschaft, Tierdarstellung, Portrait, ...) erarbei-tet wurde, wobei die Fragen, Reaktionen und Assoziationen der Teilneh-mer*innen im Gruppengespräch den Schwerpunkt bildeten. In der zweiten Hälfte der Sitzung wurde ein persönlicher Bezug zu einzelnen Bildern durch die Aufforderung an die Gruppenmitglieder eingeleitet, sich ein Bild auszuwählen und eine Aussage zu diesem Bild zu finden. Diese persönliche Resonanz auf das Bild betraf emotionale, kognitive, identifikatorische und/ oder projektive Aspekte, die durch spezifische Fragen wie etwa: »Was zieht Sie in das Motiv hinein?« oder »Welche der dargestellten Personen scheint Ihnen am vertrautesten?« oder einfach »Welches Motiv vermittelt Ihnen gerade das beste Gefühl bzw. bewegt Sie am meisten?« usw. angeregt wur-den. Dies kann im Sinne einer Aneignung verstanden werden. Kernstücke des Projekts waren die Sitzungen zu den oben genannten biographisch be-lasteten Künstler*innenpersönlichkeiten, da hier Entsprechungen zur eige-nen Biographie thematisierbar wurden. Einige wenige Beispiele sollen in der Folge das Potential des Angebots illustrieren. Ganz allgemein über-raschte die hohe, den Besucher*innen von den Mitarbeiter*innen der Einrichtung nicht zugetraute Aufmerksamkeitsspanne von über 90 Minuten. Niemals fehlte jemand, lange vorher war der Mehrzweckraum erwartungsvoll besetzt und als das Format schon vertrauter war, baten die Teilnehmer*innen um weitere Sitzungen über Surrealismus und Abstraktion. Die Aneignungen in der Bildauswahl zeigten persönliche Vorlieben, die Suche nach Ressourcen, Sehnsüchte, Momente biographischer Erinnerung v. a. an Reisen und Identifikationen mit Bildinhalten. Stilistische Vorlieben der Teilnehmer*innen für spätimpressionistische, romantische, expressionistische und symbolistische Werke verdeutlichte die oben bereits referierte Funktion erkennbarer, wenig verfremdeter Ausschnitte von Wirklichkeit. Bilder aus dem Surrealismus, Fotorealismus oder der Abstraktion wurden nie ausgewählt. Das Bild fand nicht nur als thematisches, sondern auch als kunst- und stilgeschichtliches Objekt hohe Beachtung. Immer wieder kreisten Fragen um Unterschiede, Merkmale und Hintergründe expressionistischer, impressionistischer und surrealistischer Bilder. Bildet sich Zeitgeist ab, wie wird das nachvollziehbar?

Die dreifache Wirklichkeitsebene des Bildes hatte eine prominente Funktion in diesem Format: das Bild als eigenständiges kunstgeschichtlich konnotiertes Artefakt, als Abbild der Wirklichkeit und als Projektionsfigur und Dialogpartner für das Eigene. Wie wirkungsvoll das daraus entstehende Dazwischen für den Rezeptionsprozess ist, Bilder eben nicht nur als Kommunikationsmedium instrumentalisiert werden, zeigten die Sitzungen zu den Künstlerbiographien. Bei van Gogh standen die Selbstporträts im Vordergrund, die tastenden Versuche der Gruppe, die dargestellten Gefühlsqualitäten zu verbalisieren (evtl. »sich halten«, »sich entdecken«, »nicht wirklich da sein«). Und wiederholt erfolgte eine Auseinandersetzung mit der psychischen Anfälligkeit van Goghs, mit seinen Aufenthalten in »Anstalten« – einer der Ähnliches durchgemacht hat, und doch so Großes geleistet hat. Einige vollzogen hier entstigmatisierende Neubewertungen des eigenen »Schicksals«: Leistung und Wert ist trotz und mit psychiatrischen Diagnosen möglich. Intensiv, aber anders gelagert waren die Erfahrungen und Erkenntnisse mit Frida Kahlos Leben und Werk. Die Gefahr von Liebesgeschichten für das Seelenheil konnte von den überwiegend weiblichen Teilenehmer*innen thematisiert werden.

Beispiele der Sitzung zu Joseph Beuys, dessen spröde und provokative Kunst sicher die größte Herausforderung für die Gruppe darstellte, wiesen überraschende Resonanzmöglichkeiten auf. Eine Teilnehmerin erzählte zur Arbeit »Schafsskelett« über eine psychotische Episode, die durch die Farbe Weiß ausgelöst wurde. Eine andere meinte angesichts der Zeichnung »zwei weiße Kreuze auf Rot«, dass Heilen sehr wichtig sei, aber Naturheilen nichts für sie, sie bevorzuge die klassischen Medikamente (Psychopharmaka). Zu Henri Toulouse-Lautrec entstand in der Gruppe ein Staunen über den Zusammenhang von Krankheit und künstlerischer Leistung, ein Bewundern und ein Mitschwingen mit den von großer Einsamkeit geprägten Lebensumständen des Künstlers in Paris.

4.4.3 Bildungsbewegungen durch die ästhetische Weiterbearbeitung von Kunst

Projekte zur Kunstbetrachtung lassen sich um gestalterische Bearbeitungen der ausgewählten Abbildungen leicht erweitern und über solche ästhetische Veränderungs- und Aneignungsakte in eine Vertiefung führen. Die Methode besteht im Erstellen mehrerer vergrößerter Fotokopien der gewählten Motive (DIN A3) in schwarz-weiß, welche über das Zerschneiden, eine neue Zusammensetzung von Teilen, farblich-zeichnerisch oder malerisches Ausgestalten, die Verfremdung mit anderem Collage-Material, Anreicherung usw. weiterentwickelt werden können. Dazu folgen nun Bildbeispiele aus einem Workshop mit sechs psychiatrieerfahrenen Menschen einer Malgruppe im Rahmen des betreuten Wohnens. In diese Veranstaltung flossen bereits Evaluationen aus dem eben vorgestellten Kunstbetrachtungsprojekt ein; gezielt kamen Selbstportraits und Portraits des expressionistischen Künstlers Ernst Ludwig Kirchner zum Einsatz, flankiert von einer Einführung in seine Biographie und den Expressionismus in seiner zeitgeschichtlichen Bedeutung. Auch Kirchners Biographie weist mit einer schweren psychischen Krise in der Folge seiner Teilnahme am 1. Weltkrieg den Teilnehmer*innen verwandte Erfahrungen auf. Zur Auswahl standen das »Selbstbildnis« (Doppelselbstportrait) von 1919, »Zwei Frauen am Waschbecken« von 1912, »Fränzi vor geschnitztem Stuhl« von 1910 und »Die Straße« von 1913. Die gewählten Bildbeispiele lösten intensive Gestaltungsprozesse aus, deren Bandbreite von vereinfachendem »Ausmalen« bzw. »Anmalen« des gewählten Bildes bis hin zur Erstellung hoch fragmentierter und mehrfach neu zusammengesetzter Arbeiten reichte, in denen gleich mehrere der Ausgangsportraits in unterschiedlichen Größen eingebaut wurden.

Das erste Bild zeigt das Portrait von Fränzi (aus der Zeit der Künstlergruppe »die Brücke« vor dem 1. Weltkrieg), dessen typisch laute und kontrastreiche expressionistische Farbgebung und Pinselführung vom Gestalter in seiner Überarbeitung beinahe »eingeebnet und gezähmt« wird, um es für sich harmonisch, stimmig und ruhig zu gestalten, das Motiv nahe an die Wirklichkeit zu rücken. Auch das zweite, hinter Fränzis Kopf befindliche Gesicht in der geschnitzten Lehne des Stuhls (von Kirchner »unwirklich« hautfarben gestaltet) aus dem Ausgangsbild übermalt der Teilnehmer. Realitätsbezug wird so weiter verstärkt.

Abb. 3: anonym (2011), »Fränzi« überarbeitet I, (31 x 22 cm), Pastellkreide auf s/w Kopie

In der Gruppe entstanden mehrere dieser »beruhigten« Überarbeitungen des gewählten Motivs, was ich bemerkenswert finde.

Abb. 4: anonym (2011), »Fränzi« überarbeitet II, (31 x 22 cm), Pastellkreide auf s/w Kopie

Im Kontrast dazu stehen die folgenden drei Bilder einer Teilnehmerin, die sich von Anfang an zwei der angebotenen Motive (»Selbstportrait« und »Die Straße«) aussucht und die auf der »Straße« dargestellten Frauen in Berlin zu bearbeiten beginnt. Flirrend werden Gesichter ausgeschnitten, gefärbt und multipel neu in Hintergründe montiert, welche teilweise auch in die Köpfe eindringen, Figur und Hintergrund überlagern sich teilweise.

Abb. 5: anonym (2011), Kirchner überarbeitet I, (31 x 22 cm), Collage und Kreiden auf Papier

Abb. 6: anonym (2011) Kirchner überarbeitet II, (31 x 22 cm), Kreiden auf s/w Kopie

Es entstehen in kurzer Zeit vier Bilder, in der letzten Arbeit der Serie wandern die Gesichter der beiden Damen in das seinerseits bereits multiplizierte Doppelselbstportrait Kirchners ein. Die Gestalterin mit einer schweren, von Wahnerleben geprägten Psychoseerfahrung mit langen Phasen der Wohnsitzlosigkeit, die in ihrer künstlerischen Arbeit üblicherweise nie figürlich arbeitet, kann das Angebot eindrücklich nutzen, um ihre komplexe Wahrnehmung auf die Welt auf Kirchners Bildmotive zu projizieren und darstellbar zu machen.

Abb. 7: anonym (2011), Kirchner überarbeitet III, (31 x 28 cm), Collage und Kreiden auf Papier

Beide von Bildrezeptionen ausgehende Projekte zeigen in deutlicher Weise charakteristische (Selbst-)Bildungsprozesse mit den Aspekten von sich neu kristallisierenden oder erweiternden Sinnbezügen der jeweiligen Adressat*innen zum eigenen Leben/zur Welt. Auch wenn psychiatrieerfahrene Erwachsene als Beispiele für Bildungsprojekte eher ungewöhnlich erscheinen, so wird doch das große Potential dieses im Eingang des Kapitels skizzierten erweitert verstandenen Bildungsbegriffs nachvollziehbar, der durchaus auch Aspekte konstruktiver Lebensgestaltung aufgrund gewonnener Erfahrungen aufweisen kann. Theoretische Hintergründe sind die in den Kapiteln 3.2.1 (▶ Kap. 3.2.1) und (▶ Kap. 3.2.2) vorgestellten Elemente der Objektbeziehungstheorie, welche im wahrnehmenden wie gestalterischen Dialog mit gewählten Bildern wirksam werden: »Dyaden zu dritt«, »intermediärer Raum« sowie ausgewählte bildwissenschaftlichen Grundlagen um den »iconic turn« (▶ Kap. 3.3).

85

4.4.4 Reflexionen professioneller Themen über Resonanzen auf Kunstwerke in der Hochschulbildung

Um das Potential der referierten Methode auch in Ausbildungskontexten zu vermitteln, stelle ich abschließend Selbstreflexionsergebnisse von Studierenden der Sozialen Arbeit zum Zusammenhang von Biographie und Profession vor, die in entsprechenden Lehrveranstaltungen über Resonanzen auf Kunstwerke und deren gestalterische Bearbeitung angeregt werden. Ziel dieses Seminars ist die persönliche Klärung des Wunsches, einen »helfenden Beruf« ausüben zu wollen, darin die typischen Gefahren des professionellen Paradoxons zwischen »Hilfe und Kontrolle« inklusive des Machtaspektes nicht symmetrischer Arbeitsbeziehungen zu erkunden, Risiken des »Helfersyndroms« (Schmidbauer, 2002) für sich abzuklären. Damit kann zur Konturierung professioneller Identität beigetragen werden, in welcher sozialpädagogische Beziehungsarbeit auf Augenhöhe auch mit (herausfordernden) Adressat*innen anderer Lebenswelten, Kulturen und Normen gelingen kann und das Risiko des »Ausbrennens« im Feld zu verringern ist. Die Zielsetzung macht deutlich, dass solche Fähigkeiten nicht rein kognitiv und instrumentell zu erwerben sind, sondern hierzu vertiefte Selbstreflexions- und Selbstbildungsprozesse von Nöten sind, welche um Erkenntnisbewegungen auf der sinnlich-affektiven, biographischen, emotionalen und mentalen Ebene anzureichern sind. Hier erhalten die gestalterischen Medien eine prominente Funktion.

Beispielsweise biete ich zur Darstellung und Bearbeitung des eigenen Ideals einer »Helfer*innenbeziehung« Werkabbildungen aus der Bildenden Kunst an, auf denen zwei Menschen gleichen oder unterschiedlichen Geschlechts und Alters in unterschiedlichen Beziehungskonstellationen zueinander dargestellt sind (neben-, hintereinander, zugewandt, abgewandt usw.), und fordere die Studierenden dazu auf, in Resonanz zu einem Bild zu gehen, welches ihre Vorstellung von Helferbeziehung am meisten repräsentieren würde. Bereits die Bildauswahl ist in diesem Falle aufschlussreich und ergiebig für Selbstreflexionen. Interessant sind jedoch auch die Korrekturen in den bildnerischen Weiterbearbeitungen der Studierenden. So werden beispielsweise mitunter in den künstlerischen Abwandlungen der kopierten Motive hintereinanderstehende Figuren im Bild in Collage- und Spiegelungstechnik zu einem Zueinander korrigiert, weil der direkte Kontakt auf Augenhöhe in der professionellen Beziehung als Ideal gilt. Bemerkenswert erscheint mir in diesem Kontext zudem die häufige Thematisierung von Ressourcen für sich selbst als Sozialarbeiter*in wie für den*die »Klienten/in«, symbolisiert durch Anreicherungen des ursprünglichen

Bildmotivs mit Zusatzmaterial wie Elementen aus der Natur, Farben, Symbolen. Zudem werden Bildszenen oft so abgewandelt, dass die Person, welche die professionelle Rolle symbolisiert, zur stützenden Begleitung an der Seite der Adressatin/des Adressaten wird, ihr die Verantwortung für den Hilfe- bzw. Erziehungsprozess überlassend.

Besonders wirksam für diesen professionellen Qualifizierungsschritt ist neben der nicht immer offen formulierten Selbstklärung, die ja im und während des gestalterischen Prozesses selbst geschieht und selten vollständig mitgeteilt wird (auch verschwiegen werden darf), der vergleichende Austausch in der Gruppe. Welche Helfer*innenbilder, Helfer*innenidentitäten haben die anderen entwickelt, womit identifizieren sie sich und warum, wie wird der Kontakt, die Intervention dargestellt? So tauchte bspw. in der künstlerischen Überarbeitung einer Studierenden einmal eine Schnur auf, an der eine als Klientin identifizierte Figur angebunden ist. Die jeweiligen Bildwelten erhalten so gegenseitig erweiternde und korrigierende Funktion, sie sind um ein Vielfaches facettenreicher, anschaulicher als verbal gefasste Beschreibungen von möglichen sozialpädagogischen Arbeitsbündnissen je sein könnten. Zudem unterlaufen künstlerische Auseinandersetzungen in ihrem sinnenorientierten Charakter die Selbstzensur, ungewöhnliche, nicht der kognitiven Kontrolle unterliegende Aspekte wandern ins Material ein und führen zu neuen Erkenntnissen über sich selbst (▶ Kap. 8). In Franzen (2009) kann in diesem Kontext eine vertiefte Analyse eines solchen Bildüberarbeitungsprozesses einer Studierenden der Kunsttherapie nachgelesen werden, die ihr professionelles Beziehungsideal anhand Ernst Ludwig Kirchners »Zwei Frauen am Waschbecken« (1913) thematisierte. Ihr gelang es aufgrund der nicht zensierten spielerischen Arbeit mit den beiden ausgeschnittenen Frauenfiguren des ursprünglichen Bildmotivs, zu der für sie erschreckenden Selbsterkenntnis zu gelangen, ein sehr machtorientiertes Konzept von Helferbeziehung zu haben (sie »legte« die als Klientin firmierende Bildfigur einfach auf den Rücken und stellte sich selbst darüber). In diesem Beitrag konnte gemäß Hartmut Krafts Konzept der »Dyaden zu dritt« (▶ Kap. 3.2.2.2) ein enger Zusammenhang zu biographischen Themen des Künstlers hergestellt werden, der bei der Bildauswahl und bildnerischen Resonanz sicher eine Rolle spielt. Im Rahmen des Seminars forschen die Studierenden selbst im Kontext des Modells »Dyaden zu dritt« in den Biographien der Künstler*innen ihrer jeweils gewählten Bilder nach möglichen Hintergründen und Zusammenhängen zu den eigenen Auseinandersetzungen.

5

Jugend, Identität, Biographie und Entgrenzung

5.1 Zeitdiagnose: Subjektsein in der Nachmoderne

Diesem Kapitel, welches – um Identität kreisend – fachwissenschaftlich häufig zu allererst mit Jugend- und Adoleszenz-Theorien in Verbindung gebracht wird, wird eine sozialpsychologisch inspirierte Zeitdiagnose vorausgeschickt. Dies geschieht deshalb, weil Entgrenzungsphänomene in den letzten Jahrzehnten viele Bereiche des Lebens bestimmen, die Subjekte in neuartiger Weise herausfordern, was sich nicht zuletzt in der Zunahme psychischer Erkrankungen in der Gesamtbevölkerung, beträchtlich im Jugendalter, zeigt (vgl. https://www.aerzteblatt.de/archiv/78018/Psychische-Erkrankungen-Dramatische-Zunahme-kein-Konzept und https://www.psyga.info/psychische-gesundheit/daten-fakten). Mit den Pluralisierungs- und Enttraditionalisierungstendenzen der letzten Dekaden des 20. Jahrhunderts ließ sich die Vorstellung eines »monolithischen«, kohärenten, sich kontinuierlich entwickelnden Selbst nicht mehr halten. »Konzepte wie Kontingenz, Diskontinuität, Fragmentierung, Bruch und Reflexivität« (Keupp & Hohl, 2006, 15) prägen seither den interdisziplinär geführten Diskurs um das Subjekt in seiner Biographie. Die Figur des Patchworks, zentrale Begrifflichkeit postmoderner Theoriebildung aus den 1980er Jahren, hat ganz real in die Organisationsform vieler Familien Einzug gehalten. Die Debatte um »Entgrenzung« (Funk, 2011) wird in den Dimensionen von Wirtschaft, Arbeit, den digitalen Medien und des Einzelnen in seinen sozialen Bezügen (Virtualität) geführt (vgl. ebd.). Die zweifellos darüber gesteigerten Wahl- und Gestaltungsmöglichkeiten der Subjekte bzgl. der eigenen Lebensentwürfe in der Nachmoderne signalisieren auf den ersten Blick größere Grade von Freiheit, entpuppen sich bei genauerer Betrachtung jedoch als trügerisch. Das betrifft z. B. die Zunahme an Selbstmanagement bzgl. der Passungen zwischen verschiedenen Rollen und ihren Anforderungen, zwischen Lebensphasen, Wahlmöglichkeiten in allen Bereichen der Identität und sozialer Bezüge, Orten und Zeitfenstern. Lebensabschnittsbeziehungen prägen das Liebesleben, Stile, Arbeitsorte, Freizeitoptionen, Werteorientierungen ändern sich und führen zu den so typisch post- und nachmodernen Bastelbiographien. Die Risiken eines (beruflich) gelingenden Lebens werden allerdings zunehmend auf den*die Einzelne*n verschoben, welche*r das Gelingen und/oder Scheitern seiner*ihrer ökonomischen wie psychosozialen Lebenslagen in permanenter Anpassungsleistung zu vollziehen und zu verantworten hat. Schafft der*die Einzelne das Gelingen des Lebens nicht, dann war er*sie nicht clever genug, hat sich nicht angestrengt, war nicht innovativ, nicht flexibel und smart, hat nicht genetzwerkt, konnte sich nicht gut präsentieren, betrieb ein ungenügendes Zeitmanagement (endlos fortsetzbar). Bergemann (2006, 88) zeigt dies am Beispiel von Formaten wie Casting-Shows auf und spricht von »Technologien des Selbst«. Es kommt, wie sie es nennt, zur »Gouvernementalisierung« (ebd.) des eigenen Selbst. Subjektsein kommt nicht mehr einer emanzipatorischen Befreiung gleich, sondern vollzieht sich in einer permanenten Kontrolle, Reglementierung und Optimierung sich selbst gegenüber.

»Das nachmoderne Subjekt übernimmt mehr und mehr normative Aufgaben, coacht und empowert sich selbst als autarkes, ökonomisch erfolgreiches, jugendliches, gesundes, unverwechselbares, und (sozial) attraktives Wesen, das jedwedem Scheitern kompensationsfähig gegenübersteht« (Niederreiter, 2015, 262).

Oder mit Dörr zugespitzt formuliert: »Die Konformitätsnorm der Gegenwart ist die zwangsautonome Einzigartigkeit« (2011, 169). Selbstoptimierungen und -zurichtungen bis in invasive Veränderungen des Körpers und

89

seiner Hülle hinein spiegeln dies wider. Klein zieht hierzu die figurations-soziologische Perspektive der Elias'schen »Selbstzwangapparatur« heran (vgl. Klein 2006, 187): »eine für die Moderne charakteristische Psychostruktur, die sich durch Rationalisierung und Psychologisierung des Verhaltens, einen Anstieg von Scham und Peinlichkeit sowie die Regulierung des Affekthaushalts auszeichnet« (ebd.). Die rasante Entwicklung zu einem globalisierten, durch neue Medien transnational vernetzten Kapitalismus, die dem Einzelnen unablässige Selbstoptimierung und deren interaktive, bebilderte Beweisführung über die Sozialen Netzwerke abfordert, zwingt ihn nach Zygmunt Baumann, dem Theoretiker der Postmoderne, in die Lage, »gleichzeitig formbarer Ton und ein vollendeter Bildhauer zu sein«. (Baumann 1997, zit. in Haubl, 2007, 117). Jeremy Rifkin nennt sie die »proteische Persönlichkeit« (Rifkin, 2000, zit. in Keupp & Hohl, a. a. O., 16), benannt nach dem Gott Proteus, der »jede beliebige Gestalt – außer seiner eigenen« (ebd.) anzunehmen vermag. Hier gilt es weiter zu fragen:

> »Von einigen Postmodernen noch als Abschied vom bürgerlich monolithischen Identitätskonzept gefeiert, den Fächer multipler Optionen und deren Neuerfindungen aufgefaltet, drängt die Frage nach der Wirklichkeit des heutigen Subjekts nach präziser Analyse. Ist das Selfie wirklich? Ist es ein persönlicher ›snapshot‹ oder die Konstruktion einer zutiefst privaten Situation? Gibt es diese persönliche Innerlichkeit noch?« (Niederreiter, ebd., 262).

Dies erfordert Nachdenken über die Präsenz von Persönlichem und Intimität in heutigen Subjektdiskursen. Dörr (2011, 165) nutzt die radikale Sennett'sche These der »Tyrannei der Intimität«, um die aktuellen Entwicklungen näher zu beleuchten:

> »Während die Äußerungen von Gefühlen, Eindrücken und Assoziationen früher primär der Herstellung und Aufrechterhaltung von privaten Vertrauens- bzw. Gemeinschaftsbeziehungen diente, beginnen solche Bezeugungen seit den 60er Jahren die Öffentlichkeit zu durchdringen, die darüber ihren Charakter verändert« (ebd.).

Auf der Basis mediensoziologischer Untersuchungen zeigt Dörr die Überflutung des Medienkonsumenten von zutiefst persönlichen, intimen Bekenntnissen und Selbst-Inszenierungen durch medienaktive Akteur*innen auf und leitet davon einen strukturellen Wandel der Bildung von Gemeinschaftsbeziehungen ab. Sie würden faktisch für das anonym bleibende Subjekt in medialen Gemeinschaften stattfinden (vgl. ebd., 166). Dörr lässt dies in die Frage danach münden, »was es bedeutet, wenn sich das Geheimnis, also der Stoff, aus dem sich die Intensität von sozialen Beziehungen speist, mit der Enttabuisierung des Privaten zu verflüchtigen beginnt?« (ebd., 167). Wie wirklich oder fiktional sind diese dem medialen Wettbewerb unterliegenden Inszenierungen des Selbst und wie tragfähig die Bezüge, die daraus entstehen?

Griebel (2012) verargumentiert die oben skizzierten gesellschaftlichen Entgrenzungsphänomene, vor allem die erwarteten »Selbstzurichtungen«, aus dem Feld der Kreativität heraus: »Sie (die Kreativen, Anm. d. Verf.) arbeiten in beispielloser Selbstverschwendung unbezahlt oder maßnahmenfinanziert und sind stets bemüht, dem bloßen Umstand ihres Handelns einen Sinn zu geben« (ebd., 81). Sie spricht weiter vom Postulat, sich in Privat- und Berufsleben voll einbringen zu müssen, was zu permanenter Innenschau zwingt (vgl. ebd.), und auf Ehrenbergs Fatigue verweisend formuliert sie treffend: »der Begriff des Schöpferischen ist Vergangenheit; die Gegenwart heißt Erschöpfung« (ebd.). Auch Titze (2015) kritisiert die aktuell herrschende Forderung nach selbstverständlich vorausgesetzter und allseits verfügbarer Kreativität im Wettbewerb um Innovation und cleveren Lösungen (vgl., 199). Doch ähnlich wie Spontaneität könne eben Kreativität nicht verordnet und jederzeit abgerufen werden (vgl. ebd.). Griebels Lösung liegt in einer genauen Bestimmung des kreativen Aktes, für den sie Marcel Duchamps Überlegungen zu Hilfe nimmt (vgl. ebd., 82). Sie verwahrt sich in diesem Zusammenhang gegen die totale Selbsteinbringung um jeden Preis, der dann jeweils noch eine Sinnhaftigkeit erklärend abgerungen werden muss. Ihr Modell ist der Gang in die künstlerische Handlung mit einer Absicht, nicht einer Idee, und dem Zutrauen in einen selten einfach und reibungslos ablaufenden Prozess: »In künstlerischem Handeln generiert sich Sinn, der nicht gegeben werden muss, sondern gefunden, bewusst gemacht und eventuell auch wieder vergessen werden darf« (ebd.). Diese künstlerischen Akte sind geprägt von Anstrengungen, mitunter Ratlos-Sein, regelrechtem Leiden, Gestaltungsentscheidungen treffen zu müssen, Ängsten vor Zerstörung gelungener Teile, doch auch von Lustempfindung, (freudiger) Spannung, euphorischen Momenten, Erkenntnisblitzen und Versunkenheit. In jedem Fall ist die fertige Gestaltung anders als die ursprüngliche Absicht, geschweige denn Idee. Diese präzise Schau in die künstlerische Handlung halte ich für essentiell hinsichtlich identitätsbildender Prozesse. Es ist eben nicht nur eine Übersetzung eines inneren Bildes in ein äußeres, in einen anderen sichtbar werdenden Aggregatszustand desselben sozusagen, sondern ein sich mannigfaltig durchdringender, sich befeuernder Prozess von Gestaltungsausdruck, der als neuer Eindruck geistige Einfälle/Erkenntnisse generiert, die wiederum in die Gestaltungakte einfließen. Konstitutiv ist hier, dass das Geistige und das Händische nicht zusammenhängende, ganz andere Dimensionen sind, die in der künstlerischen Arbeit aber zusammengebracht werden müssen. Griebel nutzt hierfür das auf Marcel Duchamps zurückgehende Sprachbild der »Réflection à main« (ebd., 86), Überlegungen/Widerspiegelungen mittels des Von-der-Hand-Gemachten.

5.2 Adoleszenz

Die angerissene gesellschaftliche Zeitdiagnose um Ökonomisierung und Entgrenzung in allen Lebensbereichen, um Selbstoptimierung und Vielheitsoptionen bei gleichzeitiger Schwächung solidarischer sozialer Sicherungssysteme stellt sich für Jugendliche mit den ohnehin entwicklungspsychologisch bereits herausfordernden Aufgaben der Adoleszenz als besonders problematisch dar. Enttraditionalisierung, Pluralisierung und Individualisierung verunsichern zusätzlich eine Lebensphase, in der die Ablösung vom Elternhaus, das Zurechtkommen mit starken körperlichen und – den neuesten Forschungen entsprechend – unerwartet großen hirnorganischen Reorganisationen (vgl. Uhlhaas & Konrad, 2011, 261), die sexuelle Reifung, die Kontaktaufnahme mit Peers und das Finden der eigenen Identität als Entwicklungsaufgaben vollzogen werden müssen. Diese in der Tat umwälzenden Aufgaben, die sich in starken emotionalen, psychischen, physischen, sozialen und mentalen Verwerfungen im Erleben, Wahrnehmen und Verhalten von Jugendlichen niederschlagen, sind in der Forschung vielfältig analysiert und erfasst. Fachliche Einigkeit herrscht zudem über die Berücksichtigung kultureller, materieller und sozialer Ressourcen sowie biographischer Erfahrungen in der Familie zur Analyse gelingender Adoleszenz – das umso mehr in Zeiten drastisch wachsender sozialer Ungleichheiten. Die Darstellung entwicklungspsychologischer Theorien ist im Rahmen dieser Publikation nicht vorgesehen. Jedoch ergänzen ausgewählte Aspekte neuerer tiefenpsychologischer Adoleszenzforschung die gesammelten metatheoretischen Begründungslinien der Publikation auch in diesem Kapitel und legen ein entsprechendes psychodynamisches Fundament, um spezifische Anforderungen an Jugendliche als Prozesse der Aneignung und Repräsentation von Körper, Selbst und der nun an Bedeutung gewinnenden »Anderen« (Peers) besser auch in ihrer Risikohaftigkeit für gelingende Entwicklung zu verstehen. Der größte, wohl auch häufig als schmerzhaft empfundene Konflikt in dieser Phase eröffnet sich für Jugendliche trotz aller Lust auf das Neue im Bedeutungsverlust der bisherigen einzigen und engsten Bindungen: »Adoleszente schwanken daher - situativ oder phasenweise - zwischen Neugestaltung und Rückwendung, zwischen Ablösung und Festhalten an kindlichen Selbstbildern, Körperphantasien und Bindungen« (King, 2012, 29). Als größte Herausforderung markiert Vera King in diesem Zusammenhang die psychischen und mentalen Verarbeitungsprozesse der schnellen, mit beginnendem sexuellem Begehren verbundenen körperlichen Veränderungen, welche von Ängsten, Unsicherheiten, Hemmungen, Scham- und Schuldgefühlen, jedoch auch von Größenphantasien begleitet sind (vgl. ebd., 30). Dabei unterstreicht sie – Erdheim zitierend – die umfängliche und tiefgreifende Verschränkung der auf allen Ebenen des Erlebens (emotional, sozial, psychisch, körperlich, hormonell, intersubjektiv, intergenerationell) und Nachdenkens stattfindenden Transformationsprozesse, welche, wenn sie von den Jugendlichen überwiegend konstruktiv, nach vorne gerichtet bearbeitet werden können, auch eine »zweite Chance« (ebd., 31) bergen. Schlüssel dieser Chance ist die entstandene Reflexionsfähigkeit, womit nicht nur kognitive Vorgänge gemeint sind, sondern ein psychisch, emotional und mental durchdrungener Verarbeitungsmodus, der einen externen Blick auf sich und die eigene bisherige Biographie, das Selbst darin erlaubt und zu Neubewertungen führen kann. Begründbar sind und flankiert werden diese erwachenden Fähigkeiten von tiefgreifenden neurobiologischen Veränderungen und Weiterentwicklungen des Gehirns. Es kommt zu einer Vermehrung neuronaler Verbindungen, auch Synapsen genannt, die durch Ausdifferenzierungen ihrer Anwendungshäufigkeit »effizientere Hirnschaltkreise« (Fonagy, 2011, 914) herausbilden: »Der präfrontale Kortex, eine für das Mentalisieren und die Regulation des Selbst zuständige Region, erfährt in der Adoleszenz eine deutliche strukturelle Entwicklung« (ebd.). Fonagy interpretiert diese intensiven Umbauprozesse im Gehirn als wachsende Befähigung zu einer erweiterten Wahrnehmungs- und Reflexionsfähigkeit zu eigenen inneren Befindlichkeiten und Prozessen, aber auch zu differenzierten Einschätzungen von Beziehungen zu anderen (vgl. ebd., 914).

Doch hat diese Sensibilisierung in seinen Augen auch seine Risiken: »Ein geschärftes Sozialgewahrsein führt den Adoleszenten überdies vor Augen, wie wichtig es ist, in sozialen Situationen erfolgreich zu sein, und welchen sozialen Preis es kostet, auf diesem Gebiet zu scheitern« (ebd., 915). So erklärt er die hohe Bereitschaft von Jugendlichen zu riskanten Entscheidungen oder Verhaltensweisen unter dem Einfluss von Peers (vgl. ebd.).

Fonagy sowie aktuellere psychoanalytische Forschungen anderer haben gerade in Abwendung von den älteren Triebtheorien die große Bedeutung des psychischen und emotionalen Erlebens, Aneignens und Repräsentierens der körperlichen und libidinösen Entwicklungen herausgearbeitet (vgl. Cohen, 2012, 55). So heißt es:

>>Eben dadurch wurden neue Zugänge zu den psychischen, bewussten und unbewuss-
ten symbolischen Bedeutungen des Körperlichen und Sexuellen im Kontext von
Beziehungserleben und biographischen Erfahrungen ermöglicht.<< Und: >>Der adoleszente sexuelle Körper – die Art, wie er erlebt und was mit ihm gemacht wird – ist
eine Bühne für psychische Konflikte, eine Gestaltungsform für Beziehungserleben,
für mehr oder minder gelingende mentale und emotionale Verarbeitungsversuche<<
(King, a. a. O., 32).

Bereits hier wird die Nähe der angesprochenen Prozesse zu performativen,
inszenierenden Akten deutlich, wie sie im erweiterten künstlerischen Handeln im Fokus dieser Publikation stehen. Weiter präzisierbar werden diese
Zusammenhänge durch das Hinzuziehen von Mentalisierungs- und Symboli-
sierungsprozessen, wie sie in Kapitel 2 (▶ Kap. 2) und Kapitel 3 (▶ Kap. 3)
bereits angelegt sind. Das Auftauchen von Sexualität und das unbekannte
Erleben des Körpers am Ende der Kindheit trifft beim Jugendlichen auf eine
ungenügende Repräsentanz. Der geschlechtsreife Körper mit seinen deutlichen Veränderungen, der auftauchenden >>begehrenden Hinwendung<< zu
anderen kann noch nicht zur Gänze gedacht und symbolisiert werden, was
in der Folge bedeutet, dass Erleben weniger vor- oder dargestellt bzw.
verbalisiert, sondern unter Umständen (auch in völliger Verweigerung)
ausagiert wird. Genderspezifische Unterschiede prägen die soziokulturell
codierten Aneignungsprozesse des jeweils männlichen oder weiblichen
Körpers und führen auch zu unterschiedlichen Modi des Ausagierens. Gemeinsam ist weiblichen wie männlichen Adoleszenten eine ambivalente
Haltung zwischen Erwartung und Bedrängung:

>>In diesem Sinne reagieren Jugendliche auf diese Vielzahl zwiespältiger Bedeutun-
gen, indem sie mitunter Körper, Sexualität, Begehren zu verbergen und die Ge-
schlechtlichkeit zu verleugnen suchen, dann jedoch wieder in hohem Maße sexuali-
sieren und Geschlechterstereotype betonen<< und >>Adoleszente nehmen die
ambivalente Bedeutung des sexuellen Körpers auf, indem sie mit ihm spielen, ihn
aufs Spiel setzen – und ihn zugleich zu beherrschen versuchen<< (King, ebd., 35).

Bei weiblichen Jugendlichen betrifft das die Kontrolle über den schlanken,
attraktiven Körper, im Entgleiten dieser Verarbeitungsform liegen beispielsweise die Wurzeln für Essstörungen und selbstverletzendes Verhalten. Männliche Jugendliche kontrollieren mithilfe ihres Körpers eher im
Außen, die destruktive Form besteht in Risikoverhalten, Gewalthandlun-
gen, gefährlichen Sportarten o. ä. (vgl. King, ebd., 36 und Gerisch, 2012,
96). In diesem Kontext sind auch Suizidhandlungen und Suizide zu sehen,
die ihrerseits große geschlechtsspezifische Unterschiede aufweisen. Auf jeden Suizid eines männlichen Jugendlichen kommen 5,5 Suizidversuche von
weiblichen Jugendlichen zwischen 13 bis 17 Jahren und auf jeden Suizid ei-

nes jungen Mädchens 18 Suizidversuche (vgl. Gerisch, ebd., 92). Tiefenpsychologische Erklärungszusammenhänge für die geschlechtsspezifischen Unterschiede liegen in den kollektiv geprägten Wesens- und Verhaltenszuschreibungen an die jeweilige Geschlechtsrolle sowie auf psychodynamischer Ebene in den unterschiedlichen Anforderungen, sich vom frühen mütterlichen und väterlichen Liebesobjekt der Kindheit trennen zu müssen und gleichzeitig Aspekte der Identifizierung mit beiden behalten zu dürfen. Märchen und Mythen sind diesbezüglich voll von in diesem Sinne lesbaren Dramen der Konkurrenz der Söhne mit dem Vater, der (inzestuösen) Liebe zur Mutter, von verbotenen Zimmern für Töchter, vom Neid der Mutter ect. Dies kann nicht weiter ausgeführt werden, sondern als Verweis dafür stehen, wie tiefgründig, intensiv und risikobehaftet die Transformationen dieser Lebensphase auf dem Weg zu einer eigenen (Geschlechts)Identität auch in ihrem möglichen Scheitern zu bewerten sind und eine pädagogische wie psychosoziale Rahmung brauchen, umso mehr, als psychische Erkrankungen im Jugendalter in den letzten beiden Dekaden erheblich zunahmen. (https://www.aerzteblatt.de/archiv/78018/Psychische-Erkrankungen-Dramatische-Zunahme-kein-Konzept und https://www.psyga.info/psychische-gesundheit/daten-fakten). Deutlich mehr Jugendliche wachsen zudem in Familiensettings auf, in denen die primären Bezugspersonen nicht mehr durchweg verfügbar sind bzw. sich zur Verfügung stellen können. Hier gewinnen gerade spielerische, nonverbale, performative, körperorientierte Medien- und Gestaltungsangebote mit entsprechenden haltenden Rahmungen an Bedeutung, um Adoleszenten auch in präventivem Sinne Räume und Bühnen zur Verfügung zu stellen, ihre verwirrenden, aufreibenden aber auch aufregenden Wahrnehmungen, Gefühle und Gedanken nach außen zu bringen, diese in Darstellungsfacetten (auch gemeinsam) zu bearbeiten, Symbolisierungsformen, Repräsentanzen für Geschlechtsrollen zu entwickeln, zu verbalisieren, um so die Aufgaben der Adoleszenz nach umfassender Transformation im kulturell gehaltenen Ausdruckshandeln zu unterstützen. Sich dabei als anleitete Person wertschätzend den widersprüchlichen Verhaltensweisen und Stimmungslagen der Adoleszenten zur Verfügung zu stellen, sie in ihrer Sinnhaftigkeit im Kampf um die eigene Identität zu verstehen und zu respektieren, muss Bedingung sein.

5.2.1 Werkrezeptionen zu Identität

Auch Künstler*innenpositionen in die Arbeit einzubinden, die Identität und Alterität in ihrem Werk und oder auch verstörende Erlebnisse, um Liebe und Intimität zu thematisieren, bieten geeignete Folien der Auseinandersetzung für Adoleszente. Im Sinne der in Kapitel 3.2.2 (▶ Kap. 3.2.2) erörterten Vorgänge der Identifikation/Projektion und Perigression könnten Jugendliche und junge Erwachsene hier an bereits themenspezifisch passende, künstlerisch durchgearbeitete Objekte anschließen, die entsprechende verwirrende Fragen wie: »Wer bin ich?«, »Wie soll ich werden?«, »Was kann ich von mir zeigen?«, »Was bedrängt mich?« bereits in eine ästhetische Form gebracht haben. Damit erkennen sie auch die Kollektivität der individuell schwierig erlebten Prozesse in der Jugendphase. Beispielhaft können immer noch Cindy Shermans Fotografien aus den 1980er Jahren als mittlerweile beinahe klassischer Werkkomplex um perfekt inszenierte Portraitfotografien von Frauen unterschiedlichen Alters, Gesellschaftsschicht, mentalem Zustand und stilistischer Ausrichtung zwischen »spiritueller Yogaanhängerin« und »lascivem Vamp« genannt werden, in denen jedoch die Künstlerin jeweils selbst steckt:

> »Eine Fotografin wird im Studio abgelichtet. Sie sitzt vor der Bühne, auf der sie die Wirklichkeit ihrer Fotos inszeniert, und gibt scheinbar einen Blick hinter die Kulissen preis. Doch wer ist die Person, die im Vordergrund mit blonder Perücke posiert? Das Double der Puppe im Hintergrund? Letztlich ist die Büste ebenso wirklich wie die posierende Frau im Vordergrund« (Strobl, 2000, 217).

Es geht also um Konstruktionen von Frauenbildern und um eine radikale Hinterfragung von Authentizität. Sherman – zu oft als Illustration postmoderner Vielheitsoptionen genutzt – hatte Radikaleres vor mit ihren (Selbst-)Portraits. Sie wollte verhindern, dass die Betrachter*innen nach Ähnlichkeiten, nach Wiedererkennbarem in den einzelnen Frauenfiguren suchen. Sie intendierte vielmehr, dass die Leute etwas von sich darin finden (vgl. ebd.) – eine ideale Voraussetzung, diese Werkgruppe in einen möglichen Diskurs mit Adoleszenten einzubinden. Um eine entsprechend männliche Künstlerposition anzubieten, kann Jürgen Klauke mit seinen performativen, gleichzeitig fotografisch dokumentierten Rollenspielen beispielsweise zu Geschlechtsrollen und ihrer Auflösung angeführt werden (»Masculin/Feminin« von 1974). Oder seine noch klassisch lesbarere Arbeit: »Das menschliche Antlitz im Spiegel soziologisch – nervöser Prozesse« von 1976/77, in welcher 12 Selbstportraitfotos mit nur zwei verschiedenen Gesichtsausdrücken mit unterschiedlichen Berufen und anderweitigen Orientierungen und Pathologien überschrieben sind (Richter, Anarchist, Mörder, Soldat, Schwachsinniger usw.).

> »Klauke zeigt Identität als Schauspiel, als Veränderungsprozess, als vorübergehendes Rollenspiel. Eine Person hat oder ist per se kein Selbst, sondern muß es sich erst

erspielen; nur in den Momenten, in denen das starre, fremdgeprägte Gerüst vermeintlicher ›Identität‹ abgeworfen wird, ist ein Vordringen zum Selbst möglich« (Spieler, 2000, 122).

Eine Steigerung der Auseinandersetzung mit aktuellsten gesellschaftlichen Entwicklungen hinsichtlich einer Erfindung des Selbst und dem Komplex Intimität und Öffentlichkeit ist mit den Werkbetrachtungen von Sophie Calle und Gillian Wearing möglich, die nun folgend verdichteter vorgestellt werden sollen, um das Potential psychosozial begleiteter Prozesse über Bildende Kunst und gleichzeitig die Notwendigkeit der eigenen Fortbildung in diesem Feld aufzuzeigen.

5.2.2 Werkrezeption zu Intimität und Öffentlichkeit

5.2.2.1 Sophie Calle

Sophie Calle (geb. 1952) gilt als eine der bedeutendsten zeitgenössischen französischen Künstlerinnen. Sie vertrat 2007 auf der 52. Biennale in Venedig mit ihrer Show »take care of yourself« Frankreich als zentraler Länderbeitrag (Calle, 2007, 203 ff). Der Werkkomplex könnte als exemplarisch für Themen, Spannungsfelder und ästhetischen Darstellungsstrategien in Calles Gesamtwerk gelten. Es handelt sich um eine mehrere Räume füllende Installation großformatiger, alltäglicher Fotografien von Menschen, Situationen und Räumen, die mit kleineren, die Fotos erläuternden Schrifttafeln kombiniert sind. Der Titel der Arbeit ist zugleich der letzte Satz einer E-Mail, in der Sophie Calles damaliger Partner seine Trennung von ihr ankündigt. Die Künstlerin gibt diese E-Mail insgesamt 107 Frauen unterschiedlicher Professionen (Tänzerinnen, Rechtsanwältinnen, Sozialarbeiterinnen, Therapeutinnen, Psychologinnen, Schriftanalytikerinnen, Sprachwissenschaftlerinnen, Schauspielerinnen usw.) mit der Bitte, diese E-Mail mit ihren jeweiligen professionellen Methoden und Instrumenten zu untersuchen und/oder zu beantworten, um ihr so das Verstehen der Trennung zu erleichtern (vgl. ebd., 208 f). Ausschnitte der jeweiligen Ergebnisse sowie Fotos von den Arbeitssituationen der Professionellen bilden die umfängliche Ausstellung. Der ungewöhnliche Stoff dieser konzeptuellen künstlerischen Arbeit, die weniger durch eine ästhetische Besonderheit oder Innovation besticht, zu sehr lehnt sie sich einer dokumentarischen Methode an, ist die Verarbeitung von Calles gescheiterter Liebe:

> »Auch wenn es in diesem Abschnitt um das brisante Spannungsfeld Intimität/Öffentlichkeit geht, könnten einige der gezeigten Arbeiten als innovative, kunsttherapie-

nahe Prozesse und Methoden performativer Expression und Symbolisierung von erfahrenem Leid gelesen werden. So etwa das Video eines völlig überzeichneten, gestisch und mimisch untermalten Nachsprechens des Textes durch eine Clownin. Calles überflutend zahlreiche Versuche der Decodierung dieser Abschiedsmail verweisen auf psychosoziale Vorgehensweisen, zusammen mit den Adressaten/innen Bedeutungen für Erlebtes/Erfahrenes auszuloten« (Niederreiter, 2015, 264).

Exzessiv präsentiert Sophie Calle die Analysen einer sehr persönlichen E-Mail fremden Betrachter*innen als Kunstwerk, drängt diese in die Rolle von Voyeur*innen, die so teilhaben müssen/können an ihrer Verarbeitung einer gescheiterten Beziehung. Auf den ersten Blick thematisiert Calle Biographisches, Intimes, wirklich Erlebtes, doch bekommt man die vollständige Abschiedsmail in der gesamten Ausstellung nicht zu Gesicht. Zudem erfährt man nichts über Calles wirkliche Reaktion auf diese Nachricht. Zieht man andere Arbeiten als Vergleichsmaterial hinzu, verdeutlicht sich hier sowohl Calles konzeptuelles Vorgehen wie auch ihre ästhetischen Strategien: Es geht nicht um Calles authentisches Mitteilen eines Erlebnisses, vielmehr wird etwas erzeugt bzw. konstruiert. Zu objektiv und pseudowissenschaftlich treten die unzähligen akribischen Interpretationen der Abschiedsmail auf den Plan. Text, Video, Film und Fotografie werden als Medien der Darstellung genutzt, gerade letztere mit dem Nimbus des Dokuments, der Beweisführung umgeben. Kenner*innen ihres Werks bezeichnen Calles Intention als »Konstruktion von Identität« (Vorkoeper, 2010, 84). Die Grenzen zwischen Wirklichem und Erfundenem, zwischen »Fakt und Fiktion« (Kittner, 2009, 59) verschwimmen.

In den Filmmontagen von »Double Blind« und »no sex last night« aus dem Jahr 1992 wird das sich selbst entwerfende Selbst in seiner Konstruktion von Authentischem beinahe real: Mit dem amerikanischen Künstler Greg Shepard reist Calle in einem Cadillac durch die USA, beide drehen voneinander in allen möglichen Situationen (im Hotel, im Auto, am Parkplatz, am Meer, beim Essen, im Bett, ...) ungezählte Videos. Es ist eine Art Liebesreise, an deren Ende eine Hochzeit in einem Drive-in in Las Vegas steht (vgl. Calle, 2003, o. S.). Die Videos werden als »Stills« mit Text versehen Fototagebüchern ähnlich präsentiert. Vorkoeper schreibt über die Erfindung dieser Geschichte:

> »Die Handlung vollzieht sich in der Beobachtung und in jedem Moment der Geschichte stehen verschieden Möglichkeiten offen. Sophie Calle ist dabei Erfindende und Erfundene in einem. Unentschieden bleibt, wer gerade spricht: diejenige, die das Szenario in Gang setzt, oder diejenige, die sich dem Szenario unterworfen hat« (Vorkoeper, a. a. O., 85 ff).

»Radikaler und eindrücklicher lässt sich die Hinterfragung des autonomen Subjekt-begriffs mit seiner so gewordenen Biographie nicht umsetzen, begleitet von all den verstörenden Konnotationen der Übergriffigkeit, dem Terror des Intimen, den Calle 20 Jahre vor Facebook bereits vorwegzunehmen scheint. Das Bild eines gelingenden Lebens mit glücklicher Eheschließung wird geschaffen, das von Beginn an Farce ist. Wie wirklich, wie authentisch ist das Subjekt, wie wirklich und selbst intendiert seine Biographie, wie viel ist daran fake, strategisch? Existentielle Fragen vermitteln sich, erschüttern sogar« (Niederreiter, 2015, 264).

Doch nicht ihr eigenes Leben und ihre Person thematisiert Sophie Calle wiederholt, sie nimmt auch das Leben anderer ins Visier. Etwa in der 1983 entstandenen Arbeit »the adress book« (ebd., o. S.). Das auf der Straße ge-fundene Adressbuch von Pierre D. schickt sie zwar zurück, zu den Perso-nen (Freunde, Kollegen, Bekannte) der darin befindlichen Adressen nimmt sie jedoch Kontakt auf und enthüllt Stück für Stück seine (Pierre D.'s) Iden-tität. Als sei das nicht schon übergriffig genug, veröffentlicht sie 28 Tage lang je eine weitere neu gefundene Information über ihn in einer großen französischen Tageszeitung. Kittner, die Calles Werk und ihre diversen äs-thetischen Strategien von Vervielfältigen, Bekennen und Verheimlichen, Zeigen und Verhüllen differenziert auf das Wesen des Autobiographischen und dessen Konstruiertheit hin untersucht, schließt mit dem bemerkens-werten Satz: »Auf diese Weise ist das ›Wirklichkeitsbegehren‹ in der Auto-biographie auch ein ›Verstehensbegehren‹, das in Auseinandersetzung mit anderen Wissensmustern entsteht«. Und, »während Calle durch die konse-quente Autobiographisierung ihres gesamten Werks eine Neuformulierung des avantgardistischen Anspruchs, Kunst und Leben zusammenzuführen, erfindet und gleichzeitig unterläuft« (Kittner, 2009, 254), bietet sich dieses Werk den Betrachter*innen als modellhaft vorgelebte Diskursarena für Phänomene aktueller Identitätsfindung in ihren geforderten Eigenschaften von (medialer) Selbstkonstruktion an.

5.2.2.2 Gillian Wearing

Die mittlerweile international arrivierte britische Künstlerin Gillian Wea-ring nutzt in ihren Fotos und Videos genauso biographisches Material von sich und anderen, wie sie das Spannungsfeld zwischen Intimität und Öf-fentlichkeit bespielt (Wearing, 2012). Sie behandelt Bekenntnisse von Men-schen, die sie über Inserate »Call Gillian« gewinnt und meist hinter Mas-ken versteckt für ihre Portraitaufnahmen und Videos aufnimmt. Wearing nutzt diverse ästhetische Strategien wie Dekontextualisierungen oder Mon-tagen, um unsere teils notorische Lust an den banalen persönlichen Erzählungen ihrer Protagonist*innen, wie wir ihnen zuhauf auch in den Chat-Foren der Sozialen Medien oder den Formaten des Reality-TV's begegnen, zu entlarven. Zur Video-Arbeit »Transcript 10-16« von 1997 (Wearing, ebd., 78 ff) habe ich die mögliche Rezeptionserfahrung so beschrieben:

> »Darin sprechen ältere professionelle Schauspieler*innen, aufgenommen in alltäglichen Situationen – auf einem Sofa, einer öffentlichen Parkbank o. ä. – Texte aus Interviews mit Jugendlichen über ihre Sorgen und Nöte. Die aufgenommenen Situationen sorgfältig arrangiert, die Sprecher*innen gezielt gewählt, häufig das andere Geschlecht, einmal ein kleinwüchsiger Schauspieler, der nackt auf dem Rand einer Badewanne sitzt. Er beispielsweise spricht den bewegenden Bericht eines Jungen über seine Ängste, seinen Hass auf die lesbische Mutter und deren neue fette Geliebte und über seinen Wunsch, beide, vor allem die fette Geliebte, mögen tot sein. Ein anderer Jugendlicher ›lässt‹ eine bieder aussehende Frau erzählen, er tränke so gerne Bier, und wie er ältere Jugendliche überreden würde, ihm welches zu besorgen. Ein dritter berichtet über die Freude an seinem Baumhaus. Eine Jugendliche lässt in piepsigem Tonfall verlauten, dass sie eigentlich ein ganz tolles Leben hätte, gar keine Sorgen, super Eltern, viele Freunde, gut in der Schule sei, aber total darunter leiden würde, dass die Tiger auf der ganzen Welt ausgerottet würden. Der Effekt dieser Videos ist erstaunlich: Erst im professionellen Rezitieren einer älteren Person erreichen einen die teils ›läppischen‹, aber auch verzweifelten adoleszenzspezifisch übertrieben formulierten Gedanken und Nöte der Betroffenen, weil es gar nicht sein kann, dass ältere Personen derartiges erleben und so reflektieren. Die Lebenswirklichkeit des ursprünglich sprechenden Subjekts wird so stofflich wahrnehmbar, sie erfährt Gültigkeit. Statt einer weiteren Verflachung der scheinbar naiven jugendlichen Sorgen und wispernden Stimmen, die mitunter große Nöte formulieren, gehen einem die Botschaften unter die Haut« (Niederreiter, 2015, 266 f).

Die Beliebigkeit und Banalität nachmoderner sog. Vielheitsoptionen in ihrem voyeuristischen Konsumwert beginnt sich plötzlich aufzulösen, die Wirklichkeit der Subjekte in ihren jeweiligen Lebenswelten wird plötzlich wieder fühlbar. Vielleicht ist das eine von Wearings Intentionen, das Intime im Öffentlichen wiederzugewinnen. Und damit wird ihr Werk modellhaft für kunstinspirierte Diskurse in obigem Sinne auch in der Begleitung und Bildung von Adressat*innen in der Adoleszenz. Vorkoeper beschreibt die Botschaft ihrer Werke in diesem Sinne so:

> »Es sind nicht nur die erschütternden und traurigen Geschichten, deren Zeuge wir hier werden und durch die Wearings Arbeit starke Emotionen hervorruft. Zeitungen und Fernsehen versorgen uns im Übermaß mit solchen Geschichten, die wir nur zu oft abschütteln und schnell vergessen. Dagegen sind diese Inszenierungen einer persönlichen und vertraulichen Gesprächssituation und ihre gleichzeitige Zerstörung das Ungewöhnliche an Wearings Videoarbeiten« (Vorkoeper, 2010, 26). Sie sagt weiter: »In der sichtbaren und hellen Medienwelt befindet sich das Unsichtbare und Unsagbare in der Krise. Die Ausstrahlung ist so vollkommen und gleichmäßig, dass

nichts verborgen ist oder bleiben kann. Alles ist immer schon gesagt und gezeigt. Oder anders formuliert: Das was uns angeht oder unausweichlich ist, findet sich in den Medien derart zerteilt und vulgarisiert, dass es bedeutungslos wird und nicht mehr betrifft. Dagegen stehen singuläre und radikal vereinsamte existentielle Erfahrungen« (ebd., 87).

Wearings Selbstportraits eignen sich gleichermaßen als Folie fruchtbarer Auseinandersetzung mit Adoleszenten über Identität, Biographie und deren Konstruiertheit. Als ihre eigenen Künstleridole Robert Mapplethorpe, Andy Warhol und Diane Arbus (vgl. Wearing, a. a. O., 139–143) transformiert die Künstlerin akribisch präzise berühmte Portraitfotos der gewählten Idole in professionell hergestellte Gesichtsmasken, die sie anlegt und davon wiederum Portraitfotos anfertigen lässt:

>»Das Faszinierende ist, dass ihre eigenen Augen aus Andy, Robert und Diane herausblicken. Dem/der sorgfältigen Betrachter/in fällt der kleine Abstand zwischen dem Maskenrand und ihren eigenen Unterlidern auf, sie zeigt das Doppelte der portraitierten Person. Hier spielt nicht jemand eine andere, auch wenn sie es perfekt macht, eher wird eine Doppelexistenz sichtbar« (Niederreiter, a. a. O., 267).

Wearing eignet sich sozusagen das verstorbene Idol als künstlerische Intervention an und blickt gleichzeitig mit ihren eignen Augen auf die Betrachtenden, irritiert sie, doch macht ihnen nichts vor. Als »Wahrhaftigkeit« bezeichnet dies Schwenk (2012, 36). Eine andere Biographie-orientierte Facette eröffnet sich in der mit gleichen Mitteln der Gesichts- und Körpermasken erstellten Werkgruppe der Familienportraits und ihren Selbstportraits aus unterschiedlichen Lebensaltern ab 2003 (Wearing, 2012, 108 ff und 134 ff). Hier realisiert sie die Verschmelzung mit Mitgliedern ihrer Familie, ihrem Bruder, den Großeltern und Eltern sowie mit einzelnen Stationen ihres Lebens bis in die Kindheit zurück. Wieder blicken die deutlich kenntlich gemachten Jetztaugen aus der Großmutter der 50er Jahre, aus dem Selbstportrait der 16-jährigen Gillian und dem der Jetztzeit, die Betrachter*innen sehen sie doppelt.

>»Stärker als jedes andere künstlerische Medium wirkt die Fotografie wie eine Membran zwischen zwei ähnlich aussehenden Realitäten, der des Betrachters und der des Bildes. Und wie jedes andere Kunstwerk auch bleibt die Fotografie eine ungestörte Projektionsfläche, solange sie die Umstände ihrer Entstehung, die Absichten des Autors oder der Geschichte ihrer Rezeption ausblendet, solange Wissen und Nichtwissen klar (und ungleich) verteilt bleiben. Wearings fotografische Arbeiten nun scheinen diese Membran zu durchbrechen, bisweilen sogar aufzulösen« (Schwenk, a. a. O., 37).

Schwenks Analyse zeigt das Potential ihres Werks zur Betrachtung und Diskussion zahlreicher thematisch relevanter Fragen zu möglichen Aneignungen von Identität und Familie, um Rekonstruktion von Biographie, um Rückversicherungen im Eigenen. Einige Facetten von Reflexionen seien genannt:

»Und sie gibt darüber eine wirkliche Antwort auf all jene Konstruktionsdiskurse nachmoderner Identität, sie stellt sich mit Haut und Haar, mit ihrem Leib zur Verfügung, um als Objekt der Fotografie zu posieren. Sie ist in doppelter Hinsicht die Künstlerin: Sie entwickelt das sorgfältige Konzept und macht das Arrangement, gleichzeitig ist es bei den Portraits ihr biografisches Material, dem wir begegnen, ihrer Familie, ihr wichtigen Künstleridolen, und ihr Leib ist der Träger, das Medium/Motiv der künstlerischen Arbeit. Über ihren Blick zieht sie uns unvermeidlich hinein in ihre Auseinandersetzung. Obwohl auch sie mit Elementen des Reenactments, der Camouflage, der Selbstoptimierung arbeitet, besitzt es nicht jene Beliebigkeit, wie sie der Nachmoderne oft vorgeworfen wird; sie verschwindet als Subjekt nicht hinter ihren Konstrukten« (Niederreiter, a.a.O., 268).

Zur Thematisierung adoleszenzspezifischer Anliegen inspirieren künstlerische Zugänge wie die beiden skizzierten zu einer offensiven Erweiterung der Arbeit mit dem »Echtmaterial« der ohnehin im Smartphone reich bebilderten und inszenierten Biographien und Identitätsversuche der Adressat*innen unserer Arbeit. Ziel könnte sein:

»Das Eigene, Eigentliche, Intime zu markieren im Dschungel hybrider Vielheitsoptionen, wie sie uns Calle in ihrer bis zum fake reichenden Konstruiertheit von persönlicher Biographie, Frausein und Selbst drastisch gezeigt hat, wird unter neuen Vorzeichen Aufgabe von Bildung, Erziehung und Therapie bleiben. In Situationen, in denen die Grenze zwischen Autor/in und Stoff verschwimmt, d.h. die Autorin gleichzeitig zum eigenen Material ihres künstlerisch-medialen Lebensskripts wird, gilt für uns, das Eigene, die Identität neu zu finden und an-zu-eignen, bzw. – wie Gillian Wearing es modellhaft tut – ein Zurückgewinnen und ein Markieren des Spannungsfeldes zwischen Sicht- und Unsichtbarem, zwischen Intimität und Öffentlichkeit in ihren paradoxen Erscheinungen vorzunehmen« (ebd., 270).

Bindet man als Professionelle*r entsprechende Werkgruppen von Künstler*innen in die begleitete Arbeit als Stoff für thematische und/oder künstlerische Auseinandersetzungen mit Adoleszenten ein, sind sicherlich »dramaturgische« und didaktische Planungen im Sinne einer Steigerung mehr oder weniger radikaler und provokativer Positionen in unterschiedlichen Settings von Bildung und psychosozialer Begleitung beispielsweise in der (stationären) Jugendhilfe angebracht. Dort wären länger laufende Interventionen auf der Basis einer intensiveren pädagogischen Beziehungsarbeit auch mit Einzelnen und Kleingruppen möglich.

5.3 Ausgewählte Veränderungen der Jugendphase in Jugendkultur und künstlerischen Aktivitäten

Mit den oben beschriebenen gewachsenen Anforderungen an Jugendliche, in globalisierten medialen Zeiten Identität zu bilden, erklärt sich die eher pragmatische und im Vergleich zu den »rebellierenden« Jugendkulturen in einigen Dekaden des letzten Jahrhunderts die eher konservative Haltung Jugendlicher in den letzten 15 Jahren sowie eine Verlängerung der Jugendphase. Diese schlägt sich beispielsweise in einem späteren Verlassen des Elternhauses nieder (beinahe dreiviertel der jungen Erwachsenen zogen 2006 erst im Alter von 26 Jahren von zu Hause aus) (vgl. Hurrelmann & Albert, 2006, zitiert in Heinzlmaier 2010, 135). Heinzlmaier bringt dies in Zusammenhang mit möglichen Ängsten vor gewachsenen Herausforderung der Leistungsgesellschaft voller Optionen mit ihrer temporeichen Steigerungslogik, in der Jugendliche ihre Persönlichkeit herausbilden und sich gleichzeitig eigeninitiativ, mitunter unter prekären Bedingungen, beruflich platzieren müssen. Unter Berufung auf den Psychiater Alain Ehrenberg, der diese Überforderung als Ursache für die Zunahme der Depression im Jugendalter sieht (vgl. ebd., 136 f), formuliert Heinzlmaier:

> »Wenn man das nicht aus sich selbst machen kann, was man glaubt, dass es gesellschaftlich erwartet wird, wenn man die offenen Räume nicht mit Ideen und Projekten füllen kann, wie es die Gesellschaft von einem selbständigen, autonom entscheidenden und handelnden Individuum erwartet, ist die Folge Verzweiflung und Depression. Viele Jugendliche fühlen sich aufgrund der täglichen Überforderung wie gelähmt. Sie hören auf zu handeln« (ebd., 137).

Und die, die handeln, bevorzugen überwiegend sicherheitsorientierte und materiellen Erfolg versprechende Strategien der Anpassung. »Vor allem in den mittelschichtnahen Jugendkulturen lässt sich ein pragmatisch-affirmativer Zugang zur Gesellschaft feststellen, der deshalb gewählt wird, weil er tendenziell eher zum Erfolg führt als Widerspruch und Rebellion« (ebd., 138). Auch die letzte Shell Jugendstudie aus dem Jahr 2015 bestätigt diesen Trend als nach wie vor gültig; große Bedeutung würden Jugendliche zudem stabilen sozialen und familiären Kontakten zuschreiben (Albert, Hurrelmann, Quenzel, 2015). Der These der »konservativen« Haltung widersprechen andere empirische Ergebnisse, die jedoch hauptsächlich den Aspekt des sozialen Kontakts und seiner neuartigen Qualitäten in online-Foren und Chat-Formaten betreffen. Jugendkulturen seien demnach heute eher von schwachen Bindungen gekennzeichnet, würden eher unverbindliche

Netzwerke bilden, in denen sich Jugendliche flexibel und optionsvielfältig bewegen könnten. Traditionelle Formen jugendkultureller Vergemeinschaftungen werden aktuell mehr und mehr von sogenannten posttraditionellen Formen der Vergemeinschaftung abgelöst, die eher losen Netzwerken gleichen und für den einzelnen einen eher geringen Verpflichtungscharakter aufweisen.

Im Rahmen der vorliegenden Publikation besonders von Interesse ist natürlich die Steigerung bild- und medienbasierter, ästhetischer und stilorientierter Anforderungen, Einflüsse und Auseinandersetzungen im Prozess aktueller Identitätsfindung. Ästhetisierung jugendlicher Lebenswelten heißt das dazugehörige Stichwort und meint die Zurückdrängung von rational und sprachlich inspirierten Argumentationen als Mittel von Kommunikation zugunsten zeichen- und bildhafter, symbolträchtiger und emotionalisierender Formen des Austausches und der Orientierung (vgl. Heinzlmeier, a. a. O., 141 f). Es geht um ästhetische (Selbst-)Inszenierungen, um Arrangements, die auffallen, faszinieren wollen und zur Einfühlung und Nachahmung animieren. Für die hier zu erarbeitenden Zusammenhänge gilt also zum einen, dass das Feld der bildnerischen und Neuen Medien, der performativen und inszenierenden Darstellungsweisen, der ganzheitlichen Kommunikationsformen mehr und mehr zum zentralen Forum von Identitätsfindung und Selbst-Verortung werden. Zum anderen heißt dies in der Konsequenz in pädagogischen und psychosozialen Kontexten noch intensiver Formate der (kritischen) Medienarbeit für Themen der Identitätsfindung zu entwickeln und sich auch in der Rolle der*des Professionellen permanent mit aktuellen Trends der Medienwelt und ihren neu verfügbaren Techniken auseinanderzusetzen. Unter Umständen als Pädagoge bzw. Pädagogin die Haltung eines*einer Mitlernenden einzunehmen, um die Medien in ihrer Chance jugendgerechter Auseinandersetzungsformen nutzen zu können, ohne der Gefahr einer Affirmation zu erliegen, welche den Nutzer*innen eben nicht genug Raum für reflexive Akte zur Verfügung stellen bzw. abfordern. Da heißt es konkret, sich weiter von pädagogischen Vorstellungen zu verabschieden, wonach ältere Kinder und jüngere Jugendliche noch freiwillig und mit hohem zeitlichen Aufwand klassische bildnerische Tätigkeiten wie Zeichnen und Malen verfolgen, ist doch in den letzten 5 bis 6 Dekaden ein deutlicher Rückgang der Komplexität und des Detailreichtums in Kinderzeichnungen des Grundschulalters zu verzeichnen. Von Autorinnen und Autoren werden die dazugehörigen empirischen Ergebnisse unterschiedlich begründet und bewertet. Zur Sprache kommen soll hier Martin Gerstenberger (2010), dessen Forschung auf einer präzisen Vergleichsanalyse von Kinderzeichnungen aus dem Jahr 1965 und heute auf der

Basis formaler Bildmerkmale beruht. Hier zeigt sich eine mittlerweile große Reduziertheit in Form- und Farbgestaltung, wenig Ausschmückung und ein weit geringerer Zeitaufwand pro angefertigtem Bild (vgl. Gerstenberger, ebd., 104 ff.). Verantwortlich gemacht werden hierfür zunehmender Medienkonsum, der Rückgang des freien Spiels aufgrund einer Flut von verfügbaren, vorgeformten Gestaltungsaktivitäten, nachahmende Spielwaren sowie die zunehmende Pädagogisierung des Alltags (Nachmittagsunterricht). Immer weniger Kinder und Jugendliche würden Natur- und städtische Außenräume für ihre Freizeitgestaltung nutzen können (vgl. ebd., 108). Noch mehr betrifft das Verschwinden klassischer ästhetischer Tätigkeiten das Jugendalter, was nur bedingt zu beklagen, vielmehr als Herausforderung gesehen werden könne, da zahlreiche neue Formen künstlerischer Aktivitäten auch und gerade unter Einbeziehung von Medienheld*innen entstünden und die Ansprüche Jugendlicher an ihre zeichnerischen Fähigkeiten zurecht ihren kindlichen Gestaltungsfähigkeiten nicht mehr entsprechen. Zum Aspekt des »Bedauerns von Verlorenem« hier beispielsweise Griebel:

> »Im Umgang mit Kindern und Jugendlichen erlebt man die Inkohärenz von Geist und Hand täglich; ihre reizvollsten Niederschläge sind Kinderzeichnungen. Eine ihrer anstrengendsten Manifestationen sind die aufreibenden Diskussionen mit Pubertierenden beiderlei Geschlechts, deren Mimesis Anspruch so weit von den eigenen darstellerischen Möglichkeiten entfernt ist. Man darf sie, wenn die kindliche Ausdruckskraft verloren geht, nicht mehr in Situationen bringen, in denen sie sich mit ihren Resten exhibitionieren müssen. Das ist Nötigung. Aussichtsreicher ist ein wohlgelauntes Spiel mit der aufgetanen Differenz« (Griebel, a. a. O., 86).

Mittlerweile sind Techniken des Collagierens als zeitgemäße ästhetische Entsprechung eines Umgangs mit den typischen Patchwork-Identitäten und Bastelbiographien der Nachmoderne (Schiebel, 2010) Standard, ja muten bereits veraltet an, die »Einwanderung« von Inhalten und Ästhetiken aus Computerspielen in die Kinderzeichnung ist zudem gut untersucht und treibt aneignungsspezifisch interessante Blüten (bspw. Schulz, 2010 und Wiegelmann-Bals, 2010). Manga, FanArt und entsprechende Tutorials spielen im Jugendalter eine bedeutende Rolle (vgl. Zaremba, 2010). Sie werden nicht mehr als unkreative Konsumakte diskreditiert, sondern in ihrem identitätsstiftenden Potential gewürdigt. An dieser Stelle sei an die oben (▶ Kap. 2) vorgestellten tiefenpsychologischen »essentials« zur Bedeutung eines im Rahmen des Gestaltungsaktes rezipierten Bildes als wichtige Identifikations-/Projektionsfiguren für die eigene Auseinandersetzung erinnert (▶ Kap. 3.2.2.1). Zaremba unterscheidet in der FanArt drei Hauptformen: »FanFiction ist der narrative Bereich, bei dem Fans die Handlungsstränge ihres bevorzugten Mediums – beispielsweise einer TV-Serie oder eines

Films – nach eigenen Vorlieben weiterführen« (Zaremba, ebd., 176). Daran beteiligen sich mitunter mehrere Jugendliche und es entstehen Fortsetzungsgeschichten, daneben existieren FanZines (Magazine von Fans für Fans) und umfängliche online-Foren mit FanArt, also Zeichnungen und Malereien zu unterschiedlichsten Themen und Held*innen (Harry Potter), häufig auch in Verbindung stehend mit Musikkultur und in Wettbewerbsformate gegossen (vgl. ebd., 176 f.). Besonders in der fanArt manifestieren sich deutliche Tendenzen von medieninspirierten Selbstbildungsprozessen, welche Anlässe für Professionelle zur Verfügung stellen können, die Expertise der Jugendlichen in Bildungs- und Begleitungsformaten einzubinden, ohne sie zu enteignen oder zu instrumentalisieren. Ich denke dabei an partizipative Formen der Mitgestaltung und -durchführung von ästhetischen Angeboten oder die Initiierung von peer-education, d. h. die Teilenehmer*innen einer Gruppe in ihren jeweiligen ästhetisch/medialen Kompetenzen in wechselseitige Lehr-Lernprozesse zu verwickeln. Staroszynski (2015) nutzt im Kontext der Medienexpertise der sog. Digital Natives den bereits 1980 von Toffler geprägten Begriff des Prosumenten: »Im Internet findet die Überschneidung von Konsumieren und Produzieren schließlich die perfekte Plattform« (Staroszynski, ebd., 279). Fremder content könne angeeignet, verändert und geteilt werden, Autorenschaft verändert sich (vgl. ebd., 280). Um in ein psychologisch bedeutsames Binnengeschehen so verstandener medialer Aneignungsakte genauer eindringen zu können, möchte ich ein von Staroszynski beschriebenes Beispiel aus einer kunsttherapeutisch orientierten Projektarbeit mit dem Medium Trickfilm im jugendpsychiatrischen Kontext anführen. Es handelt sich dabei um den Wunsch eines Jugendlichen, Teile eines von ihm häufig genutzten »First-Person-Shooter Games« nachzudrehen. Hier wirft der Autor die Frage auf, ob es hilfreich bzw. »erlaubt« sei, das, was Teil oder Ausdruck des Problems ist (übermäßige Nutzung von Computerspielen mit Gewaltthematik), zum Thema psychosozial begleiteter gestalterischer Arbeit zu machen. Er spricht sich für die Nutzung der Spiele aus zwei Gründen aus, nämlich weder die digitale Lebenswelt und Erfahrungen des Jugendlichen ausschließen zu wollen, noch die produktive und kommunikative Chance der gestalterischen Trickfilmarbeit in der Appropriation des Ego-Shooters zu verschenken (vgl. Staroszynski, ebd., 280 f):

> »So wäre für das Beispiel des Patienten (...) denkbar, dass diese Handlung ihm zunächst ermöglicht, durch die Mitteilung über seine Teilhabe an einer Kultur Identität zu konstruieren und zu erfahren. Der Prozess der Filmherstellung kann dann die Basis sein, um als handelndes Subjekt über die Inhalte des übernommenen Materials und damit aber auch über das eigene Handeln zu reflektieren« (ebd., 281).

Staroszynski arbeitet in diesem Zusammenhang auch heraus, dass von Jugendlichen übernommene Held*innenfiguren (bspw. Spiderman, Heidi) in der Adaption immer schon eine Verwandlung, Aneignung an gerade zu bearbeitende Aspekte der eigenen Identität erfahren und der Pädagoge bzw. die Pädagogin dies erstmal ergründen und aufgreifen könne. Faszinierend und gleichzeitig herausfordernd ist seine Analyse der Wandlung bestimmter Medienhelden über die Jahrzehnte in ihrer soziokulturellen, manchmal sogar politischen Bedeutung.

»Der Batman der 1960er entspricht nicht mehr dem Batman von 2012. Daraus folgt aber nicht, dass es zielführend wäre, lexikalisch alle Referenzen zu allen möglichen Medienfiguren präsent zu haben (...). Vielmehr geht es gerade darum, die künstlerische Handlung des Zitats als eine Bewegung der Verknüpfung mit einem spezifischen Kontext über die Bezugnahme auf ein bereits vorhandenes Bild anzuerkennen. Insbesondere für adoleszente Patientinnen und Patienten kann dieser Zugriff auf ein (Vor-)Bild enorm entlastend sein. Das zitierte Bild transportiert ja eben gerade einen bereits vorhandenen Referenzrahmen mit sich, wodurch das Verstandenwerden der Mitteilung über das Bild eine Sicherung erfährt« (ebd., 277).

Das, was der*die betreffende Jugendliche daran genau für sich verhandeln möchte, gilt es dann gemeinsam herauszufinden, je nach pädagogischem (z. B. Medienprojekt) oder psychosozial begleitetem Setting (z. B. Beratung) vertiefter oder weniger vertieft.

5.4 Beispiele aus unterschiedlichen Praxen der künstlerischen Arbeit mit Jugendlichen

5.4.1 Eine Brücke zur Biographie aus dem schulischen »Kunstunterricht«

Notwendiger- und sinnigerweise erfolgt im Kontext von Identitätsarbeit mit Jugendlichen ein mehr oder weniger großer Rekurs auf bzw. eine intendierte Einbeziehung von biographischen Inhalten in die künstlerischen Projekte. Der jeweils eigene Lebenshintergrund in seiner Gewordenheit stellt sozusagen die Erfahrungsmatrix für die weitere Ausbildung der erwachsenen Persönlichkeit dar. Der Schritt von der Identitätsarbeit zur Thematisierung von Biographie gelingt beispielsweise in folgendem schulischen Kunstprojekt von Tobias Loemke (2010) gut, denn künstlerisches Handeln mit biographischem Material ist ja letztlich eine die gesamte Lebensspanne einbeziehende Identitätsarbeit. Biographisches zu thematisieren führt zu allererst in das Anknüpfen an emotional bedeutsame Erinnerungen, an Erlebtes, an Orte, Menschen und Ereignisse, die als bleibende innere Bilder im Gedächtnis besonders präsent sind bzw. von denen es sogar »Zeugnisse« gibt, meistens Fotografien, Erzählungen oder »Souvenirs«. Es sind meist besondere Ereignisse, da sie entweder schmerzlich, beglückend, unglaublich oder ungewöhnlich waren und mit starken sinnlichen Eindrücken verbunden sind. Dieses Erinnerungswissen als Bildwissen konstituiert unser Selbst (vgl. Loemke, 2010, 360) und legt – das zeigt auch Loemkes Biographieprojekt im Kunstunterricht – eine besondere Intensität in gestalterische Prozesse. Ein vorausgegangener Workshop eines mit Kindheitserinnerungen arbeitenden Künstlers mit Migrationserfahrung sensibilisierte die Jugendlichen für die Thematik eines solchen künstlerischen Oeuvres und verweist zugleich auf die auch im Rahmen der Publikation mehrfach referierte Wirkung der Einbindung von »klassischen« Bildungseinheiten (Position eines zeitgenössischen Künstlers) zur Intensivierung von Auseinandersetzungsprozessen der Schüler*innen mit sich selbst. Die Jugendlichen arbeiteten in der Folge mit mitgebrachten Gegenständen (das reichte von Stofftieren über Sammlungen diverser Objekte, Naturmaterialien, bis hin zu Fotografien von Angehörigem u. v. a. m.). Die ungewöhnlich große Varianz der gewählten Sujets zeigt den Zusammenhang zu Anliegen einzelner Jugendlicher im Kontext ihrer Identität. Loemke fordert in seinem Beitrag die Notwendigkeit zur Offenheit von Pädagog*innen, auch dazu, chaotische Prozesse zu ermöglichen und auszuhalten, in denen viele Einfälle generiert und wieder verworfen werden, und so erst wirklich Innovatives für die Gestaltenden entstehen kann (vgl. ebd., 365). Dies gilt gemeinsam mit dem Aspekt, dass künstlerisches Arbeiten mit persönlichen Anliegen weit größere Aktivierungspotentiale bereithält und zudem handelnd am und im Formbildungsprozess Identitätsarbeit materialisiert. Loemkes Auftrag an die Schüler*innen dieses Projekts bestand abschließend in einer gemeinsamen Installation der entstandenen Einzelobjekte (vgl. ebd., 164), was nochmals eine intensive Auseinandersetzung mit den einzelnen künstlerischen Positionen erforderte, Bezüge, Anknüpfungspunkte inhaltlicher wie formaler Natur zu den Objekten der Mitschüler*innen herzustellen und installativ evtl. mit zusätzlichem ästhetischen Material zu realisieren. Identität bildet sich eben auch über die Kenntnisnahme anderer Identitäten/des Anderen schlechthin und Prozesse der Einfühlung darin. Loemke beschreibt in diesem Zusammenhang das Entstehen neuer verbindender Gestaltungsakte zwischen den einzelnen künstlerischen Arbeiten zu den Biographien der Schüler*innen, das Zusammenbringen der Ergebnisse Einzelner im Raum wird wiederum Anlass zu weiterführender künstlerischer Aktivität, welche als Zeichen für gesteigerte Kommunikation und Interaktion zwischen den Teilnehmer*innen gelesen werden kann.

5.4.2 Fallvignette aus der klinischen Praxis

Den Praxisteil dieses Kapitels abrundend, den kunstpädagogisch orientierten Projektbericht ergänzend zeigt auch das konträre Beispiel einer langlaufenden Einzelarbeit aus dem klinischen Kontext das Potential ästhetischer Arbeit zur Persönlichkeitsentwicklung und -stabilisierung in der Adoleszenz. Den 15-jährigen Jugendlichen O begleitete ich mehr als zwei Jahre einmal wöchentlich; er kam mit einer vielfältigen Problematik in das kunsttherapeutische Atelier: Aufgrund massiver Angstzustände, die ihm die Nutzung der öffentlichen Verkehrsmittel (U-Bahn) und damit den Schulbesuch beinahe unmöglich machten, hatten sich seine bisher guten Leistungen am Gymnasium sehr verschlechtert. Die Kontakte zu Peers beschränkten sich mittlerweile überwiegend auf alkohol- und drogengebrauchende Freunde, sein familiärer Hintergrund war der eines bei der Mutter und ihrem neuen Lebenspartner aufwachsenden Einzelkinds. Der Vater hatte sich in O's früher Kindheit von der Mutter getrennt und eine neue Familie gegründet, es gab zwei Halbgeschwister, den Kontakt zum Vater beschrieb O als nicht befriedigend. Anamnestisch ist bedeutsam, dass die Mutter unmittelbar nach O's Geburt eine drei Monate andauernde Wochenbettdepression durchlebt hatte und somit die frühkindliche Bindung als beeinträchtigt gelten kann. Nach dem eigenen Anliegen an die psychosoziale Begleitung befragt nannte O nicht primär die oben genannten »objektiven« Probleme als Anlass der gemeinsamen Arbeit. Zwar hoffte er auf das Nachlassen der großen Ängste durch die gemeinsame Arbeit, doch als seine wichtigsten Bedürfnisse formulierte er den Wunsch, eine Freundin zu haben und sich von der als dominant erlebten Mutter besser abgrenzen zu können. Damit sind typisch adoleszenzspezifische Aufgaben angesprochen, und gerade in diesem Lebensalter ist es unabdingbar, die Motivationsgründe der Adressat*innen zu erfragen und sie zum Herzstück der Begleitungsvereinbarung und des gemeinsamen Tuns zu machen. In der Folge versuchten wir über bildnerische Arbeiten und Gespräche, die angstauslösenden Situationen näher kennen zu lernen und zu ergründen. Seine größten Angstzustände erlebte O in den Untergrundbahnhöfen einer deutschen Großstadt in der Anwesenheit rechter Skinheads, was ihn so sehr belastete, dass er vermehrt die Schule »schwänzte«. Dabei erwies sich die »Inszenierungsdynamik« als insofern bemerkenswert und paradox, als der jünger aussehende, eher schmächtige O in seinem Punk-Outfit mit entsprechender Kleidung und einem häufig rot gefärbtem Irokesenhaarschnitt mögliche Anmache und Aggression von Skinheads eigentlich provozierte. Mit einer eher unauffälligen Kleidung hätte O sehr viel wahrscheinlicher nicht die Aufmerksamkeit von Skinheads erregt. Anders gesagt und mit dem Konzept der sinnverstehenden Haltung an eine »Störung« herangehend, handelte es sich hier wohl um so etwas wie eine Inszenierung, um an Ängsten und damit an sich selbst arbeiten zu können. Den »Punk« einfach aufzugeben, um damit die Ängste zu vermeiden, hätte ihm einen Großteil der bisher erarbeiteten Identität genommen. Weiter beschäftigten wir uns mit seinem in der eigenen Wahrnehmung fehlenden Selbstbewusstsein, seinen mangelnden Aggressionen, einem sich Nicht-Wehren, Nicht-Abgrenzen können, welches er sich so sehr wünschte. Zu allen Themen entstanden Bilder; O hatte sich schnell für einen bevorzugten sehr rohen und expressiven Malstil entschieden, womit er auch die im vorigen Abschnitt beschriebenen »Frust« fehlender künstlerischer Skills im Jugendalter geschickt umging. Er arbeitete ausschließlich mit Acryl in den Grundfarben und sehr dicken Pinseln im Format 70 x 100 cm, meist im Hochformat; der Gestaltungsakt war zügig und dauerte selten länger als zehn Minuten. Anfangs malte O mehrere Bilder zu Angstsituationen in der U-Bahn, Selbstportraits mit der Methode des lebensgroßen Umrisses, Bilder zu Wut und Sich-wehren-Können.

Dabei zeigte er im Bildgespräch großes Interesse, sich besser (auch im Spiegel der Bilder) kennenzulernen, typisch für die Prozesse in der Adoleszenz. In der Folge wirkten Bilder zu seiner Mutter und zu Abgrenzungsmöglichkeiten von ihr fast wie ein Probehandeln im geschützten Raum des Bildes und des Ateliers. Zudem sprachen wir zahlreiche schwierig erlebte Situationen mit Vater und Mutter durch. Raum nahm in der Begleitung schließlich die Gruppe der Freunde ein. O fühlte sich von den Trinkspielen, den Drogenangeboten und einem Drogenversuch, der ihn in einen Zustand mehrstündiger großer mentaler Verwirrung versetzt hatte, zunehmend bedroht, sodass wir begannen, aktiv nach Ideen für Kontakte zu anderen Jugendlichen zu suchen. O schloss sich in der Folge einer Punkband an, mit der er neue Songs schrieb und aufnahm; die entstandenen Demomedien hörten wir im Atelier. Der Kontakt zu diesen Peers wurde bedeutsam, die drogenorientierte Clique konnte in der Folge zunehmend »verlassen« werden. Langsam besserte sich O's gesamte Lage, die Ängste nahmen ab, das Selbstbewusstsein und Zutrauen zu sich selbst wuchsen, der Schulbesuch konnte wieder intensiviert werden und erbrachte bessere schulische Ergebnisse, eine drohende Nicht-Versetzung in die nächste Jahrgangsstufe konnte abgewendet werden. Als letzten Akt und selbst gewählten Abschluss unserer gemeinsamen Arbeit entschied sich O für ein Tattoo, das für ihn ganz stark die Abgrenzung von der Mutter markierte (sie hatte ein entsprechendes Verbot formuliert) und so etwas wie eine eigene »Initiation« symbolisierte. Die Kurzzusammenfassung des Verlaufs der psychosozialen Begleitung O's mit kunsttherapeutischen Methoden zeigt typische adoleszenzspezifische Anliegen und Themen, welche in diesem Fall aufgrund einer erschwerten Persönlichkeitsentwicklung (unsichere frühkindliche Bindungserfahrung, Scheidung der Eltern, Abwesenheit des Vaters) besonderer Unterstützung bedurfte. Von den zahlreichen entstandenen Bildern sollen im Rahmen dieses Beitrags drei gezeigt werden, da sie dieselbe Methode des gemeinsamen Kontaktmalens auf einem großen Blatt Papier in jeweils größeren Abständen zu Beginn, ungefähr in der Mitte und zum Ende des Begleitungsprozesses zeigen. Sie machen O's Fortschritt einer besser mentalisierbaren Abgrenzungsfähigkeit deutlich, d. h. wie in Kapitel 2.4 (▶ Kap. 2.4) beschrieben, werden Ängste und blockierte Aggressionen im Kontakt zum Anderen nicht mehr ausschließlich nur auf der Körper- und Affektebene und dementsprechend sehr bedrohlich erlebt und ausagiert, sondern können zunehmend repräsentiert, symbolisiert und damit kontrolliert werden.

Bild 1 zeigt das erste Ergebnis des dialogischen Malens. Von den gegenüberliegenden kurzen Bildseiten wird dabei von O und mir gleichzeitig aufeinander zu und zur Bildmitte hin gemalt. Regel war einen Bilddialog ohne Worte zu führen.

O arbeitete in seiner bevorzugten Palette Grün, Blau, Rot, Schwarz, ich hatte mir bewusst einen anderen Farbteller aus Violett, Nougatbraun, Weiß und Rot zusammengestellt. Eine vorsichtige Annäherung meinerseits in Richtung seiner Bildhälfte mittels eines dünnen Pinselstrichs führte bei O zu einer heftigen, plötzlichen und affektgeladenen bildnerischen Reaktion, indem er meine gesamte bisherige Bildgestaltung so flächendeckend und mit so viel Farbe übermalte, dass nichts mehr sichtbar war und durch die vielen, dick farbgetränkten Pinselstriche ein verschmierter Braunton entstand. Meine Bildhälfte wurde regelrecht mit Farbe aus seiner Bildmitte heraus überschwemmt, das Ganze schließlich noch mit schwarzen horizontalen und vertikalen Pinselstrichen durchkreuzt. Ich hatte mittlerweile aufgehört zu malen und beobachtete den Vorgang, der in wenigen Minuten vollendet war. In der Betrachtung erschrak O merklich über die Massivität seiner Aktion, darüber, dass »ich nicht mehr da war«, er mich in der affektgeladenen Übermalung sozusagen ausgelöscht hatte. Wir konnten daran arbeiten (Fonagys »Als-ob-Modus« nutzend: ▶ Kap. 2.4.), dass er mich quasi vernichtet habe, ich aber real noch ganz heil und da bin, sowie seine

Abb. 8: anonym (1990), Dialog I, (100 c 70 cm), Acryl auf Papier

große Aggression aushalten (»containen«) könne, und er daher auch mein
Zugewandt-Sein nicht verlieren würde. Er konnte deutlich sehen, wie groß
sein Aggressionspotential, seine Kraft in Wirklichkeit waren, wie wehrhaft
er sein könnte, und dass alles sich im geschützten Raum des Bildes abge-
spielt hatte. Damit ließ sich auch eine Umdeutung der kraftvollen und
angstmachenden Affekte vornehmen. Übergeordnet zeigt dieser Prozess,
dass Auffälligkeiten wie etwa Auto- oder Fremdaggression auf eine ungenügende Mentalisierungsfähigkeit zurückgeführt werden können, wie es
auch Gerisch formuliert:

> »Mangelnde Repräsentation des Selbst im anderen und – vice versa – des anderen
> im Selbst. Dieser Mangel bedingt die fortgesetzte generelle Blockierung der Symboli-
> sierungsfähigkeit psychischen Erlebens und induziert ein spezifisches Gebundenblei-

ben des Denkens, Fühlens und Wünschens, das im Körper und in körpernahen Prozessen fixiert bleibt« (Gerisch, a. a. O., 95).

Im darauffolgenden Dialogbild ca. ein Jahr später wählte O wiederum für sich die Lieblingsfarben Rot, Blau und Grün und repräsentierte sich in seiner Bildhälfte mit dem mittlerweile bevorzugten Selbstsymbol des Kerns (rot) mit zwei umgebenden ovalen Farbmänteln (blau und breiter grün). Ich hatte mich diesmal für eine andere Farbpalette von Fliederfarben, Grau, Weiß, Schwarz, ein wenig Magenta und Orange entschieden und malte eine Rückenansicht ohne Kopf.

Abb. 9: anonym (1991), Dialog II, (100 x 70 cm), Acryl auf Papier

Die Gestaltung nahm mehr als meine Bildhälfte ein und rückte O's Selbstsymbol merklich nahe, was nicht beabsichtigt, also von meiner Seite eher unbewusst geschah. Das führte bei O zu einer deutlichen Abgrenzung, mit einem schwarzen Balken schirmte er sein grünes Oval gegen meine Gestaltung ab und schützte sich so. Bemerkenswert war jedoch eine Verbindung, die er mit seinem Grün im rechten äußeren Bildbereich in meine Bildhälfte hinein von sich aus herstellte. Allerdings erfolgt dann als letzter endgültiger Bildakt (ich hatte bereits aufgehört zu malen) O's Platzierung von zwei »Kanonen« im Bild, die aus seinem Innersten heraus in Rot Munition in meine Richtung abfeuerten. Im Vergleich zum ersten Dialogbild zeigt sich, dass O meine Gestaltung nicht mehr zerstören und auslöschen muss, er kann sich anderer »realer« Mittel bedienen (Mauer, Waffen), um eine Bedrohung zu beantworten, Wehrhaftigkeit zu symbolisieren. Er kann mich dabei »stehenlassen«. Im Sinne des Mentalisierungskonzepts lässt sich eine zunehmende Repräsentations- und Kontrollfähigkeit von Ängsten und aggressiven Impulsen ablesen.

Bild drei des Kontaktmalens entstand zum Ende der gemeinsamen Arbeit hin, es unterscheidet sich bereits auf den ersten Blick deutlich in seiner leuchtenden Farbgebung und darin, dass eine Bildteilung und Abgrenzung kaum noch sichtbar ist.

O begann wieder mit den bevorzugten Farben Blau, Rot, Grün und Schwarz, gestaltete sein »Selbstsymbol« formal ähnlich, lässt es jedoch zum Auge werden (es ist nicht mehr der Kern und seine umgebenden Mäntel). Ich selbst entschloss mich zu einer eher kleinformatigen, abstrakten Gestaltung in Blau, Violett, Nougatbraun und Magenta, eine Annäherung begann ich wieder vorsichtig mit einem blauen dünnen Pinselstrich am linken oberen Bildrand herunter zu O's Bildhälfte. Diese beantwortete er wieder bildnerisch mit dunklen Strichen zur Kontaktstelle hin, gleichzeitig umrahmte O sein blickendes Auge im darüber liegenden Bereich mit roten, ins Gelb übergehenden Farbbögen. Sie bilden eine natürliche Abschirmung zu meiner Bildhälfte hin, diesmal entstanden keine bildnerischen »Kampfhandlungen«, kein »Sich-schützen-Müssen«, klare Grenzziehungen wurden nicht mehr vorgenommen. Das Bild birgt eher die Qualität einer gemeinsamen Komposition. Teilweise gehen die Bildelemente sogar ineinander über (die gelben Bögen, die sich in meine rot-braunen Bögen im linken Bereich verwandeln, sowie die Berührungsstellen der grünen Farbfläche in der Bildmitte). Im anschließenden Gespräch zeigte sich O sehr zufrieden über das Bild, am meisten freute ihn das »nicht Agieren müssen«, sich nicht mehr bedroht fühlen durch Kontakt und Nähe, kaum Angst zu verspüren. Das mentalisierende Moment könnte auch in der Symbolfindung des Auges

Abb. 10: anonym (1992), Dialog III, (100 x 70 cm), Acryl auf Papier

gesehen werden, eine Kontrolle über Kontakt bzw. Nähe und Distanz kann über den Blick gesteuert und reguliert werden. Nicht mehr das gesamte Selbst steht zur Disposition und muss mit Haut und Haar geschützt werden, Kontakt kann so bewusster mit den Sinnen wahrgenommen und gestaltet werden.

Dieses ungewöhnlich positiv verlaufende Beispiel illustriert zum einen Identitätsarbeit in der Jugendphase auch in krisenhaften Fällen, zum anderen macht es die Notwendigkeit deutlich, nicht primär an den »Störungen« oder Symptomen zu arbeiten, sondern mit den altersgemäßen Wünschen der betreffenden Jugendlichen, und es zeigt nicht zuletzt das große Potential künstlerischer Arbeit für die Selbstexploration, für das Probehandeln neu zu erlernender Verhaltensweisen und Einstellungen und für das Nachholen von nicht gelungenen Entwicklungsaufgaben in der Vergangenheit (Erleben von Vertrauen und Symbolisierungs-/Mentalisierungsfähigkeit für Gefühle und Affekte).

6

Trauma und Bewältigung in Kunst

6.1 Traumata und innovative Sichtweisen auf psychische Reaktionen

Diesem Abschnitt zu den Folgen von Traumatisierungen für Betroffene und die Rolle des künstlerischen Ausdrucks darin soll mit einem Exkurs im Sinne des in Kapitel 2 (▶ Kap. 2) erörterten Verständnisses von Krise als Anlass psychosozial begleiteten Handelns eine Krankheitskonzeption zugrunde gelegt werden, die klassisch medizinisch-psychiatrische Sichtweisen hinterfragt und erweitert. Das passt insofern zur Thematik des Kapitels, als Traumata nachweislich häufig zu den Auslösern auch schwerwiegender psychischer Beeinträchtigungen zählen (Dissoziationen, Absencen, Depressionen, Angststörungen, Wahnideen, Süchte, Persönlichkeitsstörungen, ...). Gerade schwere psychiatrische Erkrankungen wie Psychosen galten in der naturwissenschaftlich orientierten Schulmedizin als nicht verstehbar und hirnorganisch begründet, ein Konzept, das mehr und mehr hinterfragt wird:

»Gerade traumatische Erfahrungen können die Erzählbarkeit einer Lebensgeschichte stark beeinträchtigen. Bezüglich der Erfahrungen, die uns schwer verletzen, fehlen uns oft Worte und das fürs Sprechen notwendige Vertrauen. Traumatische Erfahrungen sind gerade solche, die das psychische Fassungsvermögen eines Menschen überschreiten. Es gelingt ihm dann nicht, die Erfahrung bruchlos einzubinden; stattdessen müssen Abwehrmechanismen mobilisiert werden, vielleicht erst alltägliche, momentane wie das Vergessen und Nichterinnern, doch sobald das nicht reicht, auch anhaltende und nachhaltige wie die Dissoziation oder das Ausblenden von Erfahrung um den Preis eines veränderten Umgangs mit der Realität« (Bock & Heinz, 2016, 49).

Auch hinsichtlich der Entwicklung psychotischer Verarbeitungsmodi, etwa der Entstehung von Wahngedanken, sehen psychiatriekritische, psychodynamisch orientierte Konzepte mittlerweile enge Zusammenhänge zwischen Biographie und Wahninhalten und bewerten die Wahnbildung selbst in ihrer Stabilisierungsfunktion für die Betroffenen, da nicht mehr ertragbare Erlebnisinhalte oder seelische Spannungen so nach außen verlagert werden können. Noch radikaler und emanzipatorischer argumentieren Vertreter*innen der phänomenologischen oder anthropologischen Psychiatrie. Sie fordern folgende Haltung:

»... der Anspruch, die starren Grenzen von Normalität und Verrücktheit zu überschreiten und die Verrücktheit vor einem zwischenmenschlich-lebensweltlichen und nicht biologisch-naturwissenschaftlichen Hintergrund zu betrachten; die Bereitschaft, sich selbst in ihr wiederzuerkennen und sich auf sie einzulassen« (Thoma, 2018, 28).

Die Verrücktheit-/psychische Symptomatik ist dabei nicht das Andere, das Jenseitige der Person, sondern Ausdruck ihres (mitunter auch verzweifelten) Ringens nach seelischem Zusammenhalt und Sinn der eigenen Identität (= Kohärenz):

»Die Übergänge zwischen Irritation und Erschütterung sind fließende – sowohl hinsichtlich des Ereignisses als auch hinsichtlich seiner Verarbeitung. Dissoziationen als veränderte Bewußtseinszustände lassen sich zwar von psychotischen Ich-Störungen im Sinne der Gedankeneingebung oder des Entzugs der eignen Gedanken unterscheiden. Beide Phänomene können aber offenbar durch soziale Ausschließung und Traumatisierung ausgelöst werden, denn tatsächlich finden traumatisierende und subjektiv verletzende soziale Erfahrungen auch als Entstehungsbedingungen psychotischer Erfahrungen in den letzten Jahren verstärkt Beachtung (Bock & Heinz, a.a.O., 49 f.).

Dieser Zusammenhang verbunden mit einer Zunahme psychiatrischer Diagnosen in den letzten beiden Jahrzehnten weist auf die Notwendigkeit hin, sich auch in pädagogischen Feldern eine förderliche, professionelle Haltung und spezifische, stabilisierende Handlungskompetenzen psychisch be-lasteten Menschen gegenüber zu erarbeiten. Die genannte Zunahme ist nicht ausschließlich auf die dramatische Zunahme von psychischen Störungen in der Gesamtbevölkerung zurückzuführen, vielmehr wächst auch das Wissen über psychische Krankheiten bei Betroffenen wie Allgemeinärzt*innen und anderen Helfer*innen, die diesbezüglich immer noch vorhandene Scham nimmt ab, und Hilfe wird eher in Anspruch genommen und empfohlen. Das hat zur Konsequenz, sich auch in (sozial-)pädagogischen Arbeitsfeldern Fachwissen zu psychischen Erkrankungen und ihrer multifaktoriellen Verursachung anzueignen, psychiatriekritische Konzepte inklusive des Rechts auf Ablehnung pharmakologischer Behandlung zur Kenntnis zu nehmen und über gemeindepsychiatrische (auch künstlerische) Versorgungsstrukturen informiert zu sein. In diesem Kontext spielt für chronisch (schwer) psychisch belastete Personen das Konzept des Offenen Ateliers und deren Angebote eine bedeutsame Rolle. Das seelische Leid, die Verstörung, die von Betroffenen mitunter nicht (mehr) verbalisiert werden können, sowie die Kränkung durch die als stigmatisierend empfundenen Diagnosen mit entsprechendem Ausschluss aus der »Normalbiographie« einer Berufstätigkeit, können so künstlerisch zur Sprache kommen, mit anderen geteilt werden (vgl. Kunsthaus Kannen, 2001). Das wirkt auch der Vereinsamung, dem sozialen Ausschluss und weiterer Verschlechterung der Symptomatik vieler Klient*innen entgegen.

Eine weitere Ursache für die Notwendigkeit der Aneignung von Kompetenzen zu Trauma und Trauma-Folgen stieg im vergangenen Jahrzehnt aufgrund der großen Zahl von Menschen mit Flucht- und den damit verbundenen Trauma-Hintergründen, die in hochindustrialisierten Ländern Rettung für sich und ihre Familien suchen und begleitet bzw. psychosozial stabilisiert werden müssen, bevor sie (wenn überhaupt zugänglich und verfügbar) psychologische Hilfen in Anspruch nehmen können. Auch die Forschung erbrachte mit transgenerationalen und neuropsychologischen Perspektiven zahlreiche neue Ergebnisse, welche Unterstützungsnotwendigkeiten und -chancen auch in der Alltagsbegleitung von Betroffenen und die besondere Rolle nonverbaler, polyästhetischer, d. h. die Sinne und die Körperlichkeit berücksichtigender Verfahren dabei prominent hervorheben. Trauma bezeichnet ein äußeres Ereignis, das zwingend retrospektiv von seinen seelischen Auswirkungen her zu bestimmen ist, da Traumata aufgrund unterschiedlicher psychischer Konstitutionen der Betroffenen (Vulnerabilität, d. h. seelische »Dünnhäutigkeit«, bzw. Resilienz, d. h. Widerstandsfähigkeit und Zugang zu Ressourcen) verschieden schwer erlebt und bewältigt werden können (vgl. Westlund-Morgenstern, 2008, 194). Zudem müssen Traumata auch ursächlich, d. h. nach der Art des Ereignisses, ihrer Schwere und

Häufigkeit des Auftretens (Naturkatastrophe, menschengemachte Gewalt/ Krieg, Unfall, Miterleben oder Selbsterleben von auch sexualisierter Gewalt) hin betrachtet werden, was dem mittlerweile teils inflationär gebrauchten Trauma-Begriff entgegensteuert. In der Fachdebatte herrscht darüber Einigkeit, dass personale Traumatisierungen (Folter, sexuelle Gewalt) in der Regel schwerwiegendere psychische Schädigungen nach sich ziehen als apersonale (vgl. Stemmer-Lück, 2009, 264). Die Forschungen der noch jungen Psychotraumatologie haben eine Reihe neuer Einblicke generiert und in den letzten beiden Jahrzehnten eine höhere Sensibilität in der Öffentlichkeit und der Fachwelt gleichermaßen für häufig schambesetzte oder unter einem Verschwiegenheitsgebot stehenden traumatisierenden Erlebnissen erbracht. Die Fachdebatte geht mittlerweile nicht mehr von nur einem großen traumatisierenden Ereignis aus, sondern spricht auch mehreren kleineren sog. »sequentiellen« Traumatisierungen ähnliche Auswirkungen zu, genauso wie den transgenerational vererbten »Traumafolgen«. Letztere sind insbesondere in Effekten auf Nachkommen von Holocaustopfern oder anderer Opfergruppen des Nazi-Terrors nachgewiesen worden und brachten in empirischen Untersuchungen sogar die Möglichkeit einer »Traumavererbung« bis in die genetische Erbinformation hinein zu Tage. Neuere und neueste Forschungen im Bereich der Zellbiologie und Epigenetik haben ergeben, dass durch Traumatisierungen ausgelöste Stresshormone zu Veränderungen der DNA führen, die über das Sperma und die Schwangerschaft an Embryonen weitergegeben und auch deren DNS verändern können:

> »Bei Auftreten eines Stressfaktors oder Traumas konnten Forscher Unregelmäßigkeiten in der dann Methylierung beobachten, die an nachfolgende Generationen weitergegeben werden können – und mit ihnen die Anfälligkeit für körperliche oder seelische Gesundheitsprobleme« (Wollyn, 2017, 46).

Traumfolgen erreichen die nächste Generation demnach nicht nur aus psychologischen Ursachen, wie einer nicht gelingenden frühen Bindung zwischen dem Kind und der traumatisierten Bezugsperson, sondern gelangen über psychovegetative Vorgänge z. B. durch andauernden Stress während der Schwangerschaft sogar in seine körperliche Gesamtkonstitution.

Anknüpfend an die bereits theoretisch dargelegte Funktion der mentalen Repräsentation und Symbolbildung (▶ Kap. 2.4.) für die Bewältigung spannungsvoller Zustände, muss im Kontext von Trauma konstatiert werden, dass das (Mit-)Erleben entsetzlicher physischer wie psychischer übermächtiger Bedrohung, Verletzung, Grausamkeit, Vernichtung der eigenen Person oder naher Mitmenschen im Umfeld meistens nicht mehr in eine mentale Repräsentanz gepackt und im »System abgelegt« werden kann. In der akuten Situation kommt es in der Regel zu einem Kontrollverlust, mit Hartmut Krafts Worten: »Wir können sagen, dass die zentralen Ich-Funktionen des Denkens, Fühlens und Empfindens zusammenbrechen und demzufolge eine psychische Verarbeitung des Erlebten dem oder der Betroffenen nicht mehr adäquat möglich ist« (Kraft, 2015, 147). Konkret heißt das, »Containement« gelingt nicht mehr, derartige Erfahrungen können nicht in Bilder gefasst und »erinnert« werden, sie werden bei entsprechenden Auslösereizen ungebrochen wieder erlebt (vgl. ebd.) mit all den psychovegetativen Stress- und Panikreaktionen des ursprünglichen Geschehens. Die betroffene Person wird immer wieder von der seelischen Intensität »überflutet« (sog. Flashbacks): »Es gibt also keine bloße Vorstellung mehr von Gefahr. Das Benennen der Gefahrensituation löst die gleichen Reaktionen aus wie die unmittelbare Gefahr selbst« (Westlund-Morgenstern, a. a. O., 194). Diese Gleichsetzung im Erleben von akutem Trauma und Flashbacks veranschaulicht die Intensität einer psychischen Destabilisierung mit allen möglichen Symptomen einer posttraumatischen Belastungsstörung (Ängste, Schlaflosigkeit, Depressionen, Dissoziationen usw.). Im schlimmsten Fall zerfällt für Betroffene dauerhaft oder wiederkehrend eine stabile Wahrnehmung ihres Selbst und der Realität. »Die Selbstrepräsentanz sowie die Realitätsprüfung sind gestört, es ist ein Angriff auf das Denken« (ebd., 195). Darüber erklärt sich, dass in der Folge auch Fähigkeiten zu »angemessenem« Verhalten, zu Empathie, zu Gefühlsregulierungen usw. erschüttert werden. Als weiteres Erklärungsmodell zu psychophysischen Effekten von Traumatisierung wird das auf Levine 1998 entwickelte Konzept des »Freezing«, ein sich Totstellen als ein Modus des Überlebens, genannt, wenn die archaischen Urreflexe des Kämpfens oder Fliehens nicht möglich sind (vgl. Reichelt, 2012, 260). Die daraus resultierenden Gefühle grenzenloser Ohnmacht und Erstarrung werden nachvollziehbar.

Im Gegensatz zu Therapieansätzen aus den 1970er Jahren erfolgte zwischenzeitlich ein Abrücken von der Vorstellung, das Trauma unbedingt noch einmal intensiv durchleben zu müssen, um es bewältigen zu können. Retraumatisierend können solche Interventionen wirken und zu einer weiteren Destabilisierung führen. Wenn überhaupt, dann darf die Exploration der eigentlichen Trauma-Erfahrung nur im geschützten professionellen Setting unter fachlicher Einschätzung des Grades der seelischen Erschütterung einer betroffenen Person (vor allem im Kindesalter) geschehen. Dem müssen ohnehin Maßnahmen der psychischen Stabilisierung der von Trauma Betroffenen vorausgehen, was als zeitgemäße Interventionen in der aktuellen Fachliteratur eine hohe methodische Ausdifferenzierung und fachliche Konzentration erfahren hat:

> »Große Bedeutung kommt dabei der Stabilisierungsphase zu, in der es vor allem darum geht, einen Zugang zu bestehenden Ressourcen zu schaffen, eventuell neue Ressourcen zu entdecken, positive Gegenbilder zu entwickeln und einen fürsorglichen Umgang mit sich zu lernen« (Kirschmann, 2008, 372).

Kirschmann argumentiert aus ihrer langen Expertise in der Arbeit mit Frauen, die in ihrer Kindheit sexueller Gewalt ausgesetzt waren in der Folge so:

> »Eine Stabilisierung der seelischen Grundverfassung ist von enormer Bedeutung, da sie die Voraussetzung für eine Trauma-Verarbeitung ist. Es ist bekannt, dass in manchen Fällen eine Stabilisierung ausreichen kann. Nicht immer ist es notwendig, ein Trauma durchzuarbeiten, um Heilung zu erlangen« (ebd.).

Insofern muss an dieser Stelle ganz besonders auf ein verantwortliches professionelles Handeln hingewiesen werden, ohne fachliche Qualifikation oder Anleitung/Supervision sollte nicht intensiver bildnerisch mit Betroffenen gearbeitet werden, d. h. alle aufdeckenden, konfrontierenden Themenstellungen und Interventionen sind ohne psychotherapeutische Qualifikation zu unterlassen. Auch empfiehlt sich für Professionelle in nicht therapeutischen Kontexten eine traumapädagogische Fortbildung, sollten sie mit entsprechender Klientel arbeiten. Trotzdem hat die künstlerische Ausdrucksarbeit große Wirkung im Kontext Traumatisierung, sowohl in den Stabilisierungs- als auch Durcharbeitungs- und Integrationsphasen. Die visualisierende, darstellende Arbeit am sicheren Ort spielt in diesem Zusammenhang eine zentrale Rolle.

6.2 Wirkfaktoren bildnerischer Arbeit bei Traumatisierung

Hartmut Kraft zieht zur Veranschaulichung künstlerischer Arbeit als mögliche wirksame Bewältigungshandlung bei Traumatisierung Zeugnisse der beiden Künstlerinnen Louise Bourgeois und Niki de Saint Phalle heran (vgl. Kraft, 2015, 147). So interpretiert er beispielsweise die in den 1960er Jahren entstandenen Schießbilder letzterer (Bilder, auf denen Farbbeutel, Spraydosen etc. montiert, mit einer Gipsschicht überzogen waren) als Verarbeitungsform des Traumas. Im Schießen auf die Bilder, dem Herunterlaufen der Farbe aus den geplatzten Beuteln wird das Opfer (die Künstlerin) zu einer Art Täterin, symbolisch verletzt sie gleichsam absichtlich:

> »Die Theorie, das Trauma als unterbrochene Handlung zu verstehen, die sich wiederholen will, um zu einem – anderen! – Ende geführt zu werden, lässt sich hier bestätigen. So führt der Weg über die bewusste Erinnerung (›Ich bin verletzt worden.‹) über das Agieren (›Ich verletze.‹) zur Transformation der traumatischen Erfahrung (›Ich lasse aus der Verletzung etwas Neues entstehen.‹)« (ebd.).

Erfahrungsberichte von Kindern und Jugendlichen aus der gestalterischen Arbeit mit der Kunstpädagogin Friedl Dicker-Brandeis im nationalsozialistischen KZ Theresienstadt heranziehend, entwickelt Stefan Reichelt zentrale Potentiale des Kunstmachens als Unterstützung von Trauma-Betroffenen. Reichelt verfügt über eine fundierte kunst-, psycho- und Trauma-therapeutische Ausbildung und eine langjährige Praxiserfahrung mit Trauma-Betroffenen und kristallisiert fünf zentrale Wirkfaktoren heraus. Diese erweisen sich nicht nur als beeindruckend spezifisch, sondern erlauben eine Sensibilisierung des*der Lesenden für pädagogische und therapeutische Kontexte, indem sie ihnen eine selbstreflexive Verortung in dem überlagernden Bereich ermöglichen. In Theresienstadt hatte Dicker-Brandeis die Kinder überwiegend frei arbeiten lassen, es ging ihr wohl weder um bestimmte Techniken noch um die Qualität von Bildern, sondern um das Ermächtigen der Kinder überhaupt zu malen. Manchmal forderte sie diese auf zu träumen, die Natur, den Himmel anzuschauen und zu zeichnen (vgl. ebd.).

> »Friedl glaubte, dass jeder malen kann. Also machte sie sich zur Aufgabe, die Kinder in einen Gemütszustand zu versetzen, in dem sie malen konnten oder wenigstens malen wollten. Und so war es: Wir waren halb verhungert und krank und wir malten. Sie half uns unsere Hände zu wärmen und zu lockern, und forderte uns auf, einfach zu malen und glücklich zu sein. Und wir waren glücklich in diesem Moment« (Raja Englanderova in Makarova 1999 zit. in Reichelt, ebd., 260).

Ergänzt um einen Erfahrungsbericht von Jan Philipp Reemtsma, der entführt und einige Wochen in einem Keller festgehalten wurde, hebt Reichelt als erstes Wirkmoment die große Bedeutung des Aktiv-Werdens in einer solchen Situation absoluten Überwältigt-Seins hervor. Sich momenthaft wieder wirkmächtig zu fühlen, mit Pinsel und Farbe die Hände und Arme in Bewegung zu bringen und sichtbare Spuren zu setzen, verändere den erstarrten Zustand:

> »Unter Zuhilfenahme der Malwerkzeuge lösen sich Traumatisierte aus diesem Zustand passiver Überwältigung und treten in Kontakt zu eingefrorenen Handlungs-

und Gestaltungsoptionen. Obwohl ihre Darstellungen zunächst oft konfus, ausweglos oder bizarr wirken, sind es doch Lebensspuren, die sich im Liniengefüge der entstehenden Bildfolgen abzeichnen« (ebd., 260).

Der zweite Wirkfaktor besteht beruhend auf Forschungsergebnissen von Kolk und Fisler (1995) zu einer überwiegend sinnlich-sensorischen, nicht verbalen Speicherung von Traumata in der Bedeutung der Bilder als Repräsentanzen der betreffenden Erlebnisse, der visuelle Modus ist der häufigste Erinnerungsweg (vgl. ebd., 262), denn kaum eine traumatisierte Person könne ein »kohärentes Erlebnisnarrativ« (ebd.) zur Verfügung stellen. In der Konsequenz zeigt dies die hohe Relevanz bildnerischer (Erinnerungs-) Arbeit in der Annäherung an traumatische Erlebnisse. Über Bilder könnten diese am ehesten rekonstruiert werden, was Reichelt unmittelbar zu Wirkmoment drei führt: dem der Möglichkeit, Bilder im Spannungsfeld der Überflutung versus »dosierter Annäherung« (ebd.) einzusetzen. So zeigt er auf, dass betroffene Kinder und Jugendliche in frühen Phasen nach der Trauma-Exposition vermehrt Tröstliches zeichnen und malen (Heldenfiguren und Engel). Auch er beruft sich auf die Wirkung des Übergangsobjekts zur Stabilisierung, wie es bereits im Kapitel 3.2 (▶ Kap. 3.2) der theoretischen Grundlagen eingeführt wurde. Das Konzept des »Andockens an kollektiv bekannte Ikonen« (▶ Kap. 2.4.2) könnte zudem hierfür herangezogen werden. Erst mit der Zeit könnten Betroffene sich sodann den Trauma-Erinnerungen aussetzen, die zuerst in chaotischen Zeichenspuren, in diffusen Nebel-, Nacht-, Geheimnisbildbereichen auftauchen würden, flankiert von der Darstellung belasteter Gefühlswelten (vgl. ebd., 263). Und dazu sind nicht alle Kinder fähig, wie Westlund-Morgenstern in Fallberichten aufzeigt (vgl. a. a. O.,195 ff.).

Diese schrittweise Annäherung und Integration der Trauma-Erfahrung kann nur in therapeutischen Kontexten geschehen, und selbst dort gelingt es nicht immer. Als vierten Wirkfaktor nennt Stefan Reichelt das langsame und schrittweise Zusammenwachsen der – aus Selbstschutz heraus – isoliert und dissoziativ, d. h. abgespalten gespeicherten Erlebnisanteile mit den stabileren Bereichen der Persönlichkeit. Auch diese Schritte finden in der Regel im Schutz einer tragfähigen therapeutischen Beziehung statt. Als Faktor fünf, der wiederum für alle pädagogischen und traumasensiblen Begleitungssituationen eine große Rolle spielt, nennt Reichelt den appellativen Charakter der Bildmitteilungen von Trauma-Betroffenen. Es geht darum, Verschwiegenes, Verleugnetes zu zeigen, zu verstehen, Zeuge zu werden und Antworten zu finden. Letztlich von Seiten der begleitenden Personen auch Anteil zu nehmen an erlittenem Leid, es zu »containen«, d. h. zu halten und Maßnahmen zu ergreifen und/oder noch bestehende Gefährdungen abzuwenden. In dieser Phase ist es für Pädagog*innen wie Therapeut*innen bedeutsam, die Betroffenen zu stabilisieren, Ressourcen ausfindig zu machen und zu aktivieren, »gute« Erlebnisse zu verschaffen. Als Methode wird in diesem Zusammenhang in zahlreichen Fachbeiträgen die »Arbeit mit dem sicheren Ort« genannt, entweder über bildnerische oder installative Gestaltungen einen Ort zu imaginieren und zu erschaffen, an dem die Betroffenen völlig unbedroht sind und ihnen niemand etwas anhaben könne. Von unbegleiteten minderjährigen Flüchtlingen, deren Biographie beinah immer von traumatisierenden Erlebnissen geprägt ist, wird in diesem Zusammenhang häufig berichtet, dass sie in ihren Bildern Häuser oder Wohnheime als Ausdruck eines großen Bedürfnisses nach Sicherheit malen würden (vgl. Schneider-Geweke, 2012, 266). Das Materialangebot zur Kreation eines sicheren Ortes spielt dabei eine nicht unerhebliche Rolle; erfahrungsgemäß entfalten archaische und wertige Stoffe auch aus der Natur (Bienenwachs, Filz, gefundene Vogelnester, Holzstücke, Körbe, Samt, Federn, Rohwolle) bei plastischen Erarbeitungen eine besondere Wirkung. Auch textile Techniken (Wickeln, Filzen, Weben) tragen einen beruhigenden Effekt in sich (vgl. Thelen-Daniel & Oberrauner, 2018, 51 ff.). Die sicheren Orte können in Anspannungssituationen oder bei beginnender Dissoziation in der Vorstellung immer wieder aufgesucht werden und ihr stabilisierendes Potential entfalten.

Weitere Methoden zu seelischer Stabilisierung auch in traumapädagogischen Kontexten ist das Einüben von sog. Distanzierungstechniken, wie die Erschaffung von »inneren Helferwesen« oder die »Bildschirmtechnik« (Kirschmann, 2008, 372), bei der sich aufdrängende Erinnerungen wie auf eine Leinwand gebannt und per Fernbedienung verlangsamt oder gestoppt werden (vgl. ebd., 373). Auch die »Tresorübung« (ebd.), das imaginierte Wegsperren sich aufdrängender Szenen kann die gleiche Wirkung entfalten. Mit der Herstellung realer Kisten oder anderer massiver, gar außen »wehrhaft« gemachter Behältnisse lässt sich die Wirkung des Wegsperrens eigener Erlebnisse weiter verstärken. Für sich sorgen zu wollen und liebevoll zu sich selbst zu sein gehört ebenso zu den einzuübenden Energien, die gut mit gestalterischen Mitteln unterstützt werden können (wohltuendste Farbe/Material finden, das gemachte Bild/Objekt weiter »versorgen«, die schönsten Stellen in Bildern per Passpartout »herausholen« usw.).

6.3 Fallberichte zur Verarbeitung von »life-events« mit traumatisierender Wirkung

Diesen ersten spezifischen Abschnitt zu Traumaarbeit über Bildnerische Medien möchte ich mit Überlegungen und Fallberichten von erschüttern-den life-events, welche das Potential der Auslösung einer reaktiven Belas-tungskrise aufweisen, ergänzen. Dazu forscht die Bewältigungspsychologie (sog. Copingforschung) seit vielen Jahrzehnten im Spannungsfeld von Stra-tegien der aktiven emotionalen und kognitiven Konfrontation mit Krisen (approach) versus diese zu vermeiden und zu verdrängen (avoidance). Bei-de Strategien können in Zusammenhang mit der seelischen Konstitution eines*einer Betroffenen, der Schwere der Krise und den ihm*ihr verfügba-ren Ressourcen hilfreich sein, eine auf den ersten Blick als konstruktiver zu bewertende und damit sofort zu forcierende aktive Bewältigungshaltung ist zu vermeiden und unbedingt im Kontakt mit begleiteten Adres-sat*innen auszudifferenzieren. Zudem können – das Konzept erweiternd – auch noch andere Abwehrmechanismen von Klient*innen genutzt werden und damit auch für uns Professionelle von Interesse sein. Eine phasenweise bedeutsame »Verdrängung« von »life-events« sollte nicht aufgebrochen und mit einer Konzentration auf das, was im Hier und Jetzt guttut (Stabili-sierung), gewendet werden.

Im Kontext meiner künstlerisch und psychosozial begleiteten Arbeit mit von HIV und AIDS Betroffenen, konkret mit überwiegend jungen homose-xuellen Männern in ihrem zweiten oder dritten Lebensjahrzehnt zu einer Zeit, als die Diagnose HIV und AIDS noch unausweichlich, in einem relativ kurzen Zeitraum zum Tode führte, kann diesem Ereignis durchaus eine seelisch traumatisierende Belastungsdimension zuerkannt werden. Zudem war die Akzeptanz eines homosexuellen Lebensstils in den 1980er Jahren eher die Ausnahme, womit die HIV-Infektion neben der körperlichen Le-bensbedrohung soziale Ausschlussprozesse nach sich zog und daher umso mehr als erschütterndes »life-event« gelten kann. Neben den schweren körperlichen, alle Organe befallenden Infektionen der AIDS-Erkrankung inkl. des im Rahmen von AIDS auftretenden, aggressiven, nach außen über braunschwarze Wucherungen sichtbaren Hautkrebses (Kaposi-Sarkom), war das hohe Stigma-Potential dieser neuen Erkrankung für die Betroffe-nen psychisch besonders belastend. Durch sexuelle Kontakte und/oder in-travenösen Drogengebrauch hauptsächlich übertragen, offenbarte das Ein-geständnis der Erkrankung gleichzeitig das Outing eines nicht gängigen, in den 1980ern noch häufig stigmatisierten und pathologisierten Lebensstils.

Als Zwang zu einem doppelten Coming Out bezeichneten viele homosexuelle Klienten den Befund einer HIV-Infektion, nicht wenige verloren den Kontakt zu ihren Eltern, Freunden, Arbeitskolleg*innen, Bekannten und teils sogar Geschwistern und fanden sich nach kürzester Zeit mit dem Ausbruch der ersten sog. opportunistischen Infektionen des Stadiums AIDS bar ihres familiären, sozial-emotionalen Netzwerks, ihrer Arbeitsstelle und der Perspektive, ihre Studien oder Ausbildungen beenden zu können. In einem so jungen Lebensalter mit der Diagnose einer so schweren, tödlich verlaufenden Krankheit und ihren psychosozialen sowie ökonomischen Folgen konfrontiert zu sein, kommt einem Schock mit traumatisierenden Wirkungen gleich. Insofern verwundert es fachlich nicht, dass einige Klienten in der Phase kurz nach der Diagnosestellung starke seelische Krisen bis hin zu kurzzeitigen reaktiven psychotischen Episoden und suizidale Impulse entwickelten. Verschlechterungen im Krankheitsverlaufs im Sinne der Zunahme opportunistischer Infektionen an mehreren Organen verbunden mit weiteren psychosozialen Einschränkungen wie zunehmender Vereinsamung führten in der Regel auch zu krisenhaften psychischen Belastungsreaktionen. Zur Illustration derartiger Verläufe verbunden mit Potentialen künstlerischer Arbeit im Sinne einer Stabilisierung möchte ich zwei kleinere, stark anonymisierte Fallvignetten beschreiben. Es wird mit einer Ausnahme auf Abbildungen verzichtet.

X (Mitte/Ende 20) wurde unmittelbar nach dem ersten Auftreten von Symptomen vom behandelnden Internisten aufgrund eines zusätzlichen krisenhaften psychischen Zustandes ins Krankenhausatelier geschickt. Hintergrund dafür war neben der Erkrankung der Rauswurf aus der Wohngemeinschaft aufgrund der Diagnose HIV, in der X mit seinem Bruder und anderen jungen Erwachsenen gelebt hatte. Er bewohnte mittlerweile eine neue Wohnung, doch konnte er verbunden mit dem gestiegenen auch seelischen Unterstützungsbedarf der AIDS-Erkrankung die radikale Distanzierung seiner Herkunftsfamilie nicht verkraften. X erlebte diese als existentielle Zurückweisung, Bestrafung und Kränkung und geriet in einen von Ängsten, Überforderungsgefühlen und tiefer Verzweiflung geprägten seelischen Zustand. Er konnte das Haus kaum mehr verlassen, seine Post über Wochen nicht öffnen. Psychiatrisch gesprochen entwickelte er eine reaktive psychotische Episode, wollte jedoch nicht in stationäre Behandlung, sondern die psychosoziale Begleitung im Krankenhausatelier wahrnehmen. Es war spürbar, wie schlecht es ihm ging. Trotzdem begann X sich im offenen Atelierbereich mit anderen Betroffenen, die ihm mit großer Selbstverständlichkeit begegneten, wohlzufühlen. In Sequenzen der Einzelarbeit, wie es in offenen Ateliersettings immer wieder möglich ist, klärte ich mit

X schrittweise seine psychosoziale Not mit den größten Unterstützungsbedarfen und versuchte mit ihm parallel, geeignete Gestaltungsmaterialien
und -themen zu finden. Analogien zwischen psychosozial orientierten
Anamnesegesprächen und möglichen künstlerischen Handlungsformen herstellen zu können, empfinde ich nach wie vor herausforderungsvoll und
hoch hilfreich. X befand sich selbst zu Beginn der gemeinsamen Arbeit als
zu sehr belastet, um aktiv Gestaltungsideen zu entwickeln, er wusste förmlich nicht mehr aus noch ein. Deutlich trat zu Tage, dass es um behutsame
Stabilisierung ging, um ein Kontaktfinden in die Ateliergruppe und zu mir,
noch gar nicht um eine Bearbeitung der Diagnose und des offensichtlich
dramatisch erlebten Rauswurfs aus der Familie (siehe vorheriger Abschnitt
zu Trauma).

Ich schlug gegenstandsfreies Collagieren mit unterschiedlichen leicht
farbigen Papieren diverser Oberflächen (teils rau, teils durchsichtig und
glänzend) vor, zeigte entsprechende Bildbeispiele von Künstler*innen
(Orientierung an äußeren [Bild-]Realitäten versus Versinken im eigenen
seelischen Leid) und bot so Material und eine Aufgabenstellung mit struk-
turiertem, differenziertem, aber doch einfachem und offenen Aufforde-
rungscharakter an. X konnte die Idee aufnehmen und begann viele Wochen lang, Papiere langsam und sorgfältig in Streifen unterschiedlicher
Formate zu reißen und in aufwendigen Prozessen zu komponieren; bedächtig gruppierte er – streng vertikal und horizontal ausgerichtet – Streifen-
und Recteckkompositionen in mittleren Größen (ca. 30/40 cm). Er ver-
mochte in dieser Technik einen spezifischen Stil herauszubilden, als er die
farblich wie formal subtilen Kompositionen mit vertikalen Strichen in Zei-
chenkohle zu verstärken begann. Gleichzeitig stabilisierte sich X' psychisches Befinden, er fasste zunehmend Vertrauen in den Rahmen des offenen Ateliers, profitierte von den Kontakten zu den anderen gleichermaßen
betroffenen Klienten, die ähnlich stigmatisierende soziale Ausschlusserfah-
rungen gemacht hatten. Selbsthilfepotentiale entfalteten sich zwischen
einzelnen Gruppenteilnehmern, sich privat zu treffen, sich zu unterstützen
und kulturelle Angebote gemeinsam wahrzunehmen. Als aufschlussreich in
bewältigungsspezifisch-fachlicher Hinsicht zeigt X' weitere künstlerische
Entwicklung, so ging das Ende der akuten psychischen Krise einher mit
dem Ausklingen der Phase abstrakter, sehr geordneter Papiergestaltungen.
X hatte förmlich ein ordnendes Raster in seine psychische »Ungefasstheit«
bringen können, die künstlerische Arbeit hatte seinen gesamten Stabilisie-
rungsprozess unterstützen können, gleichzeitig kam er darin zum Ausdruck. Nun stand etwas Neues an, als könne X sich wieder mehr dem Leben zuwenden. In dieser Zwischenphase war er an einigen Terminen (an

zwei Tagen pro Woche konnten die Patienten für mehrere Stunden kommen) beinahe untätig im Atelier, probierte an der Erweiterung der Streifenbilder herum, schaute den anderen beim Arbeiten zu und fand schließlich Interesse an den Farbpigmenten, die ich an jenem Nachmittag mit unterschiedlichen Bindern für einen anderen Teilnehmer der Gruppe als Methode zur Herstellung von Farben zeigte. X schloss sich in den folgenden Stunden diesem Prozess der Farbherstellung in sorgfältigster, langsamer Weise an, ohne etwas zu malen, es schien vorab darum zu gehen, überhaupt Materie wieder kennenzulernen, mit Substanz umzugehen. Stundenlang rührte er in Näpfchen Pigmente mit verschiedenen Bindemitteln zusammen. Als erstes Produkt entstand daher auch ein Objekt aus Farbmaterial; ein Pappdeckel, wie er üblicherweise beim Würstchenkauf ausgegeben wird, war mit blauer Farbpaste bestrichen und trug zudem einen Teelöffel, auf dem eine große grüne Farbkugel platziert war. Metaphorisch vermittelte sich etwas wie: »Es ist angerichtet«.

In der Tat entstand am folgenden Termin ein großformatiges Bild, auf dem X mit der roten selbst angerührten Farbpaste eine schematische Figur dargestellt hatte, umrahmt von einer gelben Sonne, zwei blauen Wellenlinien und etwas Grün. Alle Bildelemente hatte X sorgsam und langsam mit dem rechten Zeigefinger aufgetragen, erstmals tauchten konkrete Objekte und etwas Figürliches auf und erstmals erhielt die Arbeit einen Titel. »Ich in den Elementen« hieß das Bild, das rote Männchen wird als Selbstobjekt identifizierbar. Der Startschuss schien gelegt zu sein für ein Leben, in dem er sich wieder neu ins Spiel brachte, und so war es auch im psychosozialen Sinne. Seine schwerste psychische Krise war überwunden und trotz vielfältiger körperlicher wie seelischer Belastungen durch einen vergleichsweise schweren Krankheitsverlauf von mehreren Jahren bis zu seinem Tod, konnte X seine Zeit relativ aktiv gestalten, fand eine gewisse Erfüllung in der künstlerischen Arbeit, in kulturellem Interesse, im Zusammensein mit anderen Betroffenen und gegenseitigen Hilfen. Zudem engagierte X sich mit Beiträgen zu politischen, öffentlichkeitswirksamen Veranstaltungen und Ausstellungen, um für die Akzeptanz von HIV- und AIDS-Betroffenen mit anderen Lebensstilen zu kämpfen. Er beteiligte sich mit seinen Bildern an der Show »Front – alltägliche Kampfbilder gegen HIV« und für eine zweite Einzelausstellung hatte X den provokativen Titel »Spätwerk« beigesteuert. Das Titelbild der Ausstellung »die rote Scham« (▶ Abb. 11) zeigt gleichzeitig, dass das oben beschriebene »Elementbild« ein Schüsselwerk seiner Stilfindung war und sein gesamtes folgendes künstlerisches Oeuvre prägte.

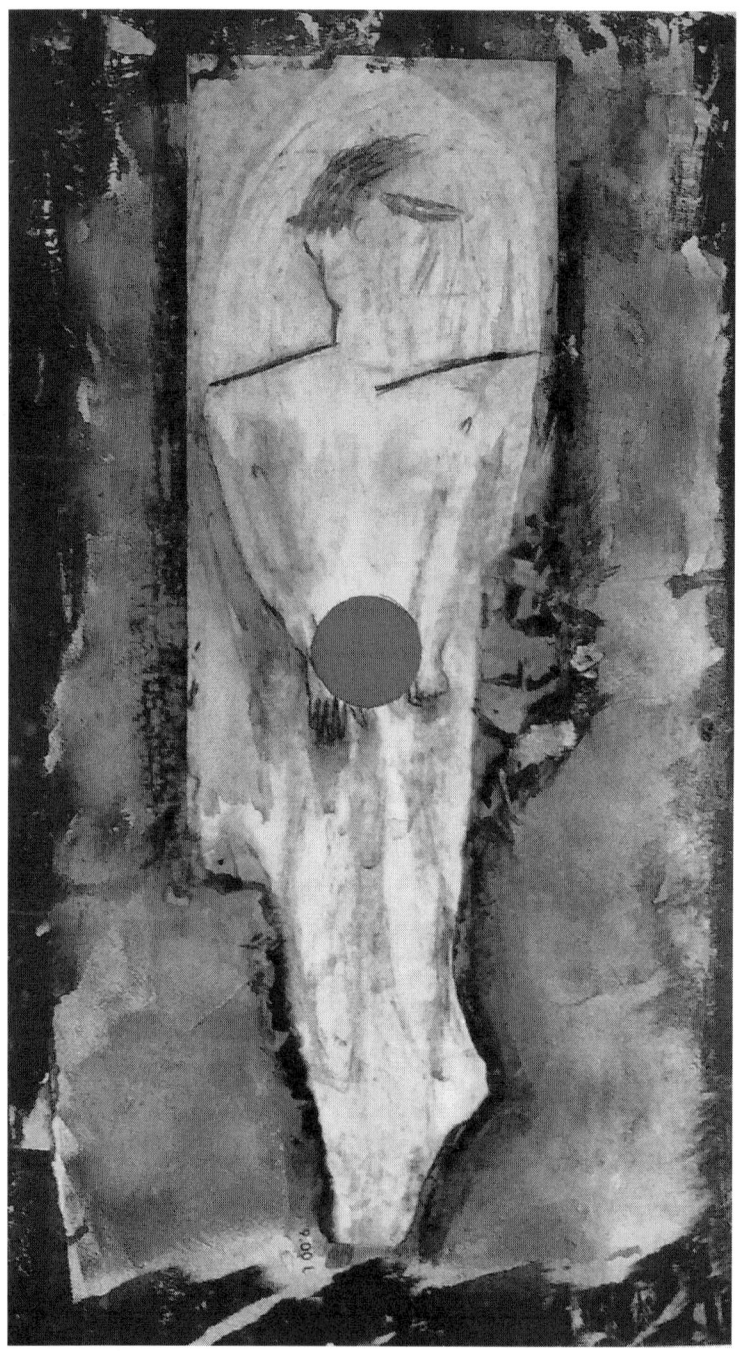

Abb. 11: anonym (1992), »die rote Scham«, (ca. 40 x 30 cm), mixed media auf Papier

Die schematisch vereinfachte menschliche Figur, die mit reduzierten Kohlestrichen umrissen und mit Auge und Haar als Gesicht reduziert gezeichnet wird, ergänzen gelbe und blaue Farbelemente als Aura der Menschendarstellung. Sie ruht auf einem weißen, langgezogenen Papierrechteck, dessen Außenränder in der unteren Bildhälfte nah an den Figurumriss heranreichend weggebrannt worden waren. In der Intensität von »Elementarkräften« (Feuer) sollte der durch AIDS verursachte körperlich schmerzhafte Verfallsprozess symbolisiert werden, in mehrfachen und mehrschichtigen Wasch-, Färbe- und Collagierprozessen wurde das zentrale Papier sodann auf violett und weiß gefärbte Papierträger aufgebracht und erst zum Ende hin mit wenigen Kohlestrichen für die Hände, die linke Gesichtshälfte und die Schultern vervollständigt. Als letzte bildnerische Aktion schließlich brachte X eine exakt umrissene, satte rote Farbscheibe als Markierung für das Risiko und die Brandmarkung schwuler Sexualität an. X gestaltete an solchen Bildern über Wochen, hatte in der Regel mehrere Werke gleichzeitig in einem langsamen, vielgliedrigen Prozess in Arbeit, welcher häufig von Farbaufbringung, Löschung oder Abwaschung geprägt war. Bedächtig und sorgsam wurden die teilweise archaisch anmutenden Bildmotive wieder und wieder hervorgeholt und über Waschungen und Färbungen zum Verschwinden gebracht und nur noch als Fragmente sichtbar. Der Prozess schien einer Simulation wiederkehrenden Abhandenkommens und seiner Rekonstruktion gleichzukommen: sieht man darin selbstaktualisierende Momente, musste auch X sich immer wieder ganz machen, wiederfinden in seiner Selbst- und Lebenskonturierung in Anbetracht eines mittlerweile schweren Erkrankungsverlaufs, welcher von häufigen Klinikaufenthalten und schmerzhaften, bedrohlichen Infektionserkrankungen unterschiedlicher Organe mit beschwerlichen Begleiterscheinungen bestimmt war. X behielt den mit seiner Restabilisierung erstmals sich kristallisierenden eigenen »Stil« weiter bei, nie mehr in den folgenden ca. vier Jahren der Begleitung im offenen Atelier kam es zu gegenstandfreien, von Rechtecken und Linien geprägten Kompositionen. Weiter mit verschiedenen Bindemitteln und Erden, Bildwaschungen, Farbaufträgen mit Fingern und Stöcken experimentierend, wuchsen die Formate. Sie enthielten immer partielle menschliche Darstellungen oder Teilansichten von Tieren, letztere jeweils in symbolisierender Weise eigene Zustände repräsentierend (Selbstportrait als alter einsamer Wolf, Selbstportrait als Indianer und ein archaischer Fisch).

Im Kontext von solch heftigen Reaktionen auf biographische Krisen und Kränkungen im obigen Sinne möchte ich an einer weiteren Fallvignette eines ebenso von HIV betroffenen homosexuellen Klienten aufzeigen, wie seelische Belastungen zu reaktiv psychosenahen Wahrnehmungs-, Denk- und Verarbeitungsveränderungen führen können. Y war Student der Altphilologie, er entstammte einer tief katholischen Familie aus einer ländlichen Region Süddeutschlands, insofern hatte er seine auch von ihm selbst schuldhaft erlebte und nicht gänzlich akzeptierte sexuelle Orientierung noch nicht offenbart. Mit zunehmenden Erkrankungsphasen und damit verbundenen Verzögerungen des Studienabschlusses kam es gezwungenermaßen zu einem »doppelten Coming out«, das hohen seelischen Stress verursachte. Auch Y hatte dies erlebt, verbunden mit der so gefürchteten massiven, tief kränkenden Ablehnung durch seine Eltern. Im künstlerischen Prozess erinnere ich aus dieser Zeit der psychischen Verunsicherung Collagen, spielerisches Hantieren mit unterschiedlichem Material. Y kam regelmäßig ins offene Atelier, ohne längere konzentrierte Gestaltungsprozesse in Angriff nehmen zu können, doch er profitierte sehr von der Atelieratmosphäre in Gemeinschaft mit anderen Betroffenen und dem kontinuierlichen Gesprächskontakt zu mir. Aus den punktuellen, materialintensiven künstlerischen Experimenten entstand einmal ein Christus-Kreuz aus brauner Pappe, die Stigmata der Nägel waren kleine Holzkeile zur Spannung von Rahmenleisten für Leinwände, die reichlich in magentafarbiges Acrylmaterial getaucht, in die Pappe gedrückt wurden. Aus den Eintrittsstellen der Holznägel quoll überschüssige Farbe hervor und lief herunter. Damit wurde die ikonografisch leicht identifizierbare Aktion des »ans Kreuz Schlagens« mimetisch nachvollzogen und nicht nur malerisch dargestellt. Eine Identifikation verbunden mit dem entsprechend starken eigenen Erleben kommt hier zum Ausdruck.

Zeitgleich forschte Y für seine wissenschaftliche Abschlussarbeit, deren präzise Fragestellung ich nicht mehr erinnere, in altsprachlichen Texten frühchristlicher Mönche. Wir besprachen immer wieder seine Fortschritte und neuen Erkenntnisse, sodass es mich anfangs nicht besonders wunderte, als Y mit großer Begeisterung von seiner Entdeckung einer vermuteten Geheimsprache in den Quellentexten berichtete. Tag und Nacht würde er an der Entschlüsselung des Codes arbeiten. Daneben erzählte Y von seiner Beschäftigung mit Legenden von Reliquienschreinen verschiedener Heiliger in Italien, welche an bestimmten Tagen in bestimmten Zeitabständen wiederkehrend Flüssigkeit absondern würden (Blut und Fett). In religiöse Gebräuche eingearbeitet und mit solcher Art Legendbildung vertraut, erstaunte mich auch dies nicht übermäßig. Schließlich brachte Y vermehrt zahlreiche, akribisch mit unterschiedlichen Buchstabencodes und deren Entschlüsselungsmöglichkeiten beschriebene Blätter mit, die geheime Bedeutungen der Quellentexte eröffnen würden. Y war in seinen eigenen Augen der Enthüllung geheimer Alltagshandlungen der Mönche im klösterlichen Zusammenleben auf der Spur; das ursprüngliche, reale Forschungsanliegen seiner Abschlussarbeit war völlig aus dem Blick geraten. Spätestens zu diesem Zeitpunkt kam schlagartig die Vermutung auf, Y würde in seiner Wahrnehmung und seinem Denken in den Bereich des Unwirklichen abgleiten, zu agitiert schien mir zudem seine Beschäftigung mit dem Geheimcode. In der Übertragung auf Y bereits skizzierte aktuelle Bewältigungsanforderung des Zurechtkommens mit einer beginnenden AIDS-Erkrankung in Verbindung mit zwangsweise geouteter, schuldhaft und schambesetzt erlebter Sexualität und ihrer Stigmatisierung durch die Familie bekam diese Verschiebung eigener Themen auf die Inhalte seiner Forschungsarbeit über christliche Mönche in Klöstern einen Sinn. Y begann in diesem historischen Material im wahrsten Sinne des Wortes Material für Identifikationen, insofern »Heil« zu suchen, Akzeptanz für sich im Spiegel einer vermuteten und/oder gewünschten homosexuellen Lebensweise in den Klöstern zu finden, welche er selbst so nicht erleben durfte. Auch die große Bedeutung der bereits erwähnten Flüssigkeitsabsonderung von Heiligenbildnissen für Y, die als »Lebendigwerden« gelesen werden können, standen sicher in einem seelisch konnotierbaren Zusammenhang mit seiner schweren Erkrankung, deren Verlauf Anfang der 1990er Jahre noch als tödlich galt. Im weiteren Sinn können sie als symbolisierende Denkversuche gelten, für zu bedrohliche seelische Inhalte Bilder zu finden.

Wie eingangs des Kapitels zu Trauma zu Grunde gelegt wurde, war trotz Y's brüchig gewordener Wahrnehmung der realen Fakten in den historischen Quellen und seinen faszinierten Schilderungen von »Wundern«, diesem Auftauchen von Subtexten oder überwirklichen Realitäten in jedem Fall Akzeptanz entgegenzubringen, damit sinnverstehend und stützend weiterzuarbeiten, d.h. an der Seite des Klienten zu bleiben (»Primat der Beziehung« nach Bock & Heinz, 2016, 216). Konkret meint diese Form der »anerkennenden« Begleitung von Y in dieser akuten Phase nicht, ihn in seinen Vermutungen nach Geheimcodes in den Quellentexten zu bestärken, diese mit ihm zu teilen, sie jedoch genauso wenig als irreal und damit »verrückt« zu konfrontieren. Es galt die seelische Verfassung im Blick zu behalten, um weiterführende Hilfen anbieten zu können, sowie in der aktuellen Phase stabilisierende Themen aus dem Alltag, dem künstlerischen Geschehen im Atelier in den Blick zu nehmen. In der Tat nahm in Y's Verlauf die Beschäftigung mit den geheim codierten Inhalten der historischen Quellen ab, ich fragte bewusst auch nicht mehr danach. Die Wahrscheinlichkeit eines »Subtextes« in jenen alten Quellen lässt sich wissenschaftlich vielleicht auch gar nicht zur Gänze abstreiten. Und die neutrale, nicht stigmatisierende Haltung der zu knackenden »Geheimschrift« gegenüber, die Y unter großer Getriebenheit und Anspannung vortrug, spiegelt den professionellen Umgang eines anthropologisch informierten klinischen Blicks auf phasenweise Veränderungen von Wahrnehmungs-, Verarbeitungs- und Denkprozessen in Folge von Krisen und Trauma-Erfahrungen wider. In Y's Fall klangen die Ideen zu den griechischen Quellentexten zudem nach einigen Wochen von selbst ab, ohne die Erfahrung stigmatisierender Psychiatrisierung und der Etikettierung einer psychischen Erkrankung erleben zu müssen, welche zu weiteren Kränkungen aufgrund von Exklusion und Diagnose geführt hätten. Der Schonraum des offenen Ateliers im Krankenhaus, das Y in diesem Zeitraum zweimal pro Woche aufsuchen konnte, um darin Begegnung mit anderen Betroffenen, Akzeptanz, stabile Zuwendung, künstlerisches Schaffen und psychosoziale Begleitung erfuhr, trug sicher zu dieser Stabilisierung bei. Was im Umkehrschluss nicht heißt, dass akute traumaspezifische reaktive Krisen mitunter (zusätzlicher) psychiatrische Behandlung bedürfen.

Damit kehren wir an den Beginn des Kapitels zum phänomenologischen Blick und Umgang mit durch (sequentielle) Traumatisierung ausgelöste seelische Not zurück: »Dabei sind gegenwärtige Studien über das erhöhte Psychoserisiko bei Migrantinnen und Migranten und insbesondere bei Geflüchteten ein aus sozialräumlicher Perspektive vielsagendes Beispiel für krisenhafte Daueranlässe« (Thoma, 2018, 230). Erfahrungen rassistischer Diskriminierungen spielen dabei nachgewiesenermaßen eine große Rolle (vgl. ebd.). Insofern sind Begegnungsräume zu schaffen, die genug Freiheit zum Ausdruck von Besonderem anbieten und gleichzeitig Schutz und Halt anbieten, der Kunst kann in einem solchen Kontext eine ausgewiesene Rolle zukommen:

> »Diese Nischenbildung setzt allerdings immer voraus, dass der psychiatrische Raum durch soziale Akteure angeeignet und damit von ihnen zu einem Teil ihrer Lebenswelt gemacht wird. Bleibt dies aus, d. h. werden beispielsweise Eigen- und Sonderwelten gemäß einer bestimmten Norm psychischer Gesundheit und Leistungsfähigkeit diagnostisch etikettiert und krank bewertet, werden Personen gegen ihren Willen dabei gar unter direktem oder indirektem Zwang therapiert, so nimmt erneut der repressive und ausgrenzende Aspekt der Psychiatrie überhand« (ebd., 250).

7

Inklusion und kulturelle Partizipation
in der Kunst

Vorangestellt seien dem Kapitel einige Grundgedanken zu Inklusion und der Rolle ästhetischer Medien darin. Traditionell waren in heil- und sozialpädagogischen Handlungszusammenhängen nonverbale, ästhetische, künstlerische, kunsthandwerkliche und kulturnahe Praxen stark vertreten, um Menschen mit unterschiedlichen Fähigkeiten und Gaben – und bewusst wird an dieser Stelle der Argumentation nicht der Defizitblick der Konzentration auf die jeweiligen Beeinträchtigungen gelegt – Möglichkeiten des Ausdrucks, der Kommunikation und der Interaktion zu eröffnen. »Kulturelle, psychosoziale, körperliche und intellektuelle Andersartigkeiten und/oder Einschränkungen der verschiedenen Klientengruppen erfordern erweiterte Handlungsräume« (Grosse, Niederreiter & Skladny, 2015, 8). Begründet wird dies mit der Zweckfreiheit der Künste und der Offenheit der aus ihr heraus entwickelbaren Formate des Ausdrucks und der Interaktion für undenkbar viele Anlässe, Entwicklungsaufgaben und Ziele zwischen Identität, Biographie, Lebenswelt und sozialem Handeln von Menschen unterschiedlichster Verfasstheiten und Bedürfnisse. Das integrative Potential ästhetisch-kultureller Praxen ist diesbezüglich konstitutiv: ein Bild, einen Ton, eine Geste für etwas zu finden und zum Ausdruck zu bringen, die jeweilige ästhetische Äußerung des anderen wahrzunehmen und mit Bedeutung zu verknüpfen gehört zu den Basiskompetenzen des Menschen. Ohne die Debatte um Integration und Inklusion hier differenziert führen zu wollen, muss auf den Widerspruch zwischen dem in der UN-Menschenrechtskonvention formulierten Anspruch auf unhintergehbare gesellschaftliche Teilhabe und ihrer realen Umsetzung hingewiesen werden, welche sich in der Praxis häufig in punktuell inszenierten, integrativen Momenten eines Miteinanders von Menschen mit und ohne Beeinträchtigungen beschränkt und die strukturelle Idee eines gleichermaßen Beteiligtseins auf Augenhöhe nicht einlöst (vgl. Dannenbeck, 2015, 15 f). Die 2009 auch in Deutschland ratifizierte UN-Konvention hat zwar das allgemeine Bewusstsein erhöht und alle mit entsprechender Klientel arbeitenden Institutionen, primär Schulen, zu angepassten Regelungen in ihren Konzeptionen veranlasst, doch bewertet Dannenbeck dies eher skeptisch, wenn er sagt:

> »Mal mit dem Anspruch empathischer Solidarität verbunden, mal aus mehr oder weniger unreflektierten Motiven belagernder Fürsorglichkeit heraus inszeniert, sind Strategien solcher Art allemal ungeeignet Inklusion zu befördern, da sie bestenfalls auf punktuelle Integration – oder deren Schein – abzielen und das strukturelle Inklusions-Exklusionsverhältnis in aller Regel weder thematisieren noch gar grundsätzlich zu verändern in der Lage sind« (ebd., 19).

So spricht er kritisch von einem »Fitnessprogramm für sozial Bewegte« (ebd.) und formuliert ein Plädoyer dafür, nicht nur die isolierten integrierenden Praxen und methodisch verbesserten Strategien solcher Ereignisse in den Blick zu nehmen, sondern die Bedingungen einer solchermaßen inklusiven Gesellschaftsvision ständig zu befragen (vgl. ebd., 20). Eine andere Klippe um Inklusion stellt die sich durchsetzende Sensibilisierung gegenüber diskriminierender und stigmatisierender Sprache dar, die in ihren konstruierenden Zuschreibungs- und Ausgrenzungsdynamiken mehr und mehr durchschaut wird und zu neuen, doch mitunter auch verunklärenden Formulierungen führt:

> »Im Zuge der Inklusionsdebatte bemühte Diskurse wie jener der ›diversity‹ oder der ›Stärkenperspektive‹ in Verbindung mit einer zunehmenden Umbenennung von Problemlagen Einzelner und sozialer Gruppen im Sinne der ›political correctness‹ bergen nicht selten die Gefahr reale Beeinträchtigungen und Hilfebedarfe zu verschleiern oder gar zu leugnen« (Grosse et al., a. a. O., 9).

Assistenzbedarfe müssen klar benannt und eingefordert werden können, orientierend sei weniger das stellvertretende Sprechen für Diskriminierte in ihren Betroffenenperspektiven, sondern ihnen Stimmen und Räume zu eröffnen, ihre Bedarfe, ihre Kritik selbst zu formulieren (vgl. Berendsen et al., 2019, 243). Auch dazu können Formate künstlerisch-kultureller Arbeit beitragen.

Eine vertiefte Beschäftigung auch mit anwendungsorientierten Formen ästhetischer Medien im Sinne der Integration/Inklusion/kulturellen Teilhabe von Menschen mit physischen, psychischen, intellektuellen Handicaps als klassische Adressat*innen so benannter Zielsetzungen ist ohne einen Blick in die Geschichte von künstlerischen Ausdrucksformen im Kontext von Behinderung und Beeinträchtigung und der davon Betroffenen nicht denkbar. Im Verständnis dieser Publikation sollen jedoch in einem zweiten Schritt auch all jene mitgedacht werden, die aufgrund von sozioökonomischen, politischen und/oder kultureller Faktoren am Rande der Gesellschaft leben, von Stigmatisierung und Exklusion betroffen oder bedroht sind. Gemeint sind Menschen mit Flucht- und Migrationshintergrund, von kultureller Bildung Ausgeschlossene (beispielsweise in Armut und prekären Verhältnissen Lebende, »klassische« Randgruppen wie Sinti und Roma, ...). Selbstverständlich treffen für die zuletzt genannten gesellschaftlichen Gruppen andere Facetten aus der Theoriebildung und andere Gewichtungen in der Wahl von Methoden und Materialien zu, das grundlegende Verständnis ästhetischer/kultureller Medien in ihren Valenzen für inklusive Prozesse bleibt jedoch identisch. Daher werden in diesem Kapitel als weitere Diskursebene aus kunstwissenschaftlicher Sicht Auszüge aus der Debatte um die Sozial interventionistische/partizipatorische Kunst (new genre public art) eingebunden.

7.1 Aktuelle Entwicklungen der »Outsider Art«

7.1.1 Historische Vorläufer

Mit der gleichnamigen Sammlung von mehr als 5000 künstlerischen Arbeiten von Psychiatriepatient*innen aus deutschsprachigen Anstalten begründete der Arzt und Kunstwissenschaftler Hans Prinzhorn in Heidelberg gemeinsam mit der daraus resultierenden Publikation »Bildnerei der Geisteskranken« 1922 die erste systematische Forschung im Feld. Seine besondere Leistung bestand darin, die primär medizinisch-psychiatrisch ausgerichtete Analyse um eine künstlerische Würdigung der Werke erweitert zu haben, was sich in der Folge in der umfänglichen Rezeption des bebilderten Bandes durch die Surrealisten und damit in einer »Einwanderung« der Bilder in die Kunstszene der damaligen Zeit niederschlug. Prinzhorns Buch wurde als mittlerweile »unhinterfragter Gemeinplatz« (Röske, 2009, 9) zur »Bibel der Surrealisten«, diese ließen sich sowohl von stilistischen Merkmalen (Verzerrungen, Verfremdungen, »verrückte« Bildwelten) als auch experimentellen Techniken (z. B. automatisches Zeichnen) und »armen« (Alltags-)Materialien inspirieren oder imitierten die Werke sogar. In ihren Programmschriften (1. Surrealistisches Manifest von 1925) wird nicht nur die Faszination für die künstlerische Seite deutlich, sondern es erfolgte darin der erste Aufruf zur Aufhebung der lebenslangen Exklusion von psychisch kranken Menschen in psychiatrischen Anstalten. Das war nicht nur institutionell gemeint, sondern bezog sich genauso auf die Anerkennung des Wahns (vgl. Bürger, 2009, 27) als Form menschlichen Wahrnehmens und Denkens. Diesem ersten Akt der »Emanzipation« von psychiatrisierten Menschen folgte in Deutschland mit dem nationalsozialistischen Terrorregime ihre systematische Ermordung (T4-Aktion) nach den entsprechenden Gesetzen zu sog. erbgesundem Leben. Eine perfide, propagandistische Überblendung stellte in diesem Zusammenhang die durch Deutschland wandernde Ausstellung »Entartete Kunst« dar, welche ausgewählte Werke behinderter und etablierter avantgardistischer Kunstschaffender, versehen mit manipulativen museumsdidaktischen Handreichungen nebeneinander zeigte. Der Effekt bei Ausstellungsbesucher*innen war, die Kunst von behinderten Menschen mit der von professionellen Künstlern gleichzusetzen und als gleichermaßen »entartet« wahrzunehmen. Für die erste Gruppe hatte das Terrorregime Sterilisation und Tötung, für die zweite den Verlust der beruflichen Anstellung, die Entfernung der Werke aus Museen, Berufsverbot und Exil vorgesehen (vgl. ebd.).

Nach der auch geisteswissenschaftlich in Deutschland viele erreichte Denkhorizonte vernichtenden Zäsur des Zweiten Weltkriegs erfolgte mit Dubuffets »Art Brut« Konzept in Frankreich ab 1945 ein neuer Vorstoß zur Anerkennung von »Außenseiter«-Kunst, wobei sein Interesse nicht nur den Kunstschaffenden mit Behinderungen, sondern all jenen galt, die nicht über eine akademische Ausbildung verfügten (Kinder, sog. »naive« Maler*innen, sog. »Primitive«) (vgl. Bianchi, 1989, 72). Auch er legte eine Sammlung an, organisierte Ausstellungen, malte selbst teils nach den Vorbildern seines »rohen«, »unverkünstelten«, spontanen, ursprünglichen Kunstbegriffs. Sowohl den Surrealisten wie Dubuffet werden zu Recht »Plagiate«, die Instrumentalisierung der gesammelten Werke und/oder ihrer Schöpfer*innen vorgeworfen (vgl. Bürger, a. a. O., 37 ff, Bianchi, ebd., 74). Vielleicht eröffnet sich gerade hierüber das Verstehen jener Paradoxie, dass die (Kunst-)Welten des*der Anderen der »Normalität« in ihrer Widerständigkeit und Erweiterung der bürgerlichen Konventionalität mit ihren Normen und Regeln faszinieren und heroisiert werden. Andererseits können Betroffene den randständigen Ort nicht verlassen, sie haben nicht die Wahl, die psychischen Eigenarten im Wahrnehmen und Verhalten, die daraus resultierende Verstörung von sich und anderen, die Behinderungen, die daraus entstehenden Kränkungen und Aussonderungen einfach hinter sich zu lassen und sich gesellschaftlich verbunden zu fühlen. Es waren jeweils Menschen diesseits der Rationalität, die die anerkennenden Diskurse um die »Außenseiter-Kunst« mit den entsprechenden positiven Konsequenzen für das Sichtbar-Werden und Einbeziehen von beeinträchtigten Menschen weiterbewegt haben, sie sind es zumeist immer noch und diese Unterstützung ist auch notwendig. Doch wäre eine Quintessenz am Ende dieses historischen Exkurses, verstärkt für die vielschichtige Instrumentalisierung von Kunstschaffenden mit Behinderungen zu sensibilisieren und ihre vermehrte und ernst gemeinte Beteiligung an der Debatte um Teilhabe in den Künsten zu forcieren.

7.1.2 Aktuelle Tendenzen im Feld der Künste von Outsidern

War die Rezeption der Kunst von »Outsider«-Künstler*innen (so heißt die Kunst seit einer Publikation von Roger Cardinal aus dem Jahr 1972) zu Prinzhorns und später zu Dubuffets Zeiten der »art brut« bis in die späten 1970er Jahre des letzten Jahrhunderts hinein überwiegend entweder von Ablehnung oder romantisierender Faszination für das Rohe, Exotische, mitunter Verstörende geprägt, so hat sich der heutige Umgang mit Kunst von Menschen mit Beeinträchtigungen in der Kulturlandschaft verbreitert, normalisiert und professionalisiert.

Ausstellungen, Festivals und Projekte mit Arbeiten von Kunst- oder Theaterschaffenden, mit Musiker*innen und Tänzer*innen mit Handicaps – seit einigen Jahren hat sich der Begriff weg vom diskriminierenden »Outsider« hin zur Bezeichnung der »Self Taughts« eingebürgert – begegnen uns mittlerweile häufig. Zum einen sind hier viel beachtete und besprochene Präsentationen vom Format der »Weltenwandler« in der Schirn-Kunsthalle Frankfurt aus dem Jahr 2010 zu nennen, zum anderen treffen wir in den Foyers von Sparkassen und Rathäusern, in Cafés und Kliniken auf Shows, Konzerte oder Aufführungen von beeinträchtigten Künstler*innen. Ein Großteil der Einrichtungen, in denen Menschen mit Behinderungen leben, bzw. die sie als Arbeitnehmer*innen oder in anderen Rollen besuchen, macht mittlerweile mit Erfolg Angebote im künstlerischen Bereich und damit verbunden Ausstellungen und Aufführungen.

Museen und Sammlungen für Outsider Art – teilweise angeschlossen an Psychiatrien – sind entstanden (Kunsthaus Kannen Münster, Museum der Sammlung Prinzhorn Heidelberg, Museum im Lagerhaus St. Gallen, Museum Dr. Guislain Gent u v. a. m.). Seit mittlerweile beinahe 50 Jahren arbeiten offene und halboffene Ateliers erfolgreich oft unter Anleitung von professionellen Kunstschaffenden, Pädagog*innen, Kreativtherapeut*innen, Theaterleuten u. a. (die Schlumper, Atelier Blaumeier, Atelier Goldstein, Station 77, Theater Thikwa, u. v. a. m.), teils als reguläre Kunstarbeitsplätze finanziert mit betroffenen und interessierten Menschen. EUCREA firmiert als entsprechender Dachverband im Sinne einer weiteren Professionalisierung auch auf institutionellem Feld in der Qualifizierung von aktiven beeinträchtigten Kunstschaffenden und ihren Assistent*innen. Die Ermächtigung der Betroffenen beispielsweise zur Erlangung von Studienplätzen, Engagements und Ausstellungen auch in den etablierten Institutionen wird forciert. 2016 hat die Künstlerin Laura Schwörer in Leipzig auf dem EUCREA Kongress, dem wichtigsten Verband zur Interessensvertretung beeinträchtigter Kunstschaffender, sehr eindrücklich beschrieben, dass das Kunstmachen sie enthindern würde. »Enthinderung« sei für sie beim Malen ihrer fantastischen Welten und beim Schreiben ihrer Gedichte erlebbar. Im Jahr 2000 wurde erstmals der »Euward« ausgelobt und verliehen, die europäische Auszeichnung für Bildende Kunst im Outsider-Bereich, dem andere Wettbewerbe und Preise auf Länderebene folgten. Auch auf nationalen und internationalen Kunstmessen sind vermehrt Galerien vertreten, die sich auf Outsider Art spezialisiert haben (Art Cologne in Köln, Armory Show New York, ...). Zunehmend beziehen Kurator*innen zeitgenössischer Ausstellungen Arbeiten von »Outsidern« mit ein. Henry Darger, ein Künstler aus der viel beachteten Ausstellung der »Weltenwandler«, wird 2011 beispielsweise mit anderen Erfolgreichen der zeitgenössischen Kunst im Gropiusbau in Berlin im Rahmen der Sammlung Judith Rothschild des MOMA New York gezeigt. Kulturinteressierte dürften mittlerweile damit vertraut sein, dass Werke von Kunstschaffenden mit Beeinträchtigungen ohne akademische Ausbildung immer häufiger in den großen, auch international renommierten Schauen wichtiger Museen vertreten sind, dort entweder markiert als die besondere Kunst behinderter Menschen, die aufgrund ihrer besonderen Ästhetik, ihrem Einfallsreichtum, einer akribischen Umsetzung oder anderer so noch nie gesehener Aspekte beeindrucken. Oder es findet keine Erwähnung, dass diese Werke von Menschen mit anderen Biographien, nämlich denen der Exklusion, entstanden sind. Beides hat seine Berechtigung, ist jedoch hinsichtlich inklusiver Prozesse zu be- und hinterfragen.

Anders und in einer neuen Qualität konnte das selbstredende Miteinander von »In- und Outsider«-Kunst auf der Biennale in Venedig 2013, der nach wie vor bedeutendsten internationalen Ausstellung Bildender Kunst, wahrgenommen werden. Massimiliano Gioni, der Kurator der Schau, erhob das Modell des italienischen Autodidakten Marino Auriti, den »palazzo enciclopedico«, also die Idee eines Palasts, der die ganze Welt erklären könne, zum Vorbild für die gesamte Ausstellung. In präziser Prozentzahl lässt es sich nicht sagen, doch waren sicherlich mindestens ein Drittel der gezeigten Werke Arbeiten von »Self Taughts«, die unvermittelt zwischen und neben Arbeiten etablierter Künstler*innen präsentiert wurden. Nicht ein sensationshungriges Bestaunen erfolgte, sondern das In-Dialog-Treten aller Arbeiten miteinander. Das Spektrum war groß. Es reichte beispielsweise vom taiwanesischen Fabrikarbeiter Guo Fengyij, der krankheitsbedingt seiner Fließbandtätigkeit nicht mehr nachkommen konnte und zu Hause mit Kugelschreiber in dichter Strichtextur metergroße, dichtest bezeichnete geheimnisvolle gottähnliche Figuren schuf, über Anna Zemankova, die zarte Blütenzeichnungen mit dünnen Fäden akribisch auf Papier stickte, Farben und Papier hatte ihr der Sohn gebracht, als sie in ihren mittleren Jahren an einer schweren Depression erkrankte. Zu sehen waren auch »klassisch psychiatrische« Arbeiten wie die von Arthur Rispo di Rosario, der in den 40 Jahren seines Anstaltslebens in Rio de Janeiro aus Klinikabfall Rollstühle und -wagen mit diversen Versorgungselementen baute und riesige Tücher bestickte.

Hervorzuheben sind hinsichtlich dieser Biennale die Bildlegenden bei »Outsidern« wie Etablierten: Gleichermaßen und neutral enthielten sie Informationen über Anlässe, Themen und biographische Hintergründe für die Entstehung der Werke. Etwa zur polnischen Künstlerin Eva Katatkowa, die sich in vielteiligen Installationen intensiv mit den Themen Begrenzung, Verbot und Gewalt auseinandersetzt. Die darauffolgende Biennale 2015 dagegen zeigt Werke Natalie Wintsch' aus der Sammlung Prinzhorn in Venedig im zentralen »Illuminationi« Pavilion mit etlichen ihrer feinen kunstvollen Stickbilder »unmarkiert« – nur Fachleuten ist in diesem Fall der Werk-Hintergrund als Patientin einer Psychiatrie bekannt. Die Frage stellt sich insofern, ob das Label »Outsider« Kunst sinnvoll sei – Normalisierung und Professionalisierung im Kunstfeld scheinen auf vielen Ebenen gelungen, wobei davon nur ein kleiner Teil der Kunstschaffenden mit Beeinträchtigungen profitiert und auch überwiegend jene, die ein unverwechselbares eigenes Werk mit besonderer Ästhetik entwickelt haben. Ungeachtet dessen ist es natürlich von Bedeutung, dass sich in Natalie Wintsch' zauberhaften, geheimnisvollen Stickbildern verschnörkelte Liebesbotschaften an ihren behandelnden Psychiater verbergen, Gefühle, für die sie Ausdruck und symbolische Repräsentation finden musste, die jenseits des »Üblichen« liegt, aber gerade jene ästhetische Intensität ihrer Arbeiten hervorbringt. Amine Haase bewertet die Strategie der oben beschriebenen Biennale so:

> »Aber so eng verknüpft und so weitläufig dargelegt wie an den beiden Schauplätzen der Biennale 2013 war Kunst, die aus ganz unterschiedlichen Quellen entspringt, zuvor noch nicht. Das Zusammenspiel ergibt ein neues Bild und wird sicherlich zu neuen Überlegungen in Museen und Galerien führen. Schließlich haben Theorie und Praxis der Postmoderne längst Tür und Tor geöffnet, um alles zu vereinnahmen und zu kommerzialisieren, was marginal ist – egal ob innerhalb oder außerhalb unserer westlichen Kultur« (Hase, 2013, 45 f).

So viel aus kunstwissenschaftlicher Sicht, die nicht von Ungefähr zunehmend die Gesetze des Kunstmarktes mit reflektiert. Die Beantwortung der oben gestellten Frage nach dem Sinn der Unterscheidung von »Outsider-Kunst« und »Kunst-Kunst« wie Amine Hase es abgrenzend nennt (ebd. 45), braucht im psychosozialen Feld andere, differenziertere Antworten.

7.2 Kunstbegriff und Kontexte des Kunstmachens von Menschen mit Exklusionserfahrungen

Künstlerisch-therapeutische Angebote gehören seit langem zu den Standards in Behandlung und alltagsstrukturierender Begleitung von psychisch beeinträchtigten Menschen. Dabei liegt der Fokus nicht auf dem künstlerischen Produkt. Gleichzeitig gibt es die oben skizzierten Ausstellungsbeteiligungen auf höchstem Niveau. Was macht diesen Kunstbegriff aus, wie lässt er sich fassen bei Arbeiten von psychiatrieerfahrenen Menschen, deren stilistische Eigenheiten mitunter bizarr anmuten und die nicht immer verstehbar sind (vgl. Thomashoff, 1999, 152). Schuster bspw. vermerkt dazu kritisch: »Die Kunst der Geisteskranken ist nicht etwa eine besondere Kunst, sondern eine Kunst der ›Normalen‹ – die ja aus den Werken der Geisteskranken das heraussuchen, was ihrem Kunstbegriff entspricht« (Schuster, 1999, 92). Sind es dann nicht wiederum die »Insider«, die das Etikett der Prädikatskunst vergeben? Auch der alte, mystifizierende Gedanke, jede*r

Schizophrene sei ein*e Künstler*in, ist überholt. Dazu argumentiert Thomashoff als Psychiater und Kunstwissenschaftler doppelt kompetent: »Ich glaube nicht, dass pauschal krankheitsbedingte Gestaltungsmuster Kunst zur Folge haben können, ebenso wenig wie auch die Krankheit eines Künstlers ausschließen kann, dass dieser zur Schaffung von Kunst fähig ist« (Thomashoff, ebd., 151). Von Nöten scheint eine differenzierte Betrachtung von »In-« wie »Outsider«-Künstler*innen, sowie der Kontexte, in denen ihre Kunst entsteht. Für Menschen mit Psychiatrieerfahrung kann das heißen, auch wenn der Begabungsbegriff in meinen Augen ein problematischer ist: »Schizophrenie macht keine Künstler. Sie schafft allerdings Weltnot in radikalster Form und absoluten Zweifel. Dieser Zustand ist lebensbedrohend und zwingt zur Kreativität, die sich bei Begabung in Kunst äußern kann« (ebd., 155). Mit diesem Zitat verbinde ich weiter Gorsens Kritik, die Outsider Kunst solle nicht einfach als postmodern verstandene Spielform, als irgendein weiteres, ästhetisch interessantes Genre neben vielen anderen unreflektiert um ihre eigene Kraft und Entstehungsbedingung verhandelt werden: »In den Museen moderner Kunst breitet sich hingegen eine friedliche Nachbarschaft, häufig nur eine hedonistische Melange der parallelen Bildwelten von Outsider- und Insider-Kunst aus. Art brut, die ungehobelte, rohe Kunst, ist schön und salonfähig geworden« (Gorsen, 2001, 132).

Es sind aber nicht nur unterschiedliche Ästhetiken oder Motivationen, die Produktivität und Werke von intellektuell oder psychisch beeinträchtigten Künstler*innen prägen und ausmachen. Kunst von Ersteren entsteht meist unter anderen Rahmenbedingungen und kann anders begleitet werden als die Kunst psychisch kranker Menschen. Schuppener hat in diesem Zusammenhang 2003 über qualitative Interviews eine Untersuchung zum Selbstbild Kunstschaffender mit intellektuellen Beeinträchtigungen vorgelegt, das in vielen Bereichen weit positiver ausfällt als jenes ihrer nicht künstlerisch tätigen Interviewpartner*innen. Ihre Erhebung befragt das Selbstkonzept der Teilnehmer*innen hinsichtlich einer sozialen, emotionalen und kognitiven Dimension und thematisiert zusätzlich das Körper- und dem Fähigkeits-Selbst (vgl. Schuppener, 2007, 79). In allen vier Dimensionen sind positive Aspekte zu verzeichnen, erstens die soziale Anerkennung und Verständigung, zweitens eine größere emotionale Ausgeglichenheit, drittens eine höhere Wahrnehmungs-, Phantasie- und Reflexionstätigkeit durch die Arbeit am künstlerischen Objekt, viertens die Zufriedenheit über ein selbstbestimmtes gestalterisches Handeln, und zuletzt eine positive Einstellung sich selbst gegenüber im besonderen Status des*der Kunstschaffenden (vgl. ebd., 79 ff). Mit einer überwiegenden Betreuung in Wohnheimen und Werkstätten mit einem Anspruch auf arbeitsbegleitende Bildungsmaßnah-

143

men besteht für diese Gruppe Kunstinteressierter daher die Möglichkeit, langfristig regelmäßig angeleitet zu werden. Bei den psychiatrieerfahrenen Menschen hingegen trägt aufgrund der anti- und sozialpsychiatrischen Bewegung der 1970er Jahre das Prinzip möglichst ambulanter Versorgung unter Beibehaltung bestehender Lebens- und Arbeitsstrukturen. So entwickelten sich hier andere Hilfestrukturen. Psychiatrieerfahrene Kunstschaffende müssen eigenmotivierter handeln, ihr Kunstmachen ist oft anlässlich kurzer Psychiatrieaufenthalte entstanden, bricht nach der Entlassung jedoch ab, weil weiterführende Angebote in Form von offenen Ateliers nicht ausreichen, gemeindenah nicht existieren oder zu großer Eigenanstrengungen bedürfen. Hier trifft die Kritik der Betroffenenverbände Psychiatrieerfahrener, es gäbe außer Psychopharmaka zu wenig Hilfsangebote, das Potential kultureller Ausdrucksformen zu einem konstruktiven Leben trotz und mit einer Psychoseerfahrung (siehe die aktuelle »Recovery« Bewegung) würde den Betroffenen zu wenig zugänglich sein. Sie würden im »ambulanten Ghetto« äußerst reduzierter Versorgung durch Mitarbeiter*innen des Betreuten Wohnens ca. einmal wöchentlich und der Wahrnehmung einzelner, lediglich an Betroffene gerichtete Freizeitangebote, faktisch vereinsamen und keine Chancen auf kulturelle Teilhabe und Inklusion erhalten.

Doch insgesamt gilt, dass die jeweiligen ästhetischen (Entwicklungs-)Potentiale betroffener Menschen in den letzten 25 Jahren vielfach in Zusammenarbeit mit Künstler*innen, Kunsttherapeut*innen oder von kulturell versierten und sensibilisierten (sozial-)pädagogischen Mitarbeiter*innen mit hohem Eigenengagement entdeckt und begleitet wurden, wobei Forschung zugenommen hat. Auch das mittlerweile im Feld gängige Assistenzverständnis mit entsprechenden Ausbildungsgängen zur Kunstassistenz spiegelt den Respekt für die eigenwilligen und eigenständigen künstlerischen Gestaltungsweisen der Beteiligten wider. Vor allem in offenen Ateliers, aber auch in Wohnheimen und Werkstätten hat mittlerweile eine beachtliche Sensibilisierung und Professionalisierung bzgl. der dort entstehenden Kunst stattgefunden ist. Röske konstatiert: »Manche Offenen Ateliers sehen sich heute als Alternativ-Akademien, die ihre Teilnehmer_innen auf den ersten Kunstmarkt vorbereiten. Es spricht (fast) nichts dagegen, mit dieser »Studio Art« genauso umzugehen wie mit anderer Kunst auch« (Röske, 2015, 121). Gleichzeitig gilt es jedoch immer wieder ethische Standards einzufordern auch von Trägern der Behinderteneinrichtungen und Wohlfahrtsverbänden, die mittlerweile den Outsider-Bereich für sich als zusätzliche Einnahmequelle oder Mittel für Sponsoring und Vermarktung entdeckt haben. Die Kehrseite dieser neuen Attraktivität ist die Gefahr, dass die Outsider Künstler*innen wie assistierende Mitarbeiter*innen mit Kunstproduktions- und Ausstellungsanforderungen überhäuft werden, dabei für beide ein geringes Mitspracherecht besteht, die Urheberschaft der Künstler*innen wenig gewahrt bleibt und Verkaufserträge ausschließlich den Einrichtungen zu Gute kommen. Auf Trägerebene fehlt nicht selten das Bewusstsein, dass das Entstehen guter Kunst an professionalisierte Begleitung und entsprechende Rahmenbedingungen geknüpft ist.

7.3 Perspektiven einer Weiterentwicklung des Kultur-Kunstschaffens von Menschen mit Handicaps

Viel Bewegung ist in die »Behinderten-Szene« und ihren In- bzw. Output an künstlerischen Aktivitäten gekommen, mittlerweile reicht es nicht mehr, als gesellschaftlich randständiger Mensch Kunst zu machen, um Beachtung zu finden. Das Kriterium der Qualität rückt in den Vordergrund und widerspricht damit einem im Arbeitsfeld gültigen Prinzip, nämlich nicht nach Leistung, Können, Gut oder Schlecht zu werten, sondern den Menschen in seinem Sosein zu respektieren. Das widerspricht der Suche nach stärkeren oder schwächeren Bildern, besseren oder schlechteren Kunstschaffenden, gleichzeitig impliziert es wie im richtigen Leben auch, interessierte Kunstschaffende in ihrer ästhetischen Entwicklung weiterzubilden, ihnen Techniken, Materialien, Zugangsweisen und künstlerische Beispiele zur Verfügung zu stellen, die ihr eignes künstlerisches Anliegen verdichten helfen und ihre Stilbildung unterstützen. Und mit ihnen zusammen Versuche anzustellen, Qualitätskriterien nach stilistischer Eigenheit, Originalität, Erfindungsreichtum, Ausdruckskraft, Faszination und kollektiver Wirkung im künstlerischen Werk selbst zu entwickeln, wie sie bei der Betrachtung jeder Kunst eine Rolle spielt.

Das bedeutet, auch den Outsider Künstler*innen erst recht Möglichkeiten zu eröffnen, sich in der Kunstgeschichte und zeitgenössischen Kunst zu orientieren, Ausstellungen zu besuchen, Bildmaterial verfügbar zu haben und neue Techniken aneignen zu können. Mögliche Modelle der Professionalisierung stellen Ateliers in den Benelux-Ländern dar, welche auf eine lange Tradition sozialraumorientierter Kooperation von Offenen Ateliers mit Künstler*innen und Designer*innen, mit Kunstakademien, mit kunsthandwerklich Versierten zurückschauen und sich schon sehr früh mit der Notwendigkeit beschäftigt haben, künstlerische Potentiale ihrer

Teilnehmer*innen weiter auszubilden (De Zandberg, art en marche Brüssel, Galerie am Herenplaats). In diesem Kontext relevante Fortschritte, wie die Ermöglichung eines (assistierten) Studiums an einer Hochschule, ist beispielsweise inzwischen für einen Kunstschaffenden des »Atelier Goldstein« gelungen, der aktuell (2020) an der Hochschule für Gestaltung in Offenbach studiert. Doch es geht nicht nur um die Professionalisierung beeinträchtigter Kunstschaffender, wie sie im Theaterbereich durch die Schaffung fester Stellen in Ensembles für Schauspieler*innen mit Handicaps bereits existiert (Hamburg); weitergedacht bedarf es einer verstärkten Agenda zur Implementierung kulturell inklusiver Plattformen und Formate, die gesellschaftliche Teilhabe in Bildung, Interaktion und (alltags-)kulturellem Handeln für alle gleichermaßen ermöglichen. Dazu gibt es eine Vielzahl geförderter, häufig event-orientierter Projekte und Festivals, die den aktuellen politischen Trends entsprechend oft »Aushängeschildcharakter« besitzen und nur bedingt zu einer nachhaltigen Verbesserung der Strukturen kultureller Partizipation für Menschen mit Exklusionserfahrung führen.

Statt an dieser Stelle der Erörterungen nun inklusive »Vorzeigeprojekte« darzustellen, halte ich es – der Grundidee der Publikation folgend – für angemessener, den Blick in die Bewegungen und Initiativen der Bildenden Kunst hinsichtlich partizipativer Formen zu richten, da hierüber auf übergeordneter Ebene von einer anderen Seite her ethische Sensibilisierungen auf gesellschaftliche Koordinaten, Zuschnitte und Gestaltungsweisen kultureller Teilhabe gelegt werden können.

7.4 Sozial-interventionistische Kunst

Gerne berufen sich Kunstpädgog*innen, Kunsttherapeut*innen wie Künstler*innen auf idealistische Traditionen in den Bildenden Künsten, besonders der Avantgarden des frühen 20. Jahrhunderts und ihren emanzipatorischen Programmatiken (Surrealismus, der Almanach des Blauen Reiters). Ab den 1960er Jahren schlugen sich diese Ideale in neuen Formen künstlerischer Darstellungen (Performances) unter Einbeziehung der Betrachter*innen und Besucher*innen nieder. Die Theaterszene, aber auch Bildende Künstler*innen des Fluxus oder beispielsweise Valie Export und Marina Abramovic begannen Formate und performative Strategien zu entwickeln, welche das klassische Kunstwerk verschwinden ließ und die Rollen »Bild versus Betracher*in« neu verteilten.

Seit den frühen 1990ern ist die sog. sozial-interventionistisch agierende Kunst aus der Kunstszene nicht mehr wegzudenken, auch im kunsttherapeutischen/pädagogischen Feld steigt die Zahl der lebenswelt- und projektorientierten partizipatorischen Ansätze und Projekte. Der Literatur- und Kunstwissenschaftler Max Glauner konstatiert eine große Fülle dementsprechender, nicht unumstrittener Ansätze und eine noch ausstehende systematische Theoriebildung (vgl. Glauner, 2016, 35 ff): »Eine befriedigende Deutung des Partizipationsbegriffs ist in den Kunstwissenschaften so bisher ausgeblieben« (ebd., 39). Doch filtert er zwei Hauptrichtungen heraus, ein eher konservatives Lager, welches immer noch die Autonomie des Kunstwerks herausstreicht und Partizipation als erweiterte Rezeption begreift. Künstlerische Mitmachaktionen würden für Vertreter*innen dieses Ansatzes eher an etwas Soziales erinnern. Für die anderen hingegen ist Kunst eine wirkungsvolle Handlungs- und Ausdrucksform im Kontext gesellschaftlicher Kritik, die Betrachter*innen werden dabei zu Akteur*innen: »in letzter Konsequenz wird hier die Sphäre der Kunst verlassen. Sie dient lediglich als Instrument der Aktivierung einer neuen kritischen Gemeinschaft politisch Handelnder wie es (...) jüngst Philipp Ruch vom Zentrum für politische Schönheit vorschwebt« (ebd., 38). Auf gesellschaftlicher Ebene ist letztere Strömung jenseits einer zu führenden Qualitätsdebatte bzgl. ihrer ästhetischen wie emanzipatorischen Eigenschaften auch dahingehend zu befragen, welche Rolle den beteiligten Akteur*innen zukommt.

Die sog. »New Genre Public Art« (Rollig, 2002, 138) mit ihrem Benachteiligte und Ausgegrenzte aktivierenden und interkulturell beteiligenden wie vernetzenden Potential scheint perfekt in die nachmoderne Bürgergesellschaft zu passen. Doch wirft dies in Anbetracht immer schneller werdender sozialstaatlicher Deregulierung und Entsolidarisierung die Frage nach einer u. U. verschleiernden Funktion auf. Mit den Bedenken des Künstlers Andreas Siekmann anders formuliert, würde partizipatorische Kunst dazu beitragen, dass in unserer Gesellschaft »kulturelles und soziales Kapital umgeschichtet und gegeneinander ausgespielt werden« (aus einem persönlichen Interview, 2004, unveröffentlicht). Ziel eines Transparentmachens genannter Meta-Strukturen und Diskurse in diesem Abschnitt der Publikation kann eine mögliche Orientierung für sozial agierende Künstler*innen und Kunst-/Sozialpädagog*innen sein, in ihren Interventionen soziale Problemlagen nicht nur ästhetisch zu kompensieren, sondern Räume bereitzustellen, in denen gesellschaftliche Differenzen und Spannungen sicht- und austragbar werden und eine Beteiligung und Aushandlung der Adressat*innen mit Ernstcharakter entsteht. Diese Überlegungen konkretisieren sich nun an einer exemplarischen Sichtung ausgewählter partizipatorisch arbeitender Künstler*innenpositionen in ihren Chancen und Grenzen und hinterfragen das Bild des »Künstlers als Befriedungstruppe« (Dias & Riedweg, 2002, 67).

Wie eingangs des Kapitels bereits skizziert hat im Kontext Sozialer Arbeit mit Exkludierten oder von Exklusion Betroffenen eine Ablösung der klassischen Handlungsparadigmen fachlicher Rehabilitation und Reintegration durch die der Ressourcen- und Communityaktivierung unter Einbeziehung von Akteur*innen des bürgerschaftlichen Engagements stattgefunden. Das ist nicht nur positiv zu werten, sind doch die Bedarfe und Eigenarten der »Anderen« der Norm in der Inklusionsdebatte teils amalgamisiert oder, wie Maset sagt, mittlerweile kolonisiert (vgl. Maset, 2002, 85). Erstmals in der Kunstszene und gleichermaßen breitenwirksam wurde dies mit der Position der Schwestern Hohenbüchler sichtbar, die sich über ihre künstlerische Zusammenarbeit mit gesellschaftlich Schwachen und Ausgegrenzten auf der documenta X von 1997 mit »multiple Autorenschaften« profiliert haben, einem Projekt mit geistig behinderten Menschen. Es entstanden Bilder, Zeichnungen, Webereien und Möbelobjekte, die kombiniert mit Arbeiten der beiden Künstlerinnen in einer von ihnen konzeptualisierten Rauminstallation präsentiert wurden, um ein Konglomerat aus vielen Haltungen und Wahrnehmungsweisen von ›Realität‹ zu bilden (vgl. Baumgartner, 1998, 25) und Kommunikation zu fördern.

Mit »Multiple Autorenschaften«, als Begrifflichkeit den radikal-emanzipatorischen und systemkritischen Theoretikern Guattari und Deleuze entlehnt (vgl., ebd., 27), wollten die Hohenbüchlers durch die künstlerische Strategie der Vermischung der Werke eine Auflösung der Konstrukte des Eigenen (das eigene Künstler*innensubjekt) und des ›Anderen‹ (Kunstschaffende*r mit Handicap) erreichen. Auch in ihrem Projekt »Wilde Gärten«, das 2003–2004 in Ittingen mit beeinträchtigten Menschen realisiert wurde, geht es ihnen um eine gemeinsame Entwicklung von Gartenanlagen mit Skulpturen aus Naturmaterialien, die Wünsche erfüllen sollten.

Nicht umsonst wurde dieser sozial-partizipatorisch agierenden Position gegenüber Kritik laut: »Aktionisten der Nächstenliebe« (2004) nannte Rauterberg die Hohenbüchlers und andere Künstler*innen, die gerne mit den Randständigen in unserer Gesellschaft wie beispielsweise mit Wohnsitzlosen, Strafgefangenen, Drogengebraucher*innen etc. arbeiten. Werden die Hohenbüchlers dem Potential und den Bedürfnissen der »Anderen«, in ihrem Fall behinderter künstlerisch Tätiger, wirklich gerecht, wenn deren Werke unkommentiert mit eigenen künstlerischen Objekten in philosophisch aufgeladene Installationen platziert werden? Geraten sie als Kunst-Künstlerinnen nicht zurecht ein Stück in den Verdacht, ihre eigene Kunst auf Kosten Behinderter und einem gesellschaftspolitisch angesagten Trend (auch wenn sie ihn ein Stück vorwegnehmen) folgend aufzuwerten, Kunstschaffende mit Beeinträchtigung damit zu instrumentalisieren? Raunig stützt diese Ansicht, er nennt es »moralisierende Mehrwerte aus sozialen Feldern in das Kunstfeld umzuleiten« (Raunig, 2002, 119). Im Rückblick fraglos bedeutsam führen die Hohenbüchlers zu einem Nachdenken über mögliche Adressat*innen künstlerisch-kultureller Projekte, denen wir unter Umständen Bedarfe, kommunikative Anliegen und gestaltende Vernetzungswünsche zuschreiben, die mehr mit uns selbst als mit ihnen zu tun haben.

Monika Schwärzler gibt hier in ihrem Artikel »Bedürftige, alter egos, schöne Unbekannte« zu bedenken:

> »Interaktive, interventionistische, partizipatorische Kunstprojekte scheinen in hohem Maße frustrationsanfällig. Der dazu unabdingbare Andere ist unter Umständen gar nicht gewillt, sich vom Kulturarbeiter in irgendeiner Form von Projekt zitieren zu lassen, zeigt prinzipiell Abweichungen vom Idealtyp des imaginierten Anderen aus der Prä-Produktionsphase, spielt seinen Part mangelhaft (...)« (Schwärzler, 2002, 149).

7.4.1 Exkurs zur Künstler*innen – Rolle als Projektionsfolie

Ein Exkurs klärt über die Figur der Kunstschaffenden in ihrer Prädestinierung für Zuschreibungen der Nähe zum Fremden/Jenseitigen von Konvention auf. Selbstverwirklichung war eines der Schlüsselwörter der 70er und 80er Jahre des letzten Jahrhunderts, bereits hier schwingt Elementares der Künstler*innenrolle mit: sich selbst zu entdecken und ausdrücken, mit Seele, Geist, Fantasie und Kreativität, gegen herrschende bürgerliche Normen und Lebensstile zu verstoßen, zu hinterfragen, zu provozieren. Der Trend sich selbst zu entwerfen – auch ästhetisch – begann. Diese ursprünglich emanzipatorischen Aspekte der Selbstverwirklichung und der schöpferischen wie kritischen Nutzung der eignen Potentiale sind in die Entwicklung der kreativen Therapien eingeflossen. Als Trend zu selbstverwirklichender Distinktion ist sie von Konsum- und Freizeitindustrie einverleibt worden und prägt heute die Narration von lebenslanger Selbstoptimierung (▶ Kap. 5). Mit der Zunahme der gesellschaftlichen Anforderung an den Einzelnen, sich selbst ständig neu zu profilieren, wird der*die Künstler*in in den 1980er Jahren zum*zur Trendsetter*in für ideal-bürgerliches Verhalten. Hein unterstreicht dies: »Individuell motivierte Identitätssuche wird mit Mitteln der angewandten Kunst zur vergesellschafteten Kompensationsfähigkeit der Massen« (Hein, 1982, 55). Zeitgleich dazu transformieren sich Kunstschaffende in den Strömungen um Fluxus von einer im Studio extatisch schaffenden Figur zum*zur Animateur*in sozial wie ästhetisch neuer Erlebniseinheiten im sozialen Nahraum. Situationen von Ergriffenheit, Freude, Glück, Leid und Staunen gemeinsam mit und für andere in »Wirklichkeit« zu initiieren, scheint vorzugsweise in den Inseln kultureller (partizipativer) Events realisierbar zu sein. Die Explosion von kulturellen Events oder Eventisierung politischer, sozialer oder jahreszeitlicher Anlässe um kulturelle Begleitprogramme in den letzten Jahrzehnten scheint diese Thesen zu untermauern.

Auch das verstärkte soziale Engagement in partizipatorischen Kunstprojekten speist sich aus gesellschaftlichen Zuschreibungen an die bis in die Romantik zurückreichende Tradition der Künstler*innen-Rolle als (prekär lebende*r) Außenseiter*in: Hier wurde ein Bild von Kunstschaffenden generiert, welche die spannungsvollen und engen Realitäten der Gesellschaft in die Schönheit, Zweckfreiheit und Erhabenheit ihrer Kunst zu transzendieren vermögen:

> »Damit setzt sich der Künstler nicht nur im Kunstwerk über die Unbill hinweg, die das Leben der Menschen durchdringt, auch als Person gewährt ihm seine geniale Bestimmung Autonomie. Wie kein anderes gesellschaftliches Wesen seit Aufhebung des Ständestaates ist er von ökonomischen und sozial legitimatorischen Zwängen suspendiert« (Hein, ebd., 30).

Dazu gehört die »selbstverständliche Anspruchslosigkeit« der Künstler*innenrolle: Mit dem jenseits der Normalgesellschaft und ihrer Sachzwänge globalisierter neoliberaler Zwangs-Logiken agierenden Künstler*innendasein ist traditionell das Bild der »Brotlosigkeit« verknüpft: Der Künstler*innenpersönlichkeit, der es an Belohnung reicht, seine*ihre Kunst leben zu dürfen; ein Phänomen, mit dem Kultur- und Kunstschaffende, die (nicht nur) im Bildungsbereich tätig sind und mit minimalen Honoraren auskommen müssen, massiv konfrontiert sind. Anti-bürgerlich und relative Armut gern in Kauf nehmend, gab es schon in der 1920ern Strömungen unter der Künstler*innenschaft, sich mit den wachsenden sozialen Problemen des Proletariats solidarisch zu erklären, was sich aktuell um eine politische Facette weitet. Die noch gültigen Idealisierungen wenden sich beinahe um einen politisch ethischen Auftrag, den sich Künstler*innen auch selbst zu Eigen machen. Auffällig oft fällt den Kunstschaffenden seit der Flüchtlingskrise, der weiter bestehenden Ausgrenzung und postkolonialen Ausbeutung nicht westlich orientierter, weniger industrialisierter Kulturen und Nationen, der Klimakrise, der Geschlechterfrage usw. auch noch die Rolle der ethischen Wächter*innen zu: In der Kunstszene wurde besonders seit der Doppeldocumeta 2017 in Kassel und Athen merkliche (Selbst-)Kritik an Künstler*innen wie Kurator*innen aufgrund der Produktion und Ausstellung offensichtlich politisch orientierter Kunst laut. Allen voran die Werke, die die Kunstwissenschaftlerin Larissa Kikol »Flüchtlings-Readymade« (Kikol, 2018, 51) nennt, die in keiner großen internationalen Ausstellung fehlen und meist – zynisch gesprochen – aus interessant gestapelten, gehängten oder ausgelegten übriggebliebenen Utensilien der Flucht über das Mittelmeer bestehen. Auch Wolfgang Ulrich reflektiert über das »Dingsymbol› Rettungsweste‹« (Ulrich, 2018, 65) und versammelt in seinem Beitrag »Nachkunst« unzählige Beispiele von aus Rettungswesten bestehenden Installationen und mit Rettungswesten angekleideten Statuen in den urbanen öffentlichen Räumen, Ausstellungshallen und Kirchen Europas (vgl. ebd., 65 ff.). Er moniert das Zurücktreten des formal durchgearbeiteten Kunstwerks zugunsten eines politischen Signalcharakters der Kunst, die wesentlich mehr Aufmerksamkeit gewinnen würde als ein »Meisterwerk« (ebd., 71). Hinzu käme, dass das Auf- oder Ausstellen bestimmter symbolisch aufgeladener Objekte nur bedingt kritisch interpretierbar ist. Kritiker der »Willkommenskultur« würden dadurch nicht unbedingt umgestimmt werden, meint Ullrich (vgl. ebd., 67). Für die problematische Rolle »politisch korrekter« Kunst sensibilisiert auch der Kunstwissenschaftler Hanno Rauterberg, der in einem Beitrag zum »kulturellen Klimawandel« herausarbeitet, dass politisch Handelnde mittlerweile provokativere und »typische« Künstler*inneninterventionen imitierende Strategien einsetzen würden, als es den Künstler*innen selbst noch möglich wäre:

> »Offenbar schrumpfen die Freiräume der Kunst: Je unflätiger sich die rechten Aktionisten gebärden, je zynischer Populisten wie Trump agieren, je ungehemmter und exaltierter die völkischen Proteste gegen die verhasste Konsensgesellschaft werden, desto stärker scheint das allgemeine Bedürfnis zu wachsen, die Künstler sollten eine eher bestärkende, kalmierende und konstruktive Funktion übernehmen und sich nicht dem Verstörenden, sondern dem ethisch Richtigen zuwenden (Rauterberg, 2018, 96).

Beispiel für die Interventionen Rechtsradikaler kann die Aktion der Identitären Bewegung Österreichs vom November 2016 sein, als sie das überlebensgroße Bronzedenkmal der Kaiserin Maria Theresia in Wien mit einer schwarzen Burka verhüllt hatten (www.instagram.com/p/BNY1RjDh7Ej).

7.4.2 Künstler*innenpositionen

Zur Illustration und Diskussion dieser zuletzt genannten, radikal sozial aktivistischen Positionen möchte ich einige nennen, zuerst als bekannteste Initiative die Wiener »Wochenklausur« verkürzt umreißen, da ihr Ansatz in der Fachliteratur vielfach rezipiert und kommentiert wurde. Sie haben sich 1993 gegründet und beanspruchen für sich den programmatischen Slogan »vom Objekt zur Intervention« (www.wochenklausur.at). Sie definieren künstlerische Gestaltung nicht mehr als ästhetisch-objekthafte, sondern ausschließlich als Eingriffe zur Verringerung gesellschaftlicher Defizite. Die umfangreiche Liste ihrer Interventionen liest sich in ihrer Heterogenität als Beispiel international agierender, in allen Bereichen sozialer Probleme kompetenter, hochprofessioneller Akteur*innen. Den Beginn ihrer Aktivität stellte ein Bus zur kostenlosen medizinischen Versorgung Wohnsitzloser in Wien dar. Es folgten Projekte für Drogengebraucher*innen in Zürich und Wien, Interventionen in Schulen in Wien und Fukuoka, eine Aktion für Erwerbslose in Berlin, eine für ältere Menschen in Italien, Projekte für Abschiebehäftlinge in Salzburg, für Menschen mit geistiger Behinderung in Graz sowie unterschiedliche Interventionen zu einer Community-orientierten Arbeit in Schweden und Österreich u. v. a. m. Bezeichnend ist, dass Wochenklausur jeweils der Einladung ortsansässiger Kunstinstitutionen folgt, und in der Regel deren Räume als Basislager für die Dauer der Aktionen nutzt. Konsequent definiert die Künstler*innengruppe dabei ein klar umrissenes soziales Problem sowie dessen in wenigen Wochen anzustrebende Verbesserung, die hierzu notwendigen Interventionen bilden als Gesamtprozess ihre »Kunst«. Den Erfolg der Projekte sehen die Akteure in der zeitlich intensiven Bündelung unorthodoxer Strategien, darin läge ihre besondere schöpferische Kraft und damit die Nähe zur Kunst. Die Projekte sollen dabei sozialraumorientierte Vernetzungsstrukturen eröffnen und nach Abschluss der zeitlich klar umrissenen Intervention fortbestehen, was meist gelingen würde. Welche Berechtigung hat Wochenklausur nun als »Kunst« über die Tatsache hinaus, dass für die Adressat*innen jeweiliger Interventionen Positives geschieht und Konsequenzen gesellschaftlicher Entsolidarisierung öffentlich werden? Weibel kommentiert diesen Verzicht auf künstlerische Objekt-Materialisationen positiv als radikale Konsequenz des Endes der Moderne.

»Auf die Entrahmung des Bildes folgt die Entrepräsentation der Kunst. Die kritische Transformation der Moderne hat einen entscheidenden Wendepunkt erreicht, nämlich das Freisetzen sozialer Akteure und Agenten. Das Überschreiten der symbolischen Grenze, das Ersetzen des Objekts durch Handlungsangebote und kommunikative Akte, ermöglicht es der Kunst, im sozialen Feld ästhetisch zu agieren« (Weibel, http://e2641.kunst.tuwein.ac.at/bilder/soziale, 2004, 5).

Pierangelo Masset dagegen bezeichnet Wochenklausur in seinen aktuellen Analysen »nervöser Kunstbegriffe« kritisch als »parasitär« (Masset , a. a. O., 94) und erläutert dies wie folgt:

> »In ihren eigenen Publikationen und öffentlichen Auftritten werden sie nicht müde zu behaupten, dass es keine Autonomie der Kunst gäbe und dass es in ihrer Arbeit nicht auf Symbolisierungen ankäme. Doch ihre Arbeitsweise lebt davon, dass sie innerhalb des Kunstsystems beobachtet wird und deshalb die – relative – Autonomie des Kunstsystems besonders beansprucht, um noch in der Negation offensichtlicher künstlerischer ›Formen‹ als Kunst beobachtet werden zu können. Je weniger sich nämlich eine Arbeit durch ihre Form als Kunst legitimiert, desto mehr ist sie auf die spezifizierten Resonanzen des Kunstfeldes angewiesen« (ebd., 95).

Die Künstlercompany Atelier van Lieshout, 1995 von Joep v. Lieshout gegründet, ist m. E. in obigem Zusammenhang ein noch immer gültiges Beispiel. Sie bewegen sich zwischen den Genres Bildender Kunst, Design, Architektur und Sozialraum, sie produzieren projektspezifisch Skulpturen, Installationen, Möbel, mobile Wohneinheiten, aber auch Filme und nutzen diese für jeweils angestrebte sozialpolitische Realanlässe und/oder Ausstellungen. Bekannt geworden sind sie auf der Biennale in Venedig 2001, als Harald Szeemann sie auf sein »Plateau der Menschheit« ins »Appertuto« im alten Militärhafengelände mit einem mobilen Klinik-Container auf einem Schwimmer eingeladen hatte. Darin verbarg sich eine schwimmende Abtreibungsklinik, die in den internationalen Gewässern vor Irland Frauen einen dort illegalen Schwangerschaftsabbruch ermöglicht hat. Ein weiterer Höhepunkt war die Gründung von »AVL-Ville« im Jahr 2001, ein freies StadtStaatkollektiv (Kunstforum, ebd. 184, 157) auf einem verseuchten Gelände im Hafen von Rotterdam mit eigener Gesetzgebung, autonomer, ökologischer Energiegewinnung und Abfallversorgung, bestehend aus künstlerisch innovativ gestalteten Wohncontainern und anderen Bauten. Es wurde nach kurzer Laufzeit von den niederländischen Behörden verboten. Im Gegensatz zu Wochenklausur kommt die Web-Seite van Lieshouts ohne sozialutopische Rhetorik aus, obwohl eine Reihe ihrer Aktionen durchaus als gesellschaftspolitische Eingriffe mit Realcharakter (s. o.) zu verstehen sind und auch so wirken. So lag die mobile Abtreibungsklinik 2004 im Hafengebiet von Lissabon bzw. es wurde versucht, sie vor der Küste des katholischen Portugals zu platzieren, was aufgrund massiver Polizeipräsenz misslang. Ein zweiter Unterschied besteht darin, dass die Interventionen mit eigens dafür entworfenen und entwickelten ästhetischen Objekten realisiert werden. Es sind sozusagen gelebte, verkörperte sozialutopische Räume und Eingriffe, die nicht auf ihre ästhetische Ausformung verzichten, bzw. die ihren gesellschaftspolitischen Impetus mit ihrer künstlerischen Umsetzung durchdringen.

Als letzte Künstlerposition mag abschließend als aktuelleres, zudem ökonomisch sehr erfolgreiches Beispiel Theaster Gates genannt werden, ein afroamerikanischer Keramikkünstler, der mit seinen Häusern des »Dorchester Projects« in einem von 98 % Afroamerikaner*innen bewohnten Problemstadtteil Chicagos nicht nur ein gemeindenahes Kommunikations-, Kultur- und Sozialzentrum gründete und betrieb, sondern auch kunstinnovativ und rassismuskritisch intervenierte. Das begann bereits mit seinem Durchbruch als Keramikkünstler, den er nach langer Erfolglosigkeit darüber erreichte, sich als japanischer Künstler Shoji Yamagucchi auszugeben und eine neue vom Soul Food inspirierte Technik zu entwickeln (vgl. Kube Ventura, 2016, 111). Von den dann erzielten Gewinnen für seine Werke kaufte Gates Häuser in seinem Viertel, die er mit Objekten bankrotter Bibliotheken oder Plattenläden, mit künstlerisch weiter verarbeitetem Material leerstehender Häuser ausstattete und – von zahlreichen Aktivitäten erfüllt – zu Begegnungszentren der Nachbarschaften machte. Der Kunstwissenschaftler Kube Ventura begründet Gates' phänomenalen Erfolg mit drei zentralen Aspekten seiner Arbeit:

> »... erstens der kontrolliert partizipatorische Prozess im konkreten urbanen Raum, zweitens die Ästhetisierung dieses Prozesses und seiner Requisiten, und drittens die Vermarktung der daraus entstehenden Artefakte im Kunstbetrieb. Erst in der Summe ergibt sich Gates' Arbeit als Gesamtkunstwerk« (Kube Ventura, ebd. 120).

Insofern war Gates »Hugenottenhaus« einer der »Stars« auf der documenta in Kassel 2012 und dürfte vielen Leser*innen bekannt sein. Trotz ihrer beeindruckenden ästhetischen Umsetzungen inkl. der dabei entstehenden Installationen und Artefakte, ihrer sozialpolitischen Bewegungen und kommunikativen wie kollaborativen Strategien löst sich letztlich die Ambivalenz nicht auf, dass die Zunahme solcher Projekte auch dazu verführt, soziale Missstände mehr und mehr in kulturelle Praxen und damit ins Kulturfeld hinein zu verschieben, aus notwendigen sozialrechtlichen Regelungen herauszuhalten und der Kunst eine zusätzliche Aufgabe aufzubürden, sie in ihrer konstitutiven »Zweckfreiheit« zu beschneiden.

Zur Gesamtbewertung des Diskurses genannter partizipatorischer Konzepte im Kontext gesellschaftlicher Inklusion ist zu sagen: Bildende Künstler*innen sind in ihrer traditionellen Rolle von Außenseiter*innen und derer, die gesellschaftliche Missstände zu transzendieren suchten, prädestiniert, anwaltliche Funktionen für gesellschaftlich Ausgegrenzte zu übernehmen. Und Kunstschaffende wie Kunsttherapeut*innen und -pädagog*innen sollten ein Stück Misstrauen entwickeln, wenn gesellschaftliche Kräfte versuchen, Leitbilder zu erschaffen, die die Delegation und das Out-Sourcing von sozialen Ernstaufgaben beispielsweise ins kulturelle Feld befördern. Damit meine ich nicht, von genannten Interventionen im sozialen Kontext abzurücken, im Gegenteil – ihr Potential ist aufgrund der authentischen, traditionsreichen Außenseiterrolle der Künstler*innen, ihrer besonderen Kompetenz zum offenen Dialog, ihrem Methoden- und Medienrepertoire unschätzbar groß. Doch meine ich, bietet innerhalb jedes Projekts die kritische Thematisierung der strukturellen gesellschaftlichen Ebene in der Konzeptionsbildung für die initiierenden Künstler-Therapeut*innen oder anderen Professionellen wie für die Teilnehmer*innen eine große Chance. Bedeutet ein Transparentmachen doch, problembeladene Klient*innen substanziell zu entschulden, ihr vermeintliches Scheitern gesellschaftlich zu kontextualisieren und sie damit handlungsfähig zu machen. Es bedeutet, als partizipatorisch arbeitende*r Pädagoge*in/Therapeut*in nicht selbst in die Falle des*r politisch erwünschten Aktivators*in mit ästhetischen Minimalergebnissen zu geraten oder als Künstler*in in die Aufwertung der eigenen Kunst durch einen ethisch korrekten Sozialnimbus. Abschließend mag ein, verglichen mit jenen großen Künstler*innenbewegungen eher unscheinbares, Beispiel aus der inklusiven kulturellen Vermittlungsarbeit eines Museums modellhaft als Realisationsform kultureller Teilhabe dargestellt werden, das beispielsweise auch das Potential zu einer Regelversorgung im genannten Feld haben könnte.

7.5 Praxisbeispiel: »voll inklusiv«: Künstlerische Resonanzen im Museum

Wahrnehmungs- und Verarbeitungsprozesse über und in künstlerischen Auseinandersetzungen gelten wie mehrfach gezeigt als Basisrepertoire menschlicher Fähigkeiten und sind trotz Handicaps verfügbar, was sie zur Entwicklung inklusiver Formate prädestiniert. Insofern sind ästhetische Prozesse in Rezeption und erweitert im künstlerischen Ausdruckhandeln per se inklusiv, und mitunter verfügen jene Kunstschaffende mit Beeinträchtigungen darin sogar über ein größere »Übung«, weil sie erfahrener mit diesen Verarbeitungsformen der Welt sind.

Als abschließendes Beispiel aus der Bildungsarbeit möchte ich, auch um die oben skizzierte Ermöglichung kultureller Teilhabe zu bedienen, einen Museums-Workshop zu »künstlerischen Resonanzen« in Erweiterung kunstrezeptiver Verfahren vorstellen. Auch dieser Workshop hatte – wie oben kritisch vermerkt – singulären Charakter, allerdings ist in jüngster Zeit eine deutliche Erweiterung musealer Vermittlungsarbeit für Menschen mit besonderen Bedarfen zu beobachten. Als künstlerische Resonanz verstehe ich in Abgrenzung zur in der kunsttherapeutischen Fachliteratur kursierenden und klar umrissenen »Resonanzbildmethode« nach Gisela Schmeer (Mechler-Schönach, 2015, 240) eine künstlerische Reaktion auf ein ausgewähltes Kunstwerk, das besonders interessiert oder berührt. Die künstlerische Resonanz lässt sich zudem als ein methodischer Teilschritt künstlerischen Forschens betrachten (▶ Kap. 8), und ich erachte sie als ein bedeutsames Instrument vertiefter ästhetischer Erfahrungs- und Erkenntnisprozesse. Gestalterisch auf ein Kunstobjekt zu antworten hat Ähnlichkeiten mit einem Gespräch, bildnerisch oder plastisch bringt der*die Rezipient*in zum Ausdruck, was ihn*sie am Bild bewegt, zu einem bildnerischen Dialog anregt: Farben, Formen, Themen werden u U. aufgegriffen, abgewandelt, um das Eigene an Thema, Stil, Material angereichert, Sinnverstehen stellt sich ein, Aneignung auf etlichen Ebenen findet statt.

Im Sinne einer konsequenten Inklusion erprobte ich mit einer Kollegin das Format als Tages-Workshop zur künstlerischen Resonanz mit einer Gruppe von fünfzehn Menschen mit psychischen, intellektuellen und körperlichen Beeinträchtigungen, drei professionellen Leiterinnen von Kunstwerkstätten für »Outsider« und vier pädagogischen Mitarbeiter*innen des Museums für Weltkulturen in Frankfurt. Es war vorgesehen, dass die gut zwanzigköpfige Gruppe alle Schritte der Veranstaltung, also die Vorstellung des Verfahrens, die Führung in der vorgesehenen Ausstellung, die Werkauswahl, die Gestaltungsphase im Werkbereich des Museums und die anschließende Auswertung gemeinsam, d h. ohne Differenzierung in Teilgruppen durchlaufen sollten. Anlass und Ort des Workshops war die Ausstellung des zeitgenössischen afrikanischen Künstlers El Hadji Sy im Juli 2015, dessen zumeist großformatige, farbenreiche bildnerischen Arbeiten mit afrikanischen Objekten und Artefakten aus der Sammlung des Museums im Dialog präsentiert waren. Erfahrungshintergrund dieses Pilotworkshops waren systematischere Veranstaltungen zum künstlerischen Forschen/zu künstlerischer Resonanz mit Studierenden zum Thema Psychiatrieerfahrung (vgl. Niederreiter, 2012) und mit Psychiatrieerfahrenen zu historischen Kunstwerken von »Anstaltspatienten« in einem Museum für Outsider-Kunst (vgl. Niederreiter, 2015). Die Veranstaltung begann mit einer beispielhaften Einführung in die Arbeitsform der künstlerischen Resonanz anhand des »Antwort-kleids für Agnes Richter« (▶ Kap. 8) in einfacher Sprache, damit den Teil-nehmer*innen erfahrbar wurde, wie eine künstlerische Reaktion auf ein Werk anstelle einer sprachlichen Interpretation aussehen kann. Die fol-gende, von Aline von der Assen geleitete museumpädagogische Führung durch die Ausstellung El Sy war durch das Mitführen eines Koffers ge-kennzeichnet, welcher den offiziellen Exponaten und Artefakten aus Afri-ka ähnliche, weniger wertvolle und damit befühl- und begreifbare Objekte enthielt, die bei jeder Station der Führung passgenau zur Verfügung ge-stellt und erkundet werden konnten. Der Auswahlprozess von »Lieblings-werken« der gut 20 Teilnehmer*innen, die sich zum großen Teil nicht kannten, verlief überraschenderweise zügig und wurde durch Fotoausdru-cke der gewählten Arbeiten, die später im Atelierbereich vorlagen, er-leichtert.

Die Gestaltungsprozesse bedurften unterschiedlicher individueller, teils intensiverer technischer wie prozessorientierter Assistenz, was immerhin so gut gelang, dass alle, auch die »Professionellen«, eine oder mehrere künstlerische Resonanzarbeiten erstellten. Dabei wiesen sämtliche Arbeiten zwar in unterschiedlichem Maße, jedoch deutlich identifizierbare themati-sche und/oder stilistische Bezüge zu den gewählten Werken aus der Aus-stellung auf. Meist mit den gewohnten Stilmitteln, Materialien und Techni-ken machten sich die Einzelnen an die künstlerische Resonanz auf das eigene »Lieblingswerk«. Bei einigen geriet das Ausgangsbild sehr schnell in Vergessenheit, sie knüpften an ihre gewohnten ästhetischen Praxen und Bildwelten an. Einige, zumeist die Teilnehmer*innen ohne Handicap, wid-meten sich ganz bewusst völlig neuen Materialien und Themenstellungen, das inklusive Setting schien sie zu befreien, zu Experimenten anzuregen. Ein Teilnehmer portraitierte einen Mann vom Aufsichtspersonal, so rea-gierte er auf das Setting Museum. Als bemerkenswert stellte sich auch die Abschlussrunde dar, jede*r einzelne stellte sein*ihr Werk vor, erläuterte den eigenen Bezug zum gewählten Exponat der Ausstellung und den Ge-winn, der aus dem/den neu geschaffenen Werk/en gezogen werden konnte oder evtl. auch nicht. Ihre Arbeit zu zeigen gelang auch denen, die ihre Bildauswahl sprachlich nicht oder kaum darstellen konnten, denn es war mir als Leitung möglich, die im entstandenen Werk sichtbaren Bezüge be-schreibend stellvertretend zu benennen. So entwickelte sich ein »voll in-klusives« Geschehen, an dem jede*r über die ästhetische Ausdruckshand-lung gleichermaßen teilhaben konnte. Für die Teilnehmer*innen mit Beeinträchtigungen war es ein spürbar herausgehobenes Erleben, nicht wie üblicherweise unter »Peers« pädagogisch »bespielt« zu werden, sondern gleichzeitig mit sieben Professionellen Seite an Seite künstlerisch zu arbeiten. Die gewohnte Hierarchie war aufgehoben, es konnte erlebt werden, dass die Professionellen genauso haderten mit ihren künstlerischen Prozessen, ins Stocken kamen und sich Rat holten. Voraussetzung für diese Prozesse künstlerisch-forschenden Lernens ist die Schaffung von Anlässen, in diesem Fall die Kunst von El Sy in Kombination mit Exponaten afrikanischer Kultur, um so ästhetisch geleitete Auseinandersetzungsprozesse mit einer »fremden« Kultur, einer ungewohnten Formen- und Farbsprache, noch nie gesehenen Materialien anzuregen und sich künstlerisch handelnd zu eigen zu machen. Die beschriebene inklusive Veranstaltung kann gleichermaßen an Menschen mit anderen Barriere-Erfahrungen kultureller, sozialer oder anderweitiger Art adressiert werden.

8

Kunst als Forschung

»So zeichnet sich das Forschen in einem künstlerischen Medium auch dadurch aus, dass es in einer ästhetischen Dimension keine begrifflichen Erklärungen braucht, um erfahrbar zu werden. Es braucht vielmehr bestimmte innere Möglichkeiten, um ästhetisches Erleben in sich vollziehen zu können« (Eßer, 2015, 231).

8.1 »Antwortkleid für Agnes Richter«

Ein Werkbeispiel meiner eigenen künstlerischen Auseinandersetzung, das »Antwortkleid für Agnes Richter« (2003), soll dieses letzte große Kapitel der Publikation aufgrund seiner Verbindungen zu einer Reihe vorangegangener Abschnitte einleiten. Es war bereits Modell für die Methode der künstlerischen Resonanz (► Kap. 7.5.), hat jedoch genauso Bezüge zum Werk als Objekt oder zu vertieften Bildungs- und Erkenntnisprozessen. Entstehungsanlass des »Antwortkleides«, das zugleich als Intervention künstlerischen Forschens firmiert, war meine Beschäftigung mit einem textilen

Objekt aus der Sammlung Prinzhorn. Agnes Richter (1844–1918) wurde 1893 in die »Anstalt« Hubertusburg bei Dresden eingeliefert, wo sie bis zu ihrem Lebensende blieb. Sie fertigte 1895 neben vielen anderen Näharbeiten ein über und über besticktes Jäckchen aus Anstaltsleinen an, das mittlerweile zu den berühmtesten Stücken der Sammlung gehört. Zu Prinzhorns Zeit fanden die Arbeiten von Patientinnen weniger Aufmerksamkeit, waren sie doch weniger »künstlerisch«, häufig eher »typisch weiblich« kunsthandwerklich geprägt: Knüpfen, Häkeln, Sticken, Nähen und Collagieren zählten zu den bevorzugten Techniken. Zudem zeigten die Zeichnungen der weiblichen Insassen nicht selten Stilelemente von Tagebuch- oder Poesiealbumseiten. Sie wurden damals eher übersehen und erst mit der legendären Ausstellung »Irre ist weiblich« 2004 einem großen Publikum bekannt.

Abb. 12: Lisa Niederreiter (2003), Jäckchen der Agnes Richter I, (48 x 31 cm), Fotovernähung

Richters Jäckchen – hier zu sehen in einer aus mehreren Detailfotografien montierten Version –, beinahe zauberhaft augmentiert mit Schößchen und Kragen aus braunem Stoff, zeigt sich als flächendeckend in deutscher Currentschrift bestickt, wobei die Worte auf den Innenseiten der Jacke lesbar sind. Die Botschaft ist also zum Körper hin gestickt und erst entzifferbar,

Abb. 13: Lisa Niederreiter (2003), Jäckchen der Agnes Richter II, (54 x 34 cm), Fotovernähung

wenn das Kleidungsstück geöffnet wird, was Assoziationen von »am Leib
oder auf der Haut tragen«, »ganz nah bei sich haben« hervorruft. Ohne
Konzepte des ästhetischen oder in der Weiterentwicklung künstlerischen
Forschens zu kennen, entschloss ich mich 2002 zu einer intensiveren Aus-
einandersetzung mit diesem textilen Objekt, die im Nachhinein betrachtet
zahlreiche Merkmale eines künstlerischen Forschungsprozesses aufweist.
Der ersten Annäherung an das Jäckchen aus Anstaltsleinen im Archiv der
Sammlung Prinzhorn folgten vergrößerte Detailfotografien in der Hoffnung
die Schrift auf der Jacke mithilfe einer mit altdeutscher Schrift vertrauten
Person transkribieren zu können. Das stellte sich trotz zeitaufwändiger
Versuche als schwierig dar, da die gestickten Worte kaum mehr lesbar
sind. Klein sind die Stilstiche, verwaschen und abgerieben das Garn, zudem
bestehen zahlreiche Buchstaben dieser Schrift aus Auf- und Abstrichen,
sind somit schwer zu unterscheiden. In diesem Rechercheschritt entstanden Skizzenblätter zu den Detailansichten der Jacke mit einzelnen entzif-
ferbaren Worten.

Dabei handelte es sich eindeutig um biographische Begebenheiten, um
Orte und Personen, die Agnes Richter kannte. Zudem tauchte eine mit rotem Garn gestickte Nummer auf einem der Ärmel auf, die sich nach dem

Abb. 14: Rosina Niederreiter (2003), Transkription, (14,5 x 21 cm), Bleistift auf Papier

späten Fund ihrer Anstaltsakte in Dresden 2003 als ihre Patientinnennummer herausstellte.

Mit der Botschaft des Jäckchens ausgestattet begann ich als künstlerische Resonanz die Konzeption und Herstellung des »Antwortkleides«. Es ist ähnlichen Gestaltungsprinzipien Richters folgend handgenäht, am Körper zugeschnitten und flächendeckend mit einer speziell entwickelten vereinfachten lateinischen Schrift bestickt.

Themen des gestickten Textes umfassten ebenso biographisch für mich als Künstlerin bedeutsame Begebenheiten, Orte und Vorbilder, auch sie sind auf die Innenseite des Kleides gestickt und für den*die Betrachter*in nicht lesbar. Insofern handelt es sich bei diesem Werkschritt im Konzept »ästhetischer Forschung« teilweise um einen »ästhetischen Nachvollzug«, um über ähnliche stilistische Mittel, Material und Themen zu vertieften Erkenntnissen zum Ausgangsobjekt zu gelangen. Den biographischen Teil des Textes stickte ich in den unteren Bereich des Kleides, während ich es trug, daher stehen diese Zeilen auch auf dem Kopf. Thomas Röske hat diesen Stickakt als performativ bezeichnet, auch Lehninger hebt die Körpernähe des Vorgangs hervor (vgl. Röske, 2013, 213). Mit dem Ende des biographischen Stickens endet auch der Platz auf dem Stoff des Kleides, den ich in angezogenem Zustand erreichen konnte. Um fortzufahren, musste ich es ausziehen, es wurde zum Gegenüber und ich begann ein fiktives facetten-

Abb. 15: Lisa Niederreiter (2003), »Antwortkleid für Agnes Richter«, (ca. 145 x 40 cm), Textilobjekt bestickt

reiches »Gespräch« mit Agnes Richter stickend zu führen über die möglichen Funktionen des Jäckchens und seines Schaffensprozesses für ihr sicherlich belastetes Lebens- und Identitätsgefühl in einer Psychiatrie des späten 19. Jahrhunderts.

Dieser insgesamt drei Monate dauernde Stickprozess gleicht einer gespeicherten Redezeit mit Agnes Richter. Persönliche Gedanken – oszillierend zwischen Rekonstruktionsversuchen ihres und des eigenen Lebens – kreisen um Kleidung, Identität, Biographie und Zeitgeschehen. Diese von Einfühlungsbemühungen geprägten Sätze enden im oberen Teil des Kleides in Überlegungen zum zeitgenössischen »Krankheitsverständnis« und zum

Abb. 16: Lisa Niederreiter (2003), »Antwortkleid für Agnes Richter«, Detail

aktuellen Umgang mit psychiatrieerfahrenen Menschen. Gerade in diesen erweiterten flottierenden möglichen Gesprächsthemen mit Richter, in den Mutmaßungen zum Sinn ihres schöpferischen Handelns gegen den drohenden Identitätsverlust in einer Psychiatrie wird das »Mehr« eines lediglich imitierenden, appropriierenden künstlerischen Vorgehens deutlich. Röske nennt es ein »Transponieren«, welches den Effekt »reflexiver Distanznahme einbringt« (Röske, 2009, 9). In diesen erweiternden Versuchen, das Jäckchen der Agnes Richter künstlerisch, historisch wie anthropologisch zu begreifen und ihm eine künstlerische Reaktion, eine Korrespondenz in der Jetztzeit zu verleihen, wird der Schritt in die künstlerische Forschung nachvollziehbar, substantielle Erkenntnisprozesse zu eröffnen und für andere sichtbar zu machen. Mechler-Schönach meint etwa zum Aspekt der Stickschrift:

> »In dieser Balance zwischen Entzifferbarkeit und Unlesbarkeit, zwischen lauter Außenseite und leiser Innenseite, zwischen öffentlichem Wort und subjektivem Geheimnis korrespondiert Lisa Niederreiters Werk den fragmentarisch lesbaren Textstücken von Agnes Richters Jacke (...) Dass sich hier möglicherweise Ambivalenzen abbilden, die mit der öffentlichen Rede und Sichtbarkeit bzw. Unsichtbarkeit der Sprache der Frauen während langer geschichtlicher Zeiträume verbunden sind, sei angemerkt« (Mechler-Schönach, 2009, 15 f).

Das »Antwortkleid für Agnes Richter« erfüllt vielleicht nicht alle Koordinaten und Elemente eines künstlerischen Forschungsprojekts, doch es generiert anderes Wissen, welches besondere Intensitäten vermittelt. So tauchten bei Ausstellungsbesucher*innen die Vermutungen auf, ich müsse bei der Herstellung des Kleides selbst verrückt geworden sein.

8.2 Ästhetische Forschung im erweiterten Kontext

Aus dieser Andersartigkeit gewonnener Erkenntnis und deren Wirkung re-
sultiert die Faszination für das Konzept der »ästhetischen Forschung« nach
Kämpf-Jansen (2000), das ursprünglich als innovatives kunstpädagogisches
Verfahren in einer Verbindung von »Kunst, Alltag, Wissenschaft und Selbst-
reflexion« (vgl. Mechler-Schönach, 2015, 235) entwickelt wurde, eine große
Nähe zum Forschenden, d.h. vom Subjekt und seinen Fragen ausgehenden
Lernen aufweist und ästhetisch-künstlerische Verfahren zur Erkundung von
Lebenswelt mit einbezieht. Künstlerisch-alltagsorientierte Strategien, wie
Material sammeln, archivieren, Wunderkammern zusammenstellen, ergänzen sich um basiswissenschaftliche Methoden, wie Kategorisieren, Verglei-
chen, Einordnen, Gegenüberstellen und Reflektieren. Die Methode soll helfen, subjektgeleitete, sinnlich und materialhaft inspirierte Lernprozesse zu
initiieren, welche ansprechende ästhetische Arrangements hervorbringen,
zu neuen Erkenntnisse führen, jedoch weder eine Gleichsetzung mit wissen-
schaftlichem Forschen noch mit Kunst innehaben.

In der Ausbildung von Kunsttherapeut*innen gewann das Konzept zusätzlich eine besondere Bedeutung in der (Selbst-)Reflexion der eigenen
Person in einem helfenden Beruf, um nicht eigene Themen oder Bedürfnisse in Arbeitsbündnissen (teilbewusst) verhandeln zu müssen. Diese Selbstklärung setzt eine erinnernde Beschäftigung mit der eigenen Biographie
voraus, welche an Intensität gewinnt, wenn sie nicht nur kognitiv, sondern
materialhaft im Sinne einer Spurensicherung, dem Arbeiten mit Objekten,
die weitere Erinnerungen wachruft, die – so rekonstruiert, ergänzt, narra-
tiv erweitert – bildhaft niedergelegt werden kann und zu neuen Einsichten
über sich selbst, die eigene Konfliktfähigkeit und die eigenen Gestaltungsweisen von Interaktion führt. Hier wird die Nähe zu (selbsterfahrungs-
orientierter) Biographiearbeit sichtbar, das Subjekt in seiner Gewordenheit
und in seinen Bezügen zur Welt steht im Fokus. In Kapitel 4 (▶ Kap. 4)
klang dies bereits als Element eines erweiterten Bildungsbegriffs an. Adressat*innen später nicht für eigenen Bedürfnisse zu »benutzen« (Machtgefäl-
le in pädagogischen wie psychosozialen Settings) oder eigene Themen unreflektiert in teils schwierigen Arbeitsbündnissen auszuagieren, ist ein
wichtiger Bestandteil der Qualifizierung in helfenden und bildenden Berufen. Zugleich spricht ästhetische Forschung für andere und bessere, weil
handelnde Lernkulturen (vgl. Mechler-Schönach, ebd., 241), in denen sinnliche, materialhaft biographisch-rekonstruktive Anteile Raum haben.

In diesem Kontext spielen ästhetische Lernformen als Experimentieren mit fremdem, offenem (vgl. Michl, 2010), aber auch teilstandardisiertem Material (vgl. Niederreiter, 2014) eine große Rolle. »Das Experiment ist demnach durch einen kontrollierten Umgang mit der Handlungsform des Spiels gekennzeichnet, einem ›Durchspielen‹ alternativer Handlungsvollzüge« (Rorty, 1988; Joas, 1992, zit. nach Peez, 2001, 50). In der Analogie zum naturwissenschaftlichen Experiment kann das ästhetische Experiment faszinieren, so Schmücker: »Forschen ist kein zufälliges Geschehen, sondern absichtsvolles Handeln, das auf Gewinnung von Erkenntnis« und »Vermehrung menschlichen Wissens« abzielt (Schmücker, 2016, 125). Im Künstlerischen Experiment, einer Versuchsanordnung ähnlich den empirischen Wissenschaften (vgl. ebd., 141) würde eine Forschung anderer Art möglich werden. Hier argumentiert Schmücker mit Adornos »Wahrheit des Kunstwerks« über ästhetische Erfahrung (vgl. ebd., 132). Zudem lassen sich zahlreiche Bezüge und Analogien von ästhetischer Forschung zu Verfahren rekonstruktiver und performativer Sozialforschung, damit zu qualitativen Forschungsmethoden herstellen. Unterschiede und Überschneidungen können an dieser Stelle nicht systematisch vorgestellt werden. Seitz hebt allerdings ihre Relevanz für sozialwissenschaftliche Erhebungen besonders dort hervor, wo es um Stilentwicklung und Herausbildung von »Geschmack« bis hin zu Werten im Sinne einer »Moralität« geht (vgl. Seitz, a. a. O., 41 f.). Dass die genannten Verfahren als offizielle Forschungsmethoden »im Feld« angekommen sind, zeigen beispielsweise die Masterstudiengänge der Hochschule Ludwigsburg im Fachbereich Soziale Arbeit und die Hochschulen für künstlerische Therapien in ihren Studienprogrammen, um nur einige zu nennen.

8.3 Art based research

Im folgenden Abschnitt wird es um eine Sichtung der weiteren Entwicklung von Kunst als Forschungsmethode gehen, die sich durchaus kontrovers gestaltet. Obwohl der sog. »art based research« m. E. zweifelsfrei ein großes Potential für innovative kritische Forschung in ihrer besonderen Form der Präsentation von Ergebnissen (Objekte, Filme, Installationen) attestiert werden kann, gestalten sich die zugehörigen Diskurse heterogen, in ihrer Fassung herausfordernd, teils unbefriedigend. Im Folgenden soll ein Überblick über Begriffsbildungen und Systematisierungsversuche gegeben sowie in die aktuellste sehr theoretisch geführte Debatte eingeführt werden. Nach der Vermittlung einiger für diese Publikation bedeutsamer Fixpunkte und Anwendungsmöglichkeiten wird versucht, Perspektivbildungen künstlerischen Forschens für das abzudeckende Feld psychosozialer Begleitung und Bildung herauszukristallisieren.

8.3.1 Begriff

Als Künstlerisches Forschen ist gemäß dem kleinsten gemeinsamen Konsens ästhetisch-künstlerische Praxis als Erzeugung neuer Kenntnis zu bezeichnen. Als Lehrmethode ist Künstlerisches Forschen mittlerweile etabliert und ausdifferenziert, seine Rolle und Bedeutung im Kontext innovativer Bildungsprozesse ist unumstritten und facettenreich erläutert (vgl. Schmid & Sinapius, 2015). Der Vorwurf der Domestizierung der Künste in ihrem Potential zu Kritik, Utopie und Gegenentwurf ist ein ständiger Begleiter der Diskussion: im angloamerikanischen und angelsächsischen Raum existiert eine lange Tradition der »art based research« oder »artistic research« als eigenständiger Forschungsmethode, was mit der dortigen Nähe zu Forschungstraditionen um die »grounded theory« sowie dem handelnden, teilnehmenden Forschen und der Feldforschung zusammenhängt. In Verbindung mit den Promotions-Studiengangentwicklungen an Akademien für Bildende Künste hat die Diskussion auch in Deutschland an Brisanz gewonnen. Dazu meint Kathrin Busch:

> »Die anhaltende Debatte um künstlerische Forschung ist bestimmt durch die Überlagerung und Vermengung sehr verschiedener Anliegen. Mindestens drei Stränge lassen sich aus der Diskussion herauslösen, die zum einen aus hochschulpolitischen Überlegungen gebildet werden, zum zweiten der Verteidigung künstlerischer Verfahren verpflichtet sind, die über das Ästhetische hinausgehend auf Erkenntnisgewinnung und Kritik abzielen, und zum dritten sich aus epistemologischem Interesse an den materiellen, instrumentellen und institutionellen Bedingungen von Wissensgenese speisen« (Busch, 2011, 71).

Diese unterschiedlichen, einerseits strukturellen, andererseits inhaltlichen Motive, Kunst als Forschung zu verstehen und zu definieren, machen eine substantielle wie methodische Erfassung des Gegenstands äußerst problematisch. Hinzu kommt, dass Kunst traditionell das »Andere« der Vernunft verkörpert und damit konträr zum gängigen Wissenschaftsbegriff steht.

In Deutschland existieren seit den1970er Jahren Vorläuferformen beispielsweise im Konzept der »Künstlerischen Feldforschung« nach Lili Fischer (vgl. ebd., 197). Sie kombiniert forschende Handlungsformen aus der

Ethnologie unter Berücksichtigung anthropologischer, soziologischer und ökologischer Gesichtspunkte mit ästhetischen Verfahren, wobei Peez in der Sichtung ihrer Veröffentlichungen ihr Konzept »als ein bewußt inszeniertes Entgrenzungsphänomen zwischen Kunst, Pädagogik und wissenschaftlichen Forschungsverfahren« bezeichnet (Peez, 2001, 83). Er bewertet Fischers Vorgehen positiv im Sinne eines reichhaltigen Arsenals von methodischen Erhebungsmethoden zu ästhetischen Phänomenen, vermisst jedoch systematisierende Interpretationen und Auswertungen. Die vorgelegten Reflexionen bestünden überwiegend aus Protokollen oder tagebuchartigen Aufzeichnungen (vgl. ebd., 85).

Doch wie lassen sich ästhetische Forschungsstrategien, die qua ihrer Eigenart der sinnlichen Wahrnehmung, damit verknüpfter gestaltender Ausdruckshandlung und Reflexion an das Subjekt gebunden sind, aus dem vorherrschenden empirisch-deduktiven Wissenschaftsbegriff heraus verstehen und anerkennen? Wie entsteht über künstlerische Forschung etwas, das über den subjektiven Erkenntnisgewinn des*der Forschenden heraus gültig ist? Muss es überhaupt für ein Kollektiv gültig bzw. verstehbar sein? Ich meine ja, allerdings wird vorausgesetzt, dass die Kategorie der sog. »Objektivität« als Forderung des vorherrschenden naturwissenschaftlichen Forschungskanons nicht das Kriterium sein kann. Das haben uns anerkannte Methoden der qualitativen Sozialforschung mit narrativen, rekonstruktiven, teilnehmenden, handelnden und hermeneutisch interpretierenden Verfahren gezeigt (vgl. Mayring, 2002, 19). Ein Blick in bisher auch im internationalen Vergleich entwickelter Konzepte mag weitere Klarheit bringen.

8.3.2 Systematisierungsversuche

So haben einige Autor*innen Modelle entwickelt, welche forschende Kunst in Schemata einzuordnen suchen. Das einfachste, häufig zitierte stammt von Henk Borgdorff aus subTexte 03 HDK Zürich (2009). Er teilt ein in: A, Forschung über die Kunst; B, Forschung für die Kunst und C, Forschung in der Kunst (vgl. ebd., o. S.). C ist im Rahmen der Publikation am meisten von Interesse, inhaltlich wird später darauf einzugehen sein. Von Bedeutung scheint, dass Borgdorff nie Kunst als Forschung sagt. Dem entsprechen die Begriffe angloamerikanischer Autoren wie Shaun McNiff (1998) mit ihren Bezeichnungen der »art based research« oder Knowels und Cole mit der »arts informed research« (2007). Sullivan legt mit seinem Ansatz der »Art Practice As Research« das differenzierteste und systematisierendste Konzept zu Kunstpraxis als Forschung vor. Er spricht angesichts der unscharfen, weit gefächerten Anwendung künstlerisch forschender Verfahren von der Notwendigkeit einer kunstbasierten Theoretisierung, um nicht im Zuge des Diskurses um die Postmoderne mit ihrem Paradigmenwechsel des »visual« und »reflexive turn« in eine Beliebigkeit von Forschungsmethoden und -konzepten abzugleiten, die er letztlich eher zweifelnd als »postscientific« (Sullivan, 2010, 54) bezeichnet.

Sullivan schlägt in diesem Zusammenhang eine theoretische Rahmung, ein sog. »Framework« (ebd., 102) vor, welches mit vier ihrerseits wieder in jeweils fünf Unterkategorien eingeteilten Feldsystemen eine präzise Anbindung und erkenntnistheoretische Positionierung der jeweiligen künstlerischen Forschungsanstrengungen notwendig und möglich macht. Dieses eine Systematisierung anbietende Modell orientiert sich an den drei großen Forschungstraditionen (interpretierend, kritisch und empirisch), erweist sich insgesamt jedoch als kompliziert. Das vierte, für die hier geführte Debatte zentrale Feld der künstlerisch handelnden Praxi, beinhaltet für uns unumstrittene Merkmale des kreativen, kritischen und reflexiven Handelns; Sullivan nennt es »post-discipline« (ebd., 102) – also nachdisziplinär. Das bedeutet, dass die Ergebnisse des künstlerisch forschenden Handelns nicht mehr an einzelne wissenschaftliche Disziplinen geknüpft sind, sondern per se inter- und/oder transdisziplinär agieren, eine Forderung an und Eigenart von Künstlerische(r) Forschung gleichermaßen, die ich hier festhalten will.

8.3.3 Aktuelle Debatte um Begriff und theoretische Rahmung

Über diese exemplarisch genannten Systematisierungsversuche hinaus verspricht die neuere Debatte um Kunst als Forschung weitere Klärung über die Annäherung an das andersartige Wissen, das durch künstlerisch forschende Praxen generiert wird. Dabei besteht Einigkeit, dass zwar nicht jede Kunst Forschung ist, dass Kunst aber auch Forschung sein kann unter bestimmten Bedingungen. Dazu schreibt Eva-Maria Jung in ihrem Aufsatz: »Die Kunst des Wissens und das Wissen der Kunst« (2016): »Kunst als Forschung geht nur, wenn man Konzeptionen von Wissen, Wissenschaft und Forschung neu denkt« (Jung, ebd., 30); und genauer, sie schafft »epistemische Werte jenseits der Sprache« (ebd., 38). Diese andere Qualität von Wissen und Erkenntnis zu fassen und mit Kriterien auszustatten kristallisiert sich als Kerndebatte in der entsprechenden Literatur heraus. Genauso wie Borgdorff u.a. argumentiert Jung mit Polanyis Konzept des »Impliziten

Wissens« (ebd., 24), Wissen sei nicht abstrakt und objektiv, sondern an praktische individuelle und situative Aspekte und an Bedingungen geknüpft (vgl. ebd., 33). Sie fordert die Erfüllung von Minimalbedingungen, »dass Forschende bestimmte epistemische Ziele glaubhaft und mit geeigneten Mitteln verfolgen« (ebd., 40).

Das entstehende Wissens lässt sich zudem aus der philosophischen Perspektive mit der Eigenart der ästhetischen Erkenntnis nach Baumgarten als die neben der praktischen und theoretischen Erkenntnis große dritte, an die Sinne und damit an das Subjekt gebundene Erkenntnisform fassen und begründen (vgl. Baumgarten, 1988, 23). Über ihre Nähe zur ästhetischen Erkenntnis konstituiert sich der handelnde, an Sinneswahrnehmungen und damit an den Leib gebundene Charakter des Forschungsprozesses. Borgdorff leitet daraus die »performative« Perspektive künstlerischen Forschens ab, »die nicht von einer Trennung zwischen Subjekt und Objekt ausgeht« (Borgdorff, 2009, 30), d. h. Kunstproduktion kann Wissensproduktion sein und ist damit per se reflexiv (vgl. ebd.). Um die Bestimmung dieser anderen Form von Wissen inklusive der Praxis qualitativ zu fassen, kreisen auch andere Autoren*innen: Bernadette Collenberg-Plotnikov knüpft mit der Figur der »Verkörperung« (2016, 67) an Theorien Edgar Winds an, mit ihr sei das Verhältnis zwischen Kunst und Wissenschaft gelöst, ein Problem wird denkend formuliert, welches mit der Kunst anschaulich gelöst (verkörpert) wird (vgl. ebd., 71). Dabei sind die »Forschungsmittel Teil des Gegenstandes, den sie erforschen« (ebd., 78). Dieses Paradox der Verwobenheit von künstlerischer Praxis als Bestandteil und Gegenstand des Forschungsprozesses, der Personalunion von Künstler*in und Forscher*in ohne Distanz im künstlerischen Tun, wird von einigen Autor*innen versucht durch die Entwicklung neuartiger Theoriebegriffe zu lösen: »In erfahrungstheoretischer Perspektive lässt sich der Forschungsgedanke nur glaubwürdig verteidigen, wenn eine Möglichkeit gegeben ist, eine Verschränkung von gestalteter Materialität (oder Situation) und deren Bedeutung anzunehmen« (Siegmund, 2009, 106), schreibt Judith Siegmund und fordert eine »Theorie der Poesis« (ebd.). Ihre Kriterien sind die Anschlussfähigkeit an etabliertes Wissen und die Nachvollziehbarkeit (vgl. ebd., 111). Bippus prägt einen handelnden Theoriebegriff: »Gerade künstlerische Forschung lässt die diskursive Praxis konsequent als ein Zusammenspiel von begrifflichem Denken, sprachlichen Äußerungen und einem körperlichen Handeln mit Dingen, Materialitäten oder Institutionen sichtbar werden. Sie praktiziert die Theoriebildung durch Performativität oder doing theory« (Bippus, 2011, 105). Diese Aspekte kristallisieren sich im oben vorgestellten »Antwortkleid für Agnes Richter« (▶ Kap. 8.1) insofern, als es sich als komplexe Auseinandersetzung mit (weiblicher) Psychiatriegeschichte um die Wende zum 20. Jahrhundert, um die Bedeutung künstlerischer Ausdrucksformen zur Bewältigung von lebenslanger Exklusion in einer Anstalt, zur Wahrung von Identität und Biographie in menschenunwürdigen Kontexten materialisiert und im Textilobjekt in die Jetztzeit transponiert.

Kreysing erkennt in ihrem Beitrag »Das Kunstwerk als verkörperte Intention« (Kreysing, 2015, 195) die über künstlerische Forschung generierte Kenntnis zwar an, grenzt sie aber deutlich von klassisch wissenschaftlichen Ergebnissen ab: »Die Produkte der forschenden künstlerischen Tätigkeit sind von der je eigenen Strategie zur materiellen Manifestation des Künstlers geprägt, auf die der Rezipient sich jeweils einlassen muss« (ebd., 212). Sie führt an, dass forschende Künstler*innen sich im Gegensatz zu forschenden Wissenschaftler*innen nicht um eine Anschlussfähigkeit ihrer Ergebnisse am disziplinär gültigen Wissen bemühen müssen, da sie ihre künstlerischen Methoden, Materialien und Präsentationsformen frei wählen können (vgl. ebd.). Dem soll m E. insoweit zugestimmt werden, als die Generierung dieser anderen Form von künstlerisch verkörperter Kenntnis, die auch im Rezeptionsprozess zu einem anderen, nicht eindeutigen Erkennen führt, zu würdigen ist. Dem Stichwort nicht angestrebter »Anschlussfähigkeit« möchte ich jedoch widersprechen, auch forschende Künstler*innen konfrontieren sich zum einen stark mit der Kontextualisierung ihrer Zugänge und Positionen im Feld der Bildenden Kunst, zum anderen ist für die meisten die Frage der kollektiven Lesbarkeit der Werke, d. h. die Intensität der durch sie ausgelösten Reflexionsprozesse beim Publikum eine bedeutsame.

Positiv verweist Kathrin Busch auf die Figuration des durch Kunst entstehenden neuen Kenntnismaterials und hebt das Irritierende, Kritische, Innovative hervor:

> »Nicht die geregelte Verwendung theoretischer Kenntnis oder die methodische Absicherung der Erkenntnisgewinnung macht das Reizvolle künstlerischer Wissensproduktion aus, sondern die mit ihr verknüpfte Vision einer anderen Wissenskultur. Erkenntnis im Medium der Künste stößt auf philosophisches Interesse, sofern sich hier eine Wissensform zu konturieren vermag, die gegenüber den akademischen Wissenschaften nicht nur den Vorteil der Unbegrifflichkeit, sondern auch der Subversion unbefragtr Voraussetzungen sowie die Herausstellung ihrer materiellen und medialen Bedingungen hat und überdies mit dem Anliegen gesellschaftlicher Wirksamkeit auftritt« (Busch, 2011, 73).

In neueren Publikationen spricht sie von »Kunstformen der Theorie« (Busch, 2016):

>>Die unter dem Begriff der künstlerischen Forschung firmierende Kunst rückt nicht in die Nähe der Wissenschaft, wie der Begriff der Forschung nahelegt, sondern in die Nachbarschaft zur Theorie. In den Künsten haben sich neue ästhetische Erkenntnisformen etabliert, in denen sich Kunst und Theorie amalgamieren. Die Auseinandersetzung um künstlerische Forschung ist dabei nur Symptom einer grundlegenden Verschiebung, durch die sich das Verhältnis von Kunst und Wissen neu figuriert<< (ebd., 163 f).

Dabei beruft sich Busch auf die wechselseitige Annäherung von Kunst und Theorie bereits in den frühen Avantgarden; und die postkonzeptuelle und Kontextkunst in den Blick nehmend, spricht sie für die aktuelle Zeit nicht nur von einem >>Theoretisch-Werden der Kunst<<, sondern gar vom >>Kunst-Werden der Theorie<< (ebd., 164). Mir scheint diese Denkfigur etwas abgehoben, wird sie so gar nicht beispielhaft erläutert. Kunst wird also demnach >>Subjekt der Theorie<< (ebd., 167), nicht nur über das Selbstreflexiv-Werden ihrer eigenen Bedingungen, sondern auch über das Unbewusste in der Kunst. Hier argumentiert Busch unter Berufung auf der Postmoderne zuzurechnende Philosophen wie Foucault, Deleuze und Rancière gegen eine rationalistische Verengung. Kunst ist nicht das Andere des Denkens, dessen ästhetischer >>Überschuss die Offenheit von Kunst bedingt, sondern in ihr artikuliert sich ein anderes Denken<< (ebd., 169). Busch benennt das Ergriffenwerden als Merkmal dieses Denkens, spricht vom >>Ausgesetztsein als Ausgangspunkt denkerischer Praxis auf der Grundlage von Affizierung<< (ebd., 173), ein Motiv, das in den Künsten nicht wirklich neu ist.

Verfolgt man die Debatte der letzten Jahre, so fallen wachsende Bezugnahmen auf bekannte Theoretiker*innen der Philosophie und/oder Soziologie zur Begründung von Kunst als Forschung auf. Michael Schwab bemüht Benjamins Theorie der Reflexion (vgl. 2016, 179), Robert Nigro Adornos ästhetische Theorie (vgl. 2016, 201). Die Debatte bleibt jedoch an der Episteme orientiert und sehr theoretisch. Wenige Autor*innen ziehen Beispiele zur Veranschaulichung oder Begründung ihrer Argumentation heran. Es ist zu vermuten, dass bezogen auf den Gesamtdiskurs sehr viel Energie in einen Kampf um Anerkennung dieser Forschungspraxis investiert wird, und dieser Kampf aufgrund einer hiesigen theorieorientierten Forschungstradition auch theoretisch geführt wird. Zum anderen kristallisiert sich immer mehr heraus, dass schwerlich verallgemeinerbare Grundkoordinaten von Kunst als Forschung zu formulieren sind und diese für jeden Forschungsansatz neu aufzuspannen sind.

8.3.4 Trianguliertes künstlerisches Forschen in der Ausbildungspraxis

Für das professionelle Feld dieser Publikation sehe ich geeignete und Erfolg versprechende Potentiale künstlerischer Zugänge beispielsweise in einer Forschungstriangulierung mit anderen Methoden qualitativer Sozialforschung oder mit Forschungsgegenstands-angemessenen Theorien aus anderen Feldern. Meine eigenen forschenden und lehrenden Erfahrungen dazu verdichteten sich in einer textilkünstlerisch bestückten Reflexionsveranstaltung mit Studierenden der Kunsttherapie zur Evaluierung der eigenen berufspraktischen Erfahrungen. Dabei handelte es sich um ein Forschungsprojekt zum ästhetischen Experiment als Untersuchungsinstrument der eigenen Helferbeziehung. Das Untersuchungsdesign war trianguliert mit Elementen der Objektbeziehungstheorie, d. h. das Thema Helferbeziehung, das textilkünstlerisch bespielt und analysiert wurde, fand seine theoretische Verankerung in der angewandten Objektbeziehungstheorie nach Winnicott (Übergangsobjekt und intermediärer Raum: ▶ Kap. 3.2) sowie seine künstlerische Entsprechung in der Art des angebotenen Materials. Die Studierenden bearbeiteten ihre Praxiserfahrungen zur eigenen professionellen Beziehung zu zweit mit einer textilen Grundausstattung, einer ca. 70 cm langen, Bindung symbolisierenden Lycra-Schlaufe und einer an den Seiten ca. 120 cm großen geschlossenen doppelwandigen, den intermediären Raum darstellenden Stoffform sowie weiteren selbstgewählten textilen Materialien (vgl. Niederreiter 2014, 250 ff). Das so methodisch und theoretisch sowohl für die künstlerisch forschende Durchführung als auch Auswertung triangulierte Projekt brachte intensive Ergebnisse in Richtung Selbsterkenntnis und eine zumeist hohe Qualität der künstlerischen Arbeit gleichermaßen zu Tage. Zwei nun grob skizzierte künstlerische Positionen illustrieren dies: Mit der »Doppelhose« (▶ Abb. 17) gelang zwei Studierenden nach dem spielerischen Experimentieren mit den textilen Grundbausteinen die Entwicklung einer performativ erweiterten und im textilen Kostüm zwingend umgesetzten Existenz in der Symbiose.

Sie fixierten nebeneinanderstehend jeweils ihr innen stehendes Bein an den Knöcheln mit Klebeband miteinander, schlüpften in die aus der Stoffform weiterentwickelten Hose mit drei Hosenbeinöffnungen und zwängten sich mit den Oberkörpern in ein einziges T-Shirt, mit dem Effekt, dass jede nur eineinhalb Beine und einen Arm hatte.

In stundenlangem, selbstvergessenem Bewegungsspiel erprobten sie dann das miteinander anspruchsvoll zu koordinierende Gehen, das Sitzen, Essen, einen Lolli lutschen und weitere lebenspraktische Details. So wurde die Faszination, aber auch die Brüchigkeit symbiotischen Miteinanders für

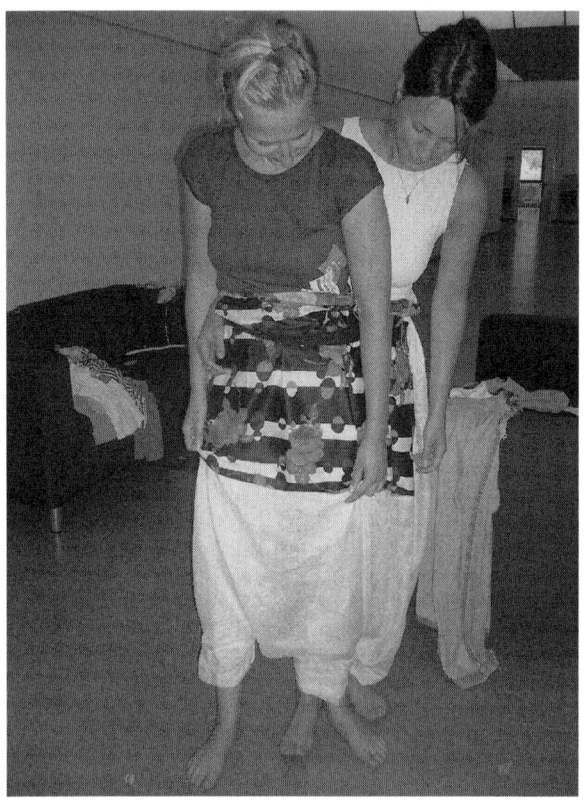

Abb. 17: anonymisiert (2007), »Doppelhose«, (ohne Masse), studentische Arbeit zur Reflexion der Helferbeziehung

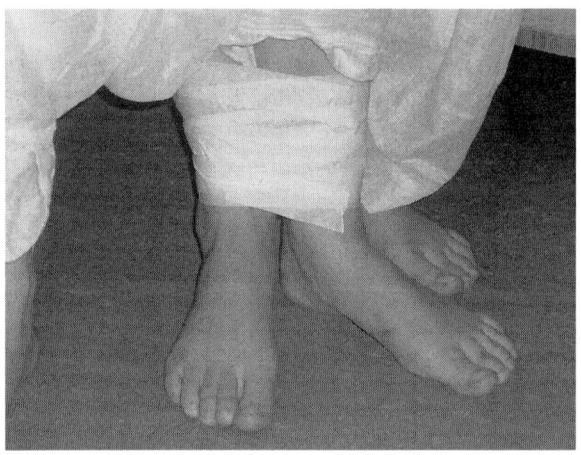

Abb. 18: anonymisiert (2007,) »Doppelhose«, Detail

die Akteurinnen erlebbar, sie wirkte in der künstlerisch ausgestatteten Performance für andere gleichermaßen zutiefst Erkenntnis-generierend.

Als zweites Praxisbeispiel firmiert eine bespielbare Rauminstallation, die das autonome Ich bei gleichzeitiger sicherer Rahmung und Gebundenheit in der künstlerisch-experimentellen Anordnung verdichtet und diese interaktiv auch Betrachter*innen durchspielen lässt.

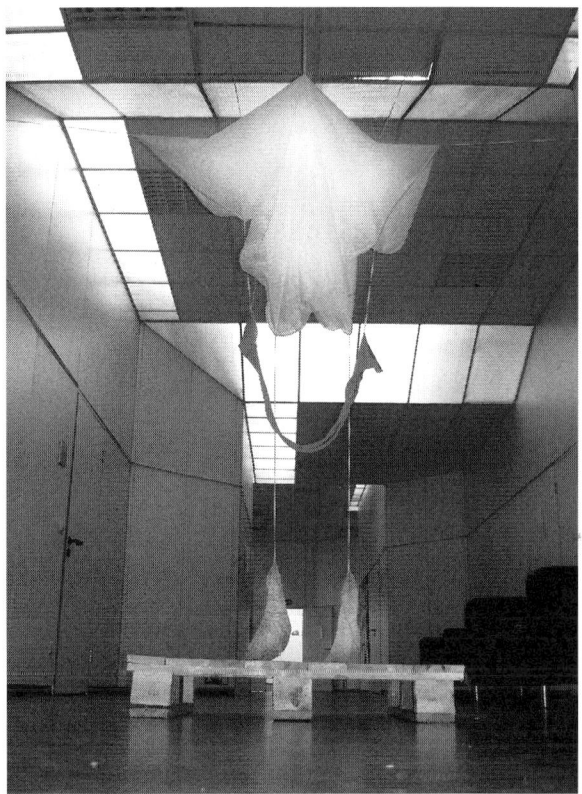

Abb. 19 anonymisiert (2007), interaktive Rauminstallation, (ohne Masse), studentische Arbeit zur Reflexion der Helferbeziehung.

Die zweilagige Stoffform funktionierten die beiden Studierenden durch Einschnitte mit Ausblick und die Hängung von der Decke in einen Möglichkeitsraum, in den man hineinschlüpfen und auf einer Holzpalette Bühne stehend hinausschauen konnte. Die hellblaue Lycra-Schlaufe fungierte als Körperhalterung; gemeinsam mit zwei dicken, an Gummischnüren befestigte Socken als Fußhalterungen eröffnete die Gesamtanlage den Betrachter*innen einen zweckfrei erkundbaren Raum, in dem in verdichteter Form der illusionshafte Zustand körperlich und seelisch sicherer Bindung bei maximaler Ausdrucksfreiheit, Beweglichkeit, mentaler Offenheit, also Autonomie erlebt werden konnte. Für Momente wird dieses Paradox erfahren und das Ich der sonst zu bewältigenden, mitunter spannungsvollen Aufgabe der Vermittlung zwischen dem Eigenen und den Anforderungen der Realität enthoben.

Beide Positionen zeigen eindrücklich die Valenzen künstlerischer Forschung hinsichtlich des zu ergründenden Gegenstandes (Erkundung von professionellen Beziehungsstrukturen), gleichermaßen aber auch die Produktion künstlerischer Objekte und Installationen, die den Rezipient*innen der künstlerischen Ergebnisse ähnliche Erkenntnisse zu Verfügung stellen. Bzw. wie im zweiten, interaktiv angelegten Beispiel erfahren Betrachter*innen diese sogar nacherlebend. Beide Beispiele weisen die in der nun folgenden Zusammenfassung aufgeführten Merkmale von »art based research« auf, wie sie für Prozesse von Bildung, Forschung und biographischer Begleitung zu fordern sind.

8.3.5 Zusammenfassung

Hilfreich als gemeinsamer Nenner und weiterführende Perspektive in unserem Feld könnten die fünf von Jahn und Sinapius entwickelten Thesen zur künstlerischen Forschung sein:

> »1. Künstlerische Forschung beruht auf ästhetischer Erfahrung, d. h. in der künstlerischen Forschung vermittelt sich Erkenntnis über ihre ästhetische Erscheinung.
> 2. Künstlerische und wissenschaftliche Forschung sind keine Gegensätze, sondern Ausdruck unterschiedlicher Erkenntnisstile.
> 3. Künstlerische Forschung braucht eine Rahmung, um in den wissenschaftlichen Diskurs eingehen zu können.
> 4. Für künstlerische Forschung gilt wie für jede andere Forschung der Grundsatz der Gegenstandsangemessenheit.
> 5. Die Ergebnisse künstlerischer Forschung müssen intersubjektiv nachvollziehbar sein. Sie brauchen eine diskursive Form der Vermittlung« (Jahn & Sinapius, 2015, 251–257).

6. – gerne würde ich die zentralen Thesen der Autoren um eine Kategorie erweitern, die das Nicht-Fassbare und An-das-Ästhetische-Gebundene jedes Forschungsprojekts genau benennt, markiert und begründet, eine Erkenntniserwartung verdeutlichend, die unhintergehbar mit keiner anderen Me-

thode generiert werden kann. Vielleicht knüpft dies an die weiter oben benannte Kategorie der Ergriffenheit von Katrin Busch an.

Zur letzten These passend zitiere ich eine Studierende aus dem oben (▶ Kap. 8.3.4) kurz umrissenen textilkünstlerischen Seminar zur Entwicklung der gezeigten »Doppelhose«, mithilfe derer sie die symbiotische Beziehungsform in ihren Grenzen und Gefahren ausgelotet hatte:

> »Die Ausreizung der Verschmelzung durch konsequentes Verhalten im Eins-Sein, Kleidung und Nahrung gleichermaßen zu teilen und gesunde Grenzen zu überschreiten, gestattet ein wirkliches und existentielles Erleben. Aus Vorstellung wird körperlich erfahrene Wirklichkeit, aus Einfühlungsvermögen überwältigende Kenntnis« (Kolmar, 2009, 14).

Diese Erkenntnis erreicht auch die Betrachter*innen der Abbildungen und kleinen Videos zu den Gehversuchen der beiden Studierenden in der »Doppelhose«. Daran knüpft sich trotz bleibender Angestrengtheit um den Diskurs über Kunst als Forschung meine Überzeugung, dass die künstlerisch generierten Ergebnisse ein besseres, weil spürbareres Wissen produzieren, welches jenseits der Statistiken quantitativer Forschung und individuellen Rekonstruktionen qualitativer Forschung über ihre ikonische Macht eine kollektiv spürbare Wirkung erzielt, die die Welt mitunter »besser« machen könnte. Doch bedarf Kunst als Forschung einer permanenten Rückversicherung und ästhetisch/ikonologischen Markierung, die immer wieder neu herzustellen, zu vergewissern und rückzuversichern ist.

Als weitere Orientierung und Rahmung von »art based research« soll abschließend ihre Verwandtschaft mit Formen etablierter rekonstruktiver Sozialforschung in Abgrenzung von standardisierten, hypothesenbasierten empirischen Verfahren herausgestellt werden. Hier könnte es um Fallrekonstruktionen, Rekonstruktionen von »Ereignissen« in Biographie, Bildung und/oder Therapie unter Einbeziehung des dokumentierten dazugehörigen »lebendigen« Materials (Sprache, Verhalten, Ausdruck, Körperhaltung, Bilder usw.):

> »Dabei lassen sich künstlerische Forschungskonzepte und ihre Darstellungs- und Präsentationsformen in eine fruchtbare Verbindung bringen, beispielsweise mit den bildhaften und atmosphärisch reichen Falldarstellungen der Psychoanalytischen Pädagogik« (Mechler-Schönach, 2015, 242 f).

Künstlerische Prozesse, Sprache und die Interaktionen in der Arbeitsbeziehung können in ihrer Durchdringung systematisch dargestellt und so nachvollziehbar werden.

> »Sozialpädagogische Kasuistik und die Aktions- und Handlungsforschung bieten weitere Anknüpfungspunkte, die in Verbindung mit Modellen künstlerischer Gedächt-

nisarbeit die Dokumentation und Darstellung der Wirksamkeit kunsttherapeutischer Prozesse inspirieren können« (ebd.).

Letzteres gilt natürlich genauso für kunstpädagogisch initiierte Vorgänge.

8.4 Momente künstlerischer Forschung zur Diskussion: Kader Attia

An die Erörterungen anschließend soll ein Künstlerbeispiel als Anschauung zur Diskussion gestellt werden. Kader Attia (Jahrgang 1970) – mittlerweile zurecht nicht mehr unumstritten – hat sich selbst nie als künstlerisch Forschender begriffen, trotzdem zeichnet sich sein (frühes) Werk durch zahlreiche Aspekte und Methoden künstlerischen Forschens aus und bringt Dinge zur Kenntnis, die in ihrer Drastik, Interdisziplinarität und ihrem kritischen Potential durch klassische bspw. historische Forschungsberichte nicht in der Dichte vermittelbar sind bzw. nicht jene »Ergriffenheit« bei Rezipient*innen herzustellen vermögen, welche zu tiefer Kenntnis führen und Politisch-Ethisches im Ästhetischen repräsentieren und befördern. Kolonialverbrechen und deren Folgen werden in den künstlerischen Arbeiten in ungewöhnlicher Weise aufgedeckt und konfrontiert. In englischer Sprache existiert mit »to face« ein einziger Ausdruck, der beide hier angesprochenen Komponenten umfasst, das Anschauen und die emotionale Konfrontation mit entsprechenden Effekten auf Reflexion.

Kader Attia, ein französischer Künstler mit algerischem Hintergrund, wurde auf der 13. documenta 2012 in Kassel mit dem Werkkomplex »Collage«! bekannt. Er begann mit dem Sammeln und Kategorisieren von Material aus der Kolonialgeschichte Afrikas, im Fokus europäische und nordafrikanische Publikationen, Bilder und Objekte aus der Zeit um den 1. Weltkrieg. Historische Zeitschriften und Bücher über Politik und Kriegsführung füllten Regale, einen Schwerpunkt bildeten Portraitfotografien von Soldaten mit den typischen schwersten Gesichtsverletzungen (»gueules cassées« bedeutet zerbrochene Gesichter) des ersten »maschinell« geführten Weltkriegs sowie Abbildungen aus medizinischen Fachblättern zu den Anfängen der rekonstruierenden plastischen Chirurgie. Exponate seiner ersten documenta-Show waren zudem zahlreiche Gebrauchsgegenstände, die aus den metallischen Resten von Kriegsmaterial in Afrika gefertigt wurden. So konnte man aus Patronenhülsen gefertigte Bestecke,

Bilderrahmen und Kruzifixe sowie gitarrenähnliche Seitenschlaginstrumente aus Kriegshelmen betrachten. Diese Weiternutzung kriegerischen Mülls mag gleichzeitig für Strategien, Armut und Ausbeutung zu trotzen, und/oder für Kunstfertigkeit, Cleverness und Wiederaneignung u v. a. m. von Bürger*innen ehemals kolonisierte Länder sprechen. Weit ausführlicher müssten die multiplen Botschaften solch vielschichtig verdichteter Artefakte beschrieben werden, als Installationen erreichen sie die Betrachter*innen jedoch in Sekundenschnelle in ihren spezifischen, zugleich verkörperten, materialhaften Aussagen ausgestattet mit den eindrücklichen Qualitäten von Zeitzeugen. Sie vermögen zum Staunen zu bringen, vielschichtig und doch präzise entschlüsselbar vermitteln sich die jeweiligen Botschaften. Die »gueules cassées« beschäftigten Attia weiter. In der Werkgruppe »J'accuse« (ich klage an) zeigte er im MMK (Museum Moderner Kunst) in Frankfurt 2016 von afrikanischen Masken-Schnitzern und Bildhauern vor 100 Jahren und heute nach den Originalaufnahmen der kriegszerstörten Gesichter aus Holz gefertigte, überlebensgroße und so plastisch gewordene Köpfe, die auf minimalistischen Stahlgerüsten platziert waren. Die Kopfplastiken kursieren unter weiteren Titelgebungen wie »Healing without Forgetting« und »Injury and Repair«, teilweise kombiniert mit anderen Werken, welche die Botschaft dieser Arbeiten und ihre Entstehungshintergründe weiter aufklären.

Allerdings brachte Attia die beinahe inflationäre Multiplizierung und installative Ausweitung kolonialer Exponate mit ähnlichen Themen nach ähnlichen Mustern in den letzten Jahren auch (berechtigte) Kritik ein, die ich hier nicht weiter vertiefen kann; m. E. liegt dies in der hohen Zahl an Einladungen zu prominenten und großen Ausstellungen begründet, die Künstler*innen nach einem internationalen »Durchbruch« erreichen (siehe Ai Wei Wei). Doch in den vergrößerten Köpfen – als ästhetischer Nachvollzug realisiert – werden Soldaten-Fotos zu Mahnmalen, gleichzeitig beginnen die verletzten Soldaten der französischen Schlachtfelder afrikanisch auszusehen. Verdrängte Geschichte wird nochmals offengelegt und verstörend bearbeitet. Männer aus den kolonialisierten afrikanischen Ländern wurden als Soldaten eingezogen und starben in den Schützengräben europäischer Schlachtfelder für ihre europäischen Kolonialherren. Vielfältiges kann in Kader Attias künstlerisch forschenden, rekonstruierenden und erweiternden Interventionen zum Diskursanlass, zur Botschaft werden: Einiges sei hier angeschnitten, etwa: Facetten historisch kolonialen Unrechts treten zu Tage, die Sammlung weiterbearbeiteter Artefakte zeigt die beteiligten Kulturen in neuen Rollen, in den Objekten treten sie anders miteinander in Beziehung. Leid wird sichtbar und evtl. stellvertretend im Kunstwerk anders verhandelt. Zudem eröffnet sich genau jene Dimension an erfahrenem Wissen, die durch Worte nicht beschreibbar ist.

8.5 Künstlerisches Forschen in Bildung und Ausbildung

Die Fähigkeit zu vertieft selbstreflektiertem Handeln auch angesichts der eigenen biographisch und soziokulturell vielfältig geprägten Identität wird in Zeiten der Multi-Optionalität (▶ Kap. 5) mehr und mehr zu einer Kernkompetenz in pädagogischen und psychosozialen Feldern.

8.5.1 »Ästhetisches Biographieren« (Mechler-Schönach)

Mechler-Schönach stellt die Eignung ästhetisch/künstlerisch forschender Verfahren zur Erkundung der eigenen Biographie über die Bearbeitung von Erinnerungsspuren heraus (vgl. ebd., 238 ff): »Sie machen aus locker miteinander verknüpften Ereignissen einen narrativen, subjektiv bedeutsamen Zusammenhang, eine Geschichte. Sie schaffen Biografie« (ebd.). Die eigene Lebensgeschichte in ihrer Konstruiertheit nach Mustern, wichtigen und weniger wichtigen Ereignissen, nach Ressourcen zu durchforsten schafft Bewusstsein im Umgang mit sich und anderen, gibt Sicherheit für das Bewältigen von Krisen, hilft Leben zu planen. Dieser künstlerisch handelnde Umgang mit den Erinnerungen in ihren materialhaften, ästhetisch manifestierten Qualitäten evoziert die sinnliche Wahrnehmung verbunden mit den zugehörigen Gefühlen, ermöglicht damit eine psychisch bedeutsame Durcharbeitung jeweiliger Lebensereignisse, evtl. deren Neubewertung und eine Anknüpfung an möglicherweise verschütteten Ressourcen. Dies gilt für die Professionellen gleichermaßen wie für Adressat*innen mit hohen Unterstützungsbedarfen. Im Kontext von Interkulturalität skizziere ich zu diesem Aspekt ein von Fatma Herrmann beforschtes biographisch orientiertes Bildungsprojekt für Teilnehmer*innen mit und ohne Migrationshintergrund, das in Berlin stattfand (vgl. Hermann, 2009) und nicht dezidiert mit dem Konzept künstlerischen Forschens verknüpft war. Trotzdem lassen sich die Ergebnisse stark mit dem ästhetischen Biographieren in Verbindung bringen. Auch dieser Workshop basierte auf Werkbeispielen aus der Bildenden Kunst (Cindy Sherman und Christian Boltanski), welche die Teilnehmenden mit einer Auseinandersetzung um ihre Berufsbiographien und deren Bedeutung für ihr gesamtes Leben verknüpften und in ästhetischer Form nach dem Motto »mit – mir – verhalten« spurensichernd bearbeiteten (vgl., ebd., 144 ff). So bestückte eine Teilnehmerin mit türkischem Migrationshintergrund einen Arbeitskittel mit zahlreichen Fotografien und Fotokopien: »Als ›Migrantin‹ in Deutschland rekonstruierte Vesalet diese Erinnerungen, die sich über die unzähligen Stempelabdrücke der Ausländerbehörden und Arbeitsgenehmigungen artikulieren und wichtige Stationen ihres Lebens nachzeichnen« (ebd., 155). Als weiteres Beispiel wird das Abfallnetz einer Beteiligten griechischer Herkunft vorgestellt, in welches sie Dokumente einer unglücklich empfundenen Berufsbiographie in bewusst beschädigter Form »entsorgte«, eine Arbeit, die in der Gruppe intensive Resonanz erfuhr (vgl. ebd., 157) und transkulturelle Bildungsprozesse intensivierte.

8.5.2 »Art based research« im Studium verstörender Phänomene (psychiatrische Erkrankung)

Die Auseinandersetzung mit fremden, wenig nachvollzieh- und einfühlbaren Verarbeitungsformen menschlichen Seins, wie sie die Schizophrenie mit den einhergehenden Denk-, Wahrnehmungs-, Verhaltens- und Empfindungsstörungen darstellt, gewinnt mit künstlerisch forschenden Zugängen eine vertiefte, zudem subjektorientierte Erweiterung des Begreifens und Darstellens. Am Beispiel eines Kooperationsprojekts zwischen der Sammlung Prinzhorn in Heidelberg und der Hochschule für Kunsttherapie in Nürtingen (jetzt HFWU) werden solche erweiterten Verstehens-Versuche zu Josef Forster (1878–1949), einem Künstler-Patienten der Sammlung mit der Diagnose einer Schizophrenie, vorgestellt. Die künstlerischen Ergebnisse der Studierenden des Projektseminars wurden anlässlich der Ausstellung »Durch die Luft gehen. Josef Forster, die Anstalt und die Kunst« im Museum der Sammlung gezeigt.

Studierende entwickelten im Rahmen eines Seminars, das ich gemeinsam mit Hartmut Majer durchführte, künstlerische Reaktionen auf Joseph Forster, auf sein von Krankheit und Kunstmachen geprägtes Anstalts-Leben und erschufen künstlerische Objekte ihrer Annäherungen an Joseph Forsters Weltsicht und Werk. Forster hatte sich im Kontext seiner Psychoseerfahrung zu einem Gesamtkünstler und Wissenschaftler entwickelt (vgl. Röske & Noell-Rumpeltes, 2010), der malte, zeichnete, Objekte baute, Maschinen erfand, sang, komponierte und eine zahlreiche Schriften umfassende Gesundheitslehre entwarf.

Den konzeptuellen Überlegungen künstlerischer Forschungsverfahren folgend hat sich die Seminargruppe in einem ersten Schritt dem ästhetischen Nachvollzug des zu erkundenden Themas gewidmet und in einer gemeinsamen Aktion Josef Forsters Modell des »großen Laufrads« (ebd., 4) aus Weidenruten in Originalgröße nachgebaut. Die Rekonstruktion dieses Fahrzeugs basiert auf einer Originalfotografie, die Josef Forster 1921 im Klinikhof stehend als Lenker des Gefährts zeigt. Es handelte sich dabei um eine seiner Maschinenerfindungen angetrieben von überwirklicher mechanischer und maschineller Kraft. Diesem ersten Werkschritt ging die Betrachtung und Verschriftlichung von Filmdokumenten zu artistischen Übungen mit dem sog. Rhön-Rad voraus. Auch hier geht es um eine »Verschmelzen« von Körper und Rad, um Bewegung, welche die Gesetze der Schwerkraft ein Stück überwindet, Perspektivwechsel einfordert. Diese Vorübung sollte die Projektteilnehmer*innen vertraut machen mit nicht rationalen, kunst- und körperorientierten Methoden, Phänomene wahrzunehmen. Zudem passte das Rhön-Rad zum Eingespannt-Sein Forsters in sein Laufrad und seine überwirklichen Ideen dazu.

Abb. 20: Nachbau Laufrad Josef Forster (2008), Seminararbeit zur ästhetischen Forschung der HfWU/FB künstlerische Therapien, (ohne Masse), Weidenruten, Draht, Schnur, Metallscheibe

Josef Forster hat den Sinn seiner selbsttätigen Hohlraderfindung so beschrieben: »Man könne dieses Rad auch hausgroß bauen und damit über Land, Meer, Wüsten und Eisfelder hinwegfahren. Wenn sich ein Ingenieur oder ein Industrieller für diese Erfindung interessiere, werde er sie verwirklichen« (zitiert aus der Krankenakte, ebd., 49).

Der dritte Arbeitsschritt der Seminargruppe bestand in einer intensiven Beschäftigung der Studierenden mit dem Material zu Joseph Forster (seine Krankenakte, Handschriften u. a. zu den von ihm entwickelten medizinischen Behandlungsverfahren und seiner Lehre vom »Edelmenschentum«, Skizzen zu diversen Erfindungen, Bildwerke, bspw. mehrere ausdrucksstarke, künstlerisch niveauvolle Selbstportraits und Portraits von Mitpatienten, Darstellungen seiner Visionen). Als hoch irritierend galten für alle Beteiligten die von Forster propagierten und auch von ihm selbst angewandten Kur-Methoden, die ewiges Leben und die Transformation zum Edelmenschen garantieren sollten. Aus medizinisch-psychiatrischer Sicht als Wahn- und Größenideen (vgl. ebd., 47 ff) bezeichnet, vom fortschrittlichen Anstaltsleiter Dr. Adolf Vierzigmann jedoch mehr oder weniger gestattet, behandelte sich Forster selbst mit sämtlichen Sekreten und Ausscheidungen seines Körpers, verleibte sich diese wieder ein, ohne für einen längeren Zeitraum andere Nahrung zu sich zu nehmen. Er trug sogar Gesichtsmasken, um die Feuchtigkeit seines Atems nicht zu verlieren (vgl. ebd.).

Beinahe alle der in der Folge entstandenen künstlerischen Objekte der Studierenden reflektierten in dichter, gleichzeitig spezifischer Weise eine möglich gewordene Annäherung an Forsters Denken. Ausgewählte Arbeiten von Studierenden werden im Folgenden namentlich vorgestellt, da sie in der oben genannten Ausstellung der Sammlung Prinzhorn bereits öffentlich waren. Anne Weßler baute – wie einige andere auch fasziniert von den sich selbst erfüllenden Kreisläufen in Forsters Denksystemen – ein sich selbst genügendes System aus einfachsten Baumarktmaterialien, nämlich eine transparente Wasserpumpe, die, an den Strom angeschlossen, einen perfekten Wasserkreislauf produzierte: simpel, bestechend alltäglich und doch gänzlich nutzlos. Miriam Nolte entwickelt ebenso in Analogie zu Forsters sich selbst reflektierenden Systemen und die Gesichtsmasken mehrere Gerätschaften aus Abfallmaterial, die in bestechender Weise das Selbstbespiegelt-Werden im Sein, im Gehen, im Sehen erlebbar machen. Es entstanden fragile maskenartige Vorrichtungen aus Draht, Blech und CDs, die man aufsetzen kann; man sieht sich jeweils selbst aus dem Augenwinkel, die Verstörung des Blicks auf die Welt wird synchron erlebbar. Fragen tauchen auf: »Sehe ich meine eigene oder die reale Wirklichkeit draußen? Wie ist es, wenn beide Wirklichkeiten sich überblenden, gleichzeitig wahrgenommen werden?« So wird die Wahrnehmungsveränderung des Wirklichkeitsverlusts und der zeitweisen Selbstentfremdung, wie sie zum Erleben einer Psychose gehören, bestechend nachvollziehbar. Zehn kleine

Fingernagelspiegel ergänzen die Ausstattung. Agnes Kurfirst greift die per-
petui mobile auf, geheimnisvoll aus eigener Kraft sich bewegende Geräte,
analog zu Forsters Maschinenerfindungen. Sie recherchiert im Netz und
kopiert eine dieser Maschinen mit Blaupapier. Maren Freytag beginnt –
fasziniert von der Qualität der Selbstportraits und Portraits von Mitpatienten und einer begleiteten Aktennotiz, Forster würde diese aus dem Gedächtnis malen –, die eigenen Freund*innen aus der Erinnerung mit Kohle
in ein Skizzenbuch zu portraitieren. Es interessiert sie, wie dieser Erinne-
rungsvorgang funktioniert, ob ihre Zeichnungen Ähnlichkeiten zu den
Freund*innen festhalten können, und ist überrascht von den teils eigenar-
tig intensiven Zeichnungen. Noriko Kobayashi beschäftigte sich mit Formen des Kokonbaus der Seidenraupe, hier Forsters Motiv der Transformation zum Edelmenschen durch Körpersäfte aufnehmend – auch die
Seidenraupe baut den Träger ihrer Verwandlung zum Schmetterling aus eigenen Körperausscheidungen. Hier wird eine real funktionierende Meta-
morphose aus der Tierwelt auf Joseph Forsters Vision vom Edlen bezogen,
»Verrücktheit« so kontextualisiert. Katrin Ruck erstellte ein »wissenschaft-
liches« Künstlerbuch inspiriert von Forsters Schriften zu Behandlungsme-
thoden. Ein Medizinbuch, unhandlich, die Sperrigkeit und Ernsthaftigkeit
Forsters reflektierend. Ruck lernte und imitierte Forsters Schrift, baute ein
Buch aus einzelnen Blättern, in dem sie eigene mit Forsters Themen in Beziehung setzte und mit Skizzen illustrierte. Sie intendierte die Sichtbarmachung der Nicht-Handhabbarkeit seiner Methode sowie die Durchbrechung
der Nicht-Veröffentlichung seiner Theorien.

Anya Poulles zerschnitt beeindruckt von Forsters Körperverschnürun-
gen ein Foto ihres eigenen, mit zusätzlichen Verletzungen versehenen Rü-
ckens und vernähte die Teile mit rotem Faden neu. Die fragile, beinahe
mobileartige Hängung des Objekts ergänzte sie um aus Illustrierten ausge-
schnittene Worte beschädigten Lebens. An die Gefährdung jeder menschlichen Existenz wurde hier gemahnt. Verena Menzel entschied sich ebenso
mit Körperprodukten zu arbeiten. Sie wählt die eigenen und die Haare ihrer Mutter als Werkmateria, und versucht, sie über Knüpf-, Häkel- und
Stricktechniken ästhetisch weiterzubearbeiten, um neues, in Anlehnung an
Forster »edleres« Material zu generieren. Am intensivsten entwickelte sich
ihr Versuch, die Haare zu filzen. Anette Haas setzte sich mit einer Originalfotografie von Forster als Sänger – in theatralischer Pose eine Arie schmet-
ternd – auseinander, beeindruckt von den Größenfantasien des Gesamt-
künstlers. Sie begann selbst unter der Dusche Opernarien zu singen und
diese aufzuzeichnen. Der vernebelte Blick des Duschvorhangs heftete sich
an diesen Gesang, auch er wurde künstlerisch umgesetzt und setzte die

Wahrnehmungsverzerrungen in Szene. Sarah Barths Ausgangspunkt war das Paradoxe in Forsters Vision, sie setzte das Spannungsfeld von Exkrementen und Kostbarkeit um – Edelmensch werden über die Einverleibung eigener Ausscheidungen. Schließlich entschied sie sich für eine täuschend echte ästhetische Imitation eines Kotelements, das auf eine elegante Porzellanetagère platziert wurde. Hanna Schwaderer goss Herrenschuhe in Gipspodeste ein, die Bodenhaftung herstellend, welche Forster sich selbst in seinem Selbstportrait des »Stelzenläufers« mithilfe von beschwerenden Keulen angesichts seiner Wahrnehmungsveränderungen »den Boden zu verlieren« verpasst hatte. Ramona Schütte interessierte sich für die Wahrnehmungsweisen innerer und äußerer Welt und die Frage, was wirklich ist. Sie zeichnete Filmrollen, die in analoge Fotoapparate eingelegt wurden, und erschuf so fingierte Dokumente der Wirklichkeit.

In der Zusammenschau und Bewertung der entstandenen Objekte – einige müssen als Prototypen für eine weitere künstlerische Ausarbeitung gelten – kann eine mehrdimensionale Auseinandersetzung mit Forsters Werk und Biographie in formaler wie thematischer Hinsicht konstatiert werden. Sowohl Bandbreite wie Einfallsreichtum der entstandenen Exponate beeindrucken. Die jeweilige Durchdringung von Inhalt und Form bei gleichzeitiger Konzentration und Vertiefung des gewählten Phänomens aus Forsters psychosebedingt veränderter Verarbeitungsweisen und Biographie eröffnet eine Dichte begreifender Annäherungen, wie sie künstlerisch forschende Verfahren anbieten. Themenschwerpunkte sind seine anderen Wahrnehmungen, die Transformation von menschlichem Abfall zu Edlem und das Paradoxe darin, die Geschlossenheit und Selbstgenügsamkeit von Systemen und Kreisläufen, die (evtl. »größenwahnsinnige«) Radikalität und Konsequenz seiner Überzeugungen im Kontext von Anstalt.

In der Seminarauswertung berichteten einige, Ekel, Abwehr und Irritation Joseph Forster gegenüber wären in der künstlerischen Auseinandersetzung verschwunden, er würde näher rücken, seine Wahrnehmungen werden nachvollziehbar, es entstünden vielfältige Verbindungen zwischen innerer und äußerer Welt. Mehrere heben die Qualität, spielerisch wie ein Genie, ganz nah am Schrägen/Abseitigen arbeiten zu können, hervor, Zeitempfinden würde verschwinden, das künstlerische Tun sei anders, befreiter als in den eigenen Werkprozessen. Etliche Teilnehmer*innen betonen die Vielschichtigkeit von Erkenntnisprozessen im künstlerischen Handeln, die das Potential besitzen würden, für andere Deutungen methodisch zu sensibilisieren, eindimensionale, pathologisierende Sichtweisen zu hinterfragen, den Menschen hinter der Diagnose wahrzunehmen und Risse in der Sicht auf Wirklichkeit und Normalität zu entdecken. Daneben bemerkten Studierende eine Verwandtschaft von Forsters Auseinandersetzung und Weltwahrnehmung mit eigenen Themen. Diese bestimmten oft die Wahl und Ausgestaltung der eignen künstlerischen Resonanz mit und wurden bewusst. Letztlich ist eine große Valenz ästhetischen Forschens, das Eigene im Fremden zu entdecken und auszuloten. Fraglos bereitet die gezeigte Dichte an Erkenntnissen die Studierenden auf Begegnungen und das Handeln mit psychiatrieerfahrenen Menschen anders und qualifizierter vor, als eine klassische Lehreinheit über Psychosen oder Fallgeschichten es würden.

9

Handreichungen und Desiderate

9.1 Erweiterung der Schnittmenge zwischen klassisch kunstpädagogischen und kunsttherapeutischen Verfahren

Während kunstpädagogische Anstrengungen – vereinfacht formuliert – produktorientierter sind, also das Erlernen und Optimieren diverser künstlerischer Techniken, die Beherrschung der jeweiligen Materialien, das Verstehen von Gesetzen visueller Darstellung zum Ziel haben, haben im psychosozialen und kunsttherapeutischen Feld Tätige eher die Prinzipien der Subjekt- und Prozessorientierung und des Sinnverstehens im künstlerischen Geschehen im Blick. Das heißt, die Materialien, thematischen Inputs und Techniken werden methodisch-didaktisch so aufbereitet, dass Wahrnehmung und Erleben der Gestaltenden intensiviert werden und sie eigene Themen und Anliegen daran und darüber verhandeln können, welche sich oft erst während des Gestaltungsgeschehens herauskristallisieren und zu teils unerwarteten Momenten der Selbstaktualisierung in der »Bildwerdung« führen. Das lässt sich nicht planen, dazu gehört mitunter ein zähes, quälendes Ringen um Formfindung, das Zulassen von Anderem/Fremdem, von Irritation auf dem Weg zu Bildlösungen. Überraschende Momente tauchen im künstlerischen Prozess auf, die unvermutet Impulse geben können für eine erfüllende Weitergestaltung, die sich neu mit Sinn und mitunter mit Glücksempfinden auflädt. Voraussetzung hierfür ist, bei allen künstlerischen Prozessen die Qualität von Erfahrungsprozessen von Selbst und Welt zuzuerkennen, ein Verständnis, das sich klassisch kunsterzieherische Positionen nicht immer zu Eigen machen. Und um derartige unvorhersehbare und unverfügbare Vorgänge sinnvoll begleiten zu können, sprich sich gewahr zu werden, dass sich in einem spröden Gestaltungsakt plötzlich etwas verflüssigt, dazu gehört ein eigener künstlerischer Erfahrungsschatz als Grundkompetenz oder mit Griebel formuliert:

> »Und was man dazu können muss, würde ich sagen, man braucht wirklich eine solide künstlerische Ausbildung. Man muss das selbst durchlitten haben, wie das ist, wenn einem eine Skulptur im letzten Moment herunterfällt und in tausend Stücke zerspringt, und man muss es erlebt haben, dass man ein halbes Jahr lang nicht wusste, wie man ein angefangenes Projekt fertig stellen soll« (Griebel, a. a. O., 104).

Oder um noch mehr in das Binnengeschehen eines künstlerischen Anliegens hineinzugehen, sich des Ringens bewusst zu sein, um die Durchdringung der Darstellungsabsicht mit dem Material, der Form, um eine verdichtete Aussage/Qualität zu erzielen und damit weiter Lesbarkeit für den Betrachtenden zu optimieren. Beispielsweise die Frage, welches Material nutze ich, um eine Auseinandersetzung mit Erinnerungen zu realisieren, was kann ich tun, um meine gestalterische Absicht um die geeignete sinnlich-ästhetisch erlebbare Komponente des Materials und Bildgenres aufzuladen und so den Gestaltungsakt gleichermaßen wie seine Chance, als »Message« verstanden zu werden, zu intensivieren?

Die ästhetische Qualität eines Werkes ist weder in Kontexten der Bildungs- noch psychosozialen Praxis nebensächlich, für alle Akteur*innen sind Arbeiten, die »gut« werden, bedeutsam. Dieses Qualitätsurteil wird in klassischer Manier zuallererst durch die kunstpädagogische Brille mit Fähigkeiten, eine bestimmte Technik zu beherrschen, in Verbindung gebracht, meint in unserem Zusammenhang jedoch viel mehr ein Befriedigtsein mit der entstandenen Arbeit. Es geht nicht um Schönheit, es geht darum, ein Werk ausdrucksstark, ungewöhnlich, einzigartig, neuartig, als dem Eigenen möglichst entsprechend wahrzunehmen, es darf auch verstörend sein. Dazu mehr im folgenden Abschnitt (▶ Kap. 9.2). Die Rolle, die Pädagog*innen wie psychosozial Begleitete einnehmen sollten, hat etwas von Griebels Bild des »Ko-aktiven Lehrers« (Griebel, a. a. O., 104), was bedeutet, dass wir Bedingungen schaffen, Räume öffnen müssen für die Ermöglichung prozess- und subjektorientierter gestalterische Akte. Gleichzeitig sind wir die ersten Zeug*innen der entstehenden Werke, die ersten Betrachter*innen, die die Bilder auch ein Stück »lesen« können müssen, also erkennen, womit sich da jemand wie und warum beschäftigt. Das meint zuallererst nicht ein Interpretieren der Bildphänomene im psychologischen Sinne, aber ein Erkennen, was die Einzelnen tun, um die Prozesse förderlich zu begleiten, Blockaden im Gestaltungsakt zu sehen, mit auszuhalten und wenn gewünscht, weiterzuhelfen. Als Zeug*innen und Betrachter*innen sind wir gleichzcitig die ersten Repräsentant*innen der Öffentlichkeit, der Außenwelt, denen die Arbeiten standhalten müssen, was eine Dynamik zur Verdichtung der Bildbotschaft durch die Gestaltenden entfalten kann. Dieses (Sich-)Zeigen, in das Spannungsfeld von sich selbst im Außen zu gehen, macht etwas.

Weiter haben Pädagog*innen/Kunsttherapeut*innen die Funktion, den Kontakt zur Außenwelt auszuweiten, bspw. über mögliche Ausstellungen, Gruppenbildbesprechungen u. ä. Eine besondere, sehr aktuelle, nicht mehr umkehrbare Herausforderung an Professionelle entsteht durch die das gesamte private wie schulische/berufliche Alltagsleben durchdringende Mediennutzung der Digital Natives in einer globalisierten und digitalisierten Welt mit ihren demokratisierten Formen der Bildproduktion und -übermittlung im besonderen Spannungsfeld von Intimität und Öffentlichkeit. Auf das Potential der Einbeziehung entsprechender Techniken wie Inhalte wurde bereits in Kapitel 5 zur Identitätsarbeit (▶ Kap. 5) differenziert eingegangen. Hier soll nochmals betont werden, dass gleichgültig, ob Neue Medien aktiv, rezeptiv, in Mischformen mit klassischen Techniken oder gar nicht in die ästhetischen Angcbote einbezogen werden, die Professionellen sich dazu positionieren und mit den damit verknüpften rasanten Veränderungen von Subjektbildung, Lebensvollzügen und technischen Erweiterungen auf dem Laufenden bleiben müssen. Modelle des Co-Learning (vgl. Staroszynsky, 2015, 282), also des Mitlernens mit den mitunter kompetenteren Akteur*innen, bzw. partizipative Modelle der Einbeziehung ihrer diesbezüglichen Skills wurden bereits angeschnitten. Auch wenn dann die klassischen Rollen zwischen Experte bzw. Expertin und Adressat*in aufweichen, so liegt gerade darin eine Chance für Subjektbildungsprozesse auf Augenhöhe oder für die Entwicklung von Formaten des »peer-teaching«. Ist dies nicht möglich, könnte der*die Professionelle im Feld an Kooperationen mit versierteren Kolleg*innen denken oder eine methodisch reflektierte medienabstinente künstlerische Auseinandersetzung bewusst initiieren.

Konsequenzen der vorangegangenen Betrachtung wären, sich der aktuellen sozialpsychologischen Diskurse in differenzierter Weise gewahr zu sein, über sich verändernde soziale, psychosoziale und ökonomische Lebensanforderungen inklusive ihrer erweiternden wie prekären Auswirkungen auf die Subjekte – sie sind ja Adressat*innen unserer Arbeit.

9.2   Zur Qualität im künstlerischen Werk

Auch wenn in der Fachwelt kontrovers diskutiert wird, ob in kunsttherapeutischer, kunstpädagogischer oder künstlerisch-psychosozialer Praxis Kunst entstehen würde bzw. ob diese Frage überhaupt relevant sei, muss über Qualität der in diesen Settings entstandenen Werke nachgedacht werden. Auf die Bedeutung von Intensität, ungewöhnlicher, einzigartiger Umsetzung und »Selbstkongruenz« der künstlerischen Arbeiten für den*die Gestaltende*n habe ich weiter oben bereits hingewiesen (▶ Kap. 9.1), diese Qualitäten sind auch dann anzustreben, wenn noch nicht oder generell überhaupt nicht »Kunst mit Niveau« thematisiert werden soll. Diese Debatte muss jenseits des Qualitätsbegriffs geführt werden und findet in dieser Publikation keine Berücksichtigung. Ebenso attestiert Dannecker in der Kunsttherapie entstandenen Arbeiten hohes ästhetisches Niveau: »Auch Patienten sind unter bestimmten Umständen in der Lage, ästhetisch gültige Werke zu schaffen« (Dannecker, 2006, 231). Zur Begründung dieser These können Theorien und Vergleiche von Künstler*innen und Nicht-Künstler*innen zu einer psychodynamisch verstandenen Intensität schöpferischer Vorgänge herangezogen werden.

Das Konzept Udo Rauchfleischs, Belastendes oder Traumatisierendes durch die »Verschiebung auf das Ersatzgebiet« (Rauchfleisch, 1980,136) der künstlerischen Handlung kontrollierbar oder beherrschbar machen zu können, mag für Klient*innen wie Künstler*innen gleichermaßen zutreffen. Das eigene Beschädigtsein oder die Empfindung dessen wird im künstlerischen Objekt bearbeitet, »diese Eigenart macht es dem entstehenden Werk auch möglich, narzißtische Lücken der Persönlichkeit auszufüllen. Der Schaffende erlebt sich im Werk als ›heil‹, als ›ganz‹, er kann sozusagen an seiner eignen Perfektion arbeiten« (ebd., 137). Insofern wohnt dem Kunstwerk eine kompensierende Funktion inne, es wird zum Selbstobjekt, das dem*der Kunstschaffenden ein »Heilsein« ermöglicht. Rauchfleischs Konzept macht die Bedeutung der qualitativen Intensität eines Kunstwerks, seiner gelungenen, als selbstkongruent empfundenen Formgebung nachvollziehbar und erklärt die ästhetische Dichte und beeindruckende Originalität so mancher künstlerischer Arbeit im psychosozialen Feld. Ein von AIDS betroffener Besucher des offenen Ateliers meinte einst, seine Bilder gerieten immer dann am besten, wenn es ihm seelisch sehr schlecht ginge. Dieser große Wunsch nach »guten« Bildern trifft häufig bereits bei künstlerisch noch ungeübten Adressat*innen unserer Arbeit zu, dem nicht nur ein Ernstnehmen des Bedürfnisses nach starken Arbeiten folgt, sondern auch das Anbieten geeigneter Techniken und Materialien, eine Ermutigung zu nicht zensierender Arbeit, die Vermittlung von Geduld und dem Bewusstsein, dass intensive künstlerische Arbeiten und die Aneignung der künstlerischen Ausdrucks- und Gestaltungssprache Zeit benötigen und vielleicht auch so manches »Werkstattgeheimnis«.

Es geht um die Wahrheit – wie es Arnheim zu fassen versucht (vgl. Dannecker, ebd., 224) –, die ein Kunstwerk über die größtmögliche Übersetzung/Verkörperung von Idee in Formung/Form zu vermitteln vermag. Darin wird das zutiefst Persönliche, Affektgebundene, Emotionale zu einer Realität, die kollektiv in ihrer formalen Stärke und Klarheit gültig und verstanden wird. Insofern liegt die Qualität eines künstlerischen Werks nicht so sehr im Auge des Betrachters, wie das landläufig kursiert, sondern sie unterliegt kollektiven Kriterien. Wahrheit im Sinne von Dichte einer formalästhetischen Mitteilung über Erleben von Realität kann in einem Kunstobjekt auch – und mitunter sehr prominent – von kunstschaffenden Menschen ohne Ausbildung (self taughts) an den marginalisierten Rändern der Gesellschaft mit ihren Werken geschaffen werden. Sie müssen das Leid von Exklusion und mitunter eigensinnige Verarbeitungsweisen von Welt kompensieren und finden darin ästhetische Umsetzungen, die in ihrer künstlerischen Qualität den Werken der »Kunstszene« überlegen sind (▶ Kap. 7).

Thomas Lempert stellt in seinen Überlegungen zur Kunst in der Kunsttherapie (2015) einen Zusammenhang zu ästhetischen Phänomenen in der aktuellen Bildenden Kunst und Werken aus kunsttherapeutischen Settings her, welche sich mit stark emotionsgeladenen Themen wie Angst oder Gewalterfahrung beschäftigen oder mit Thematisierungen von Tod als radikaler Hinterfragung des Alltäglichen (vgl. Lempert, 2015, 87).

Ein weiterer psychodynamischer Erklärungsansatz für die ästhetische Stärke künstlerischer Arbeiten aus nicht akademischen Kontexten liegt mit dem Konzept der Sublimierung vor, welches die Fähigkeit des Ich beschreibt, psychisches Material (Gefühle, Affekte, Unbewusstes, Phantasie) typisch menschlicher Themen in künstlerisches Material zu verwandeln, formal zu klären und vermittelbar zu machen:

> »Mit diesem Ansatz stimmt sie (Edith Kramer – Anm. d. Verf.) mit Psychoanalytikern
> wie Kris, Waelder, Noy und Bush überein, die dem Ich eine zentrale Funktion im
> künstlerischen Prozess zugeordnet haben. Es bildet diejenige psychische Instanz, die
> unbewusste Prozesse mit den äußeren Strukturen des Materials und der Form in
> Verbindung bringt und kommunizierbar macht« (Dannecker, ebd., 223).

In keiner anderen Art als in einem formal starken und dichten visuellen
Abbild kann sich ein »großes menschliches Thema« so schnell und intensiv
einer großen Gruppe von Menschen vermitteln, wie wir es aus guten
Kunstwerken kennen.

In der Konsequenz folgt eine Relativierung bzw. Erweiterung von ausschließlich prozessorientierten künstlerischen Verfahren, die lediglich das
Erleben, den Ausdruck der Adressat*innen über das Medium im Blick haben. Die sinnlichen Qualitäten künstlerischer Prozesse sind zwar zentraler
Bestandteil ästhetischer Vorgänge, Erkundungen neuen Materials oder
neuer Methoden erfordern sogar mitunter eine Konzentration auf die Erfahrungen im Prozess, doch grundsätzlich ist die Befriedigung über ein ge-
lungenes Werk für die Akteure ein genauso wirksames Element. Oder mit
Danneckers Worten:

> »Die Überzeugung muss vorhanden sein, dass ebenso wie in der Bildenden Kunst in
> der Kunsttherapie Prozess und Produkt untrennbar verbunden sind. Wenn man sich
> – wie es viele Kunsttherapeuten tun – fast ausschließlich auf den Prozess konzen-
> triert und damit seine natürliche Kulminierung – das Produkt – systematisch ver-
> nachlässigt, versagt man dem Patienten sowohl das Ziel als auch die Belohnung sei-
> ner Anstrengung« (ebd., 222).

Müssen klassisch orientierte kunstpädagogische Ansätze, die lediglich auf
die Güte der Produkte abzielen (schulischer Unterricht), um die Ergebnisof-
fenheit und die Erlebens- und Ausdrucksqualität im künstlerischen Prozess
erweitert werden, so gilt für manchen kunsttherapeutischen Zugang die
Ergänzung um den Blick auf die formale Dichte des Werks.

9.3 Umgang mit Interpretation, Deutung und Bildgespräch

Zu den wichtigen Handreichungen zu Wirkungserwartungen an die künstlerische Arbeit sowohl für Bildungsprozesse als auch in der psychosozialen
Unterstützung gehört ein differenziertes Nachdenken über das Bildge-

spräch im Sinne der Verbalisierung von Erfahrungen während des Gestaltens oder zur Bedeutung des Bildes. In einigen kunsttherapeutischen Ansätzen existiert hierzu der »Mythos« zwingender Deutung, seelisches Erleben – ins Bild umgesetzt – würde erst dann wirklich ins Bewusstsein rücken, wenn eine Versprachlichung erfolgen würde.

Ein solches Verständnis stellt sich in mehrfacher Hinsicht als problematisch dar: zum einen »degradiert« es das Bild zu reinem »Interpretationsmaterial«, zum anderen gehört es zum Wesen des Kunstwerks, dass es mehrdeutig ist und seine Bedeutung in vielen Dimensionen gleichzeitig entfaltet. »Das Eigentliche passiert im Malakt, nicht im Gespräch danach« (Niederreiter, 1995, 36). Was nicht heißt, dass ein sprachlicher Austausch über die Erlebnisse im Prozess, über mögliche Zusammenhänge von Bildinhalten für sich selbst oder für das gerade bearbeitete Thema, über andere Anliegen o. ä. nicht bedeutsam wäre oder sich für ein angestrebtes Bildungsziel (bspw. Identitätsarbeit) als durchaus hilfreich darstellen würde. Doch die Haltung ist eine des »surplus«, das Gespräch oder die gemeinsame Frage nach möglichen Bedeutungen stellt die Abrundung, Bereicherung, Erweiterung oder Sicherung der gemeinsamen Arbeit dar, nicht ihren Wesenskern. Die Erfahrung hat zudem gezeigt, dass sich Bedeutungen von Bildern erst Monate später herauskristallisieren, diese zur Gänze nie entschlüsselbar sind oder von Adressat*innen gar nicht interpretiert werden wollen. Die populärwissenschaftlich weit verbreitete Deutungserwartung an Bilder (Farbsymbolik und Symbollehre) wird zum einen fachwissenschaftlich kontrovers diskutiert, zum anderen baut sie einen hohen Druck an die Akteure im Feld auf, der vielfach zu Selbstzensur, teilweise sogar zu kontraproduktiver Selbststigmatisierung führt. Dazu vertritt Bettina Egger die These:

> »Bilder sind weder gesund noch krank, auch wenn jemand kommt und sie so bezeichnet (...) Leider ist es jedoch oft auch so, daß die Malenden schon beladen mit Interpretationen kommen und keine ›düsteren‹, ›schwarzen‹, ›rohen‹, ›geteilten‹, ›unharmonischen‹, ›kitschigen‹ Bilder malen wollen, weil sie diese Farben und Kompositionen im Kopf als ›depressiv‹, ›traurig‹, ›schizoid‹, ›unausgewogen‹, ›unkultiviert‹ interpretieren und die Bilder, die ihnen in den Sinn kommen, ablehnen. Sie wollen andere Bilder. Diese zerstörerische Selbstinterpretation ist eine direkte Konsequenz, die aus der Haltung gewachsen ist, ein Patient könne sein Bild selbst am besten erklären« (Egger, 1991, 13).

Bzw. er müsse es tun. So manche psychiatrieerfahrenen Adressat*innen Sozialer Arbeit sind mir in diesem Zusammenhang begegnet, die künstlerische Methoden und Formate aufgrund der leidvollen Erfahrung des Deuten-Müssens ablehnen.

Bilder sind grundsätzlich etwas anderes als Worte; warum eine künstlerische Arbeit machen, wenn das Gleiche über einen Satz vermittelt werden kann? Umgekehrt lassen sich Bilder nie in Worte fassen. Trotzdem brauchen wir Sprache zur Verständigung über Bilder im Alltagsleben genauso wie im professionellen Feld und müssen Kriterien entwickeln für ihren Umgang in Bildung und psychosozialer Begleitung: Dannecker markiert dies als ein »Hauptproblem« (ebd., 149):

> »Kunst und Sprache sind Ausdrucksformen menschlichen Denkens und Erlebens und scheinen einander nicht ersetzen zu können. Das heißt aber auch, dass sie voneinander abhängig sind, denn es gibt keine Kunst ohne Kommentare und keine Sprache ohne Bilder. Ich meine wir sollten in der Kunsttherapie sehr auf die Gewichtung der gegenseitigen Einflussnahme achten« (ebd.).

In manchen künstlerischen Werken werden Wortbotschaften integriert, teils gemalt, teils collagiert, ausschließlich oder in Ergänzung mit anderen Bildelementen. Den Satz »Scheiße bleibt Scheiße auch unter dem Mantel der Kunst« (Niederreiter, 1995, 84) malte ein an AIDS schwer erkrankter Klient, der gerade seine Berufstätigkeit aufgegeben und seinen ebenso erkrankten Lebenspartner zu pflegen begonnen hatte, in Acryl auf eine große Fläche von 70 x 100 cm, flächendeckend den gesamten Bildraum ausfüllend. Ein Zustand konnte so zum Ausdruck kommen, der zu diesem Moment durch nichts mehr zu kompensieren war, nicht einmal mehr durch die künstlerisch-kunsttherapeutische Arbeit. Dannecker setzt ein facettenreiches Plädoyer für einen vorsichtigen Umgang mit sprachlichen Kommentaren zu Bildern, auch sie grenzt sich vehement gegen deutende Zugriffe auf Bilder ab (vgl. ebd., 151) und empfiehlt die Vermeidung von »W-Fragen«: »Deshalb ist es ratsam, in der Kunsttherapie diese berühmten W-Fragen zu meiden, die auch leicht an unangenehme Situationen der Rechtfertigung erinnern können« (ebd.,152). Spielt man die Wirkung solcher Fragen in der Vorstellung durch, beispielsweise, warum etwas in Gelb gemalt wurde, oder wie es dem Gestaltenden mit einem bestimmten Bildelement gehen, oder was ein anderes Bildelement darstellen würde, wird offensichtlich, dass auf eine rationale, erklärende Ebene abgehoben wird, die dem Wesen des Bildes widerspricht und den Befragten in die Enge treibt. Insofern sind Gespräche über Werke offener zu gestalten, an den Phänomenen im Bild ansetzend, diese so neutral wie möglich beschreibend, evtl. auch in eine szenische Erzählung weiterführend. Gespräche zur Wirkung einzelner Bildbereiche, zum Gefallen des Bildes bzw. Fragen zu dargestellten Szenen, die zu Narrationen einladen, erweisen sich als sinnvoller zur Ermöglichung von Bildgesprächen. Vielen Adressat*innen im

Feld reicht es auch, wenn sie ihre Bilder oder Teile davon stark, neu, besonders finden, dies evtl. auch benennen, und eher künstlerische Aspekte besprochen haben wollen. In Verknüpfung mit den bereits dargelegten Vorgängen ästhetischer Erkenntnis bin ich ohnehin davon überzeugt, dass gelingende Bildprozesse zur Bewusstwerdung persönlicher zu klärender Anliegen führen, ohne dass sie umfänglich benannt werden (können oder wollen). Zudem halte ich es für äußerst problematisch, Bildelemente anzusprechen, die ungeklärt, unausgewogen, verhüllt, verzerrt, überharmonisiert o. ä. erscheinen, sozusagen das wie auch immer geartete »Defizit« in einem Bild zu benennen, zu »konfrontieren«. Neben dem Risiko einer Kränkung geht mit solchen verbalen Interventionen die Gefahr einher, etwas aufzudecken, was der*die Schöpfer*in des künstlerischen Objekts (noch) nicht »ertragen« kann, was auf Distanz gehalten werden muss (▸ Kap. 6). In dem Satz »Bilder vermögen zu zeigen und gleichermaßen zu verhüllen« ist ein Paradox aufgehoben, das mir in obigem Zusammenhang sehr bedeutsam scheint. Es gibt für Klient*innen gute Gründe, etwas zu verunklären, zu überzeichnen oder zu »verkitschen«, dies ist als »Abwehr« anzuerkennen und nicht über sprachliche Benennung aufzudecken. Bildphänomene differenziert auf- und wahrzunehmen, kann genauso hilfreiche Richtschnur für ein Bildgespräch sein wie sich einfach einzulassen auf die (Nicht-)Sprechbedürfnisse und -wünsche der Adressat*innen. Oder mit Dannecker weitergedacht:

> »... seien wir sensibel für den Einfluss, den Worte auf Bilder und Skulpturen haben. Denn was wir sagen verändert jede Form, schafft neue Wirklichkeiten. Worte sind Taten! Nur wenn wir uns mehr das schweigende Betrachten erlauben als das Reden, wird in uns angesprochen, wofür es keine Worte gibt. Das heißt, wir müssen dem Bild gegenüber Passivität, vielleicht sogar Demut ausüben. Dann erst wird es zu uns sprechen« (ebd., 155).

Lempert fordert Folgendes:

> »Dabei haben wir eine ästhetische Verpflichtung sowohl dem entstehenden Kunstwerk gegenüber als auch hinsichtlich des therapeutisch relevanten Dialogs über die künstlerische Würde des Werks. Erst der Diskurs auf Augenhöhe bringt uns weiter« (Lempert, a. a. O., 89).

Denn gerade im Ästhetischen eröffnet sich ein besonderer Raum für flottierende Überblendungen oder Fusionen oder einfach Spannungszustände von wirklich Erfahrenem, dessen Darstellung und Irrealem, vage Ersehntem, welche teils verunklärt zu Tage treten, sozusagen im Werk »erscheinen« und sich einem möglichen Begreifen nur bedingt zur Verfügung stellen.

9.4 Plädoyer für Selbsterfahrungs-/ Selbstreflexionsprozesse im Feld

Umso achtsamer ist die Begleitung und implizite oder explizite Suche nach der Bedeutung von Artefakten für den*die Schöpfer*in zu gestalten, die selbstredend künstlerischen Prozessen und Gestaltungskrisen gegenüber empathischer ausfallen kann, wenn Professionelle auf ein Erfahrungs-repertoire zum Kunstmachen zurückgreifen können. Insofern erfolgt im Schlusskapitel als Desideratum die Empfehlung, künstlerische Selbsterfah-rungsprozesse in pädagogischen wie klinisch orientierten Studiengängen und Ausbildungen gleichermaßen zu implementieren. Von institutioneller, fachtheoretischer und umsetzungsorientierter Seite muss hinterfragt wer-den, warum sowohl persönliche wie künstlerische Selbsterfahrungsprozes-se nur für (kunst)therapeutisch arbeitende Professionelle und nicht für Kunst- oder Sozialpädgog*innen oder Kontext-Künstler*innen systematisch vorgesehen sind. Auch in pädagogischen Arbeitsbündnissen geschehen Übertragungsprozesse, bzw. fließt wenig bewusstes biographisches Mate-rial in die Arbeit mit Adressat*innen ein, welche die Begleitung der Gestal-tungsakte genauso blockieren können wie sie zu Irritationen auf der Ebene der Arbeitsbeziehung führen. Nämlich dann, wenn »übertragene« Interak-tionsmuster oder Dynamiken einer in der Regel asymmetrischen Beziehung nicht erkannt werden. Nicht von Ungefähr beinhalten die meisten Studien-gänge Sozialer Arbeit Module zu reflektierenden Erkundungen von Zusam-menhängen persönlicher Identität, Biographie und Berufswahl, was obigen Argumentationsstrang unterstützt. In diesem Kontext sollen Risiken von asymmetrischen Begleitungsaufträgen im doppelten Mandat von Hilfe und Kontrolle durchdrungen und im präventiven Sinne sowohl auf Dynamiken solcher Arbeitsbeziehungen in ihrem Potential zu Machtmissbrauch und/ oder Burn-Out aufmerksam gemacht werden.

Daneben sind mir aus kunst-, sozial- und kulturpädagogischen For-schungskontexten große Vorbehalte begegnet, nach persönlichen Sinnzu-sammenhängen von künstlerischen Werken mit eigenen Erfahrungen oder Befindlichkeiten oder ungeklärten Fragen an die Welt zu suchen; unlautere psychologisierende Deutung/Interpretation wird sofort unterstellt, was die Arbeiten der Adressat*innen betrifft. Und das umso stärker, je weniger die jeweiligen (vor allem forschungsorientierten) Professionellen über Erfah-rungen verfügen, die eigenen künstlerischen Prozesse nach Sinnzusam-menhängen in der Auseinandersetzung mit sich selbst und dem Leben zu reflektieren. Oder sich selbst in einem künstlerischen Gestaltungsakt dem Widerständigen, Unbekannten, Nicht-Erwartbaren im Bild-Objekt zu stellen, um von einer überraschenden Bildlösung evtl. Erkenntnis über sich selbst zu gewinnen. In solchen selbsterfahrungsnahen Vorgängen in schöpferischen Werkprozessen keine eigene Expertise zu haben oder diese sogar abzulehnen heißt, ein großes Potential künstlerischer Arbeit für Selbsterkundung und Bildung gleichermaßen zu verschenken. Die oft fehlende Reflexion künstlerischer Prozesse in Zusammenhang mit der Biographie des*der Kunstschaffenden, seiner*ihrer Hintergründe und Gefühle ist auch deswegen problematisch, weil sie die Komplexität künstlerischer Gestaltungsakte nicht in den Blick nimmt, also den Wesenskern ästhetischer Bildungsprozesse als sinnlich, nicht kognitiv, vorbewusste Wissensstrukturen künstlerische Bildungsprozesse nicht anerkennt. Bewusster wird dies mit dem der vorliegenden Publikation zu Grunde gelegten aktuellen Bildungsbegriff: Bildung wird umrissen als Herstellen von Sinnbezügen von sich zur Welt, solche Sinnbezüge müssen auch in (kunst-)therapeutischer Behandlung befindliche Klient*innen im Kontext ihrer Problematik herstellen, im Konzept der Lebensbewältigung ist dies verankerbar. Insofern schließt sich hier ein Plädoyer nicht nur für die Öffnung künstlerischer wie persönlicher Selbsterfahrung für pädagogische Studiengänge an, sondern auch eines für eine weitere Aufhebung der Grenze zwischen kunstpädagogischem, klinisch kunsttherapeutischem Handeln und psychosozialer Begleitung über Kunst/Kultur, nicht zwingend bzgl. des Settings, jedoch hinsichtlich der bedeutsamen Prozesswirkungen auf das Subjekt. Dazu bedarf es evtl. auch einer Aktualisierung des Selbstbegriffs, er besteht nicht im Sinne eines Monoliths aus einer irgendwie gearteten »Innerlichkeit«, sondern ist eine sehr viel mehr oszillierende Dimension, die sich eben an den Erfahrungen mit Anderen, dem Umfeld konturiert, in welche jedoch auch Fiktionales also Vorgestelltes einfließt, das häufig auf »Vorbildern« im Außen beruht, die einer sinnlichen Aneignung unterzogen werden. Dieser Selbst (-erfahrungs-)begriff widerspricht so manchen Vorstellungen in der kunsttherapeutischen Literatur, gestalterische Symbolisierungen seien aus dem »Innen« gespeist.

9.5 Eine künstlerisch-ethisch konnotierte Grundhaltung oder das Schlusswort

Gibt es so etwas wie die Notwendigkeit für Professionelle, im Feld einen »künstlerischen Modus« in ihrem Tun als handlungsleitend herauszubilden, wie d'Elia es formuliert (d'Elia, 2015, 26), weil rezeptives wie produktives Geschehen in und über Kunst ergebnisoffen, nicht planbar und nicht mit klar umrissenen Zielen verknüpft werden kann? Ich denke in jedem Fall: »Weil diese Offenheit ein wesentliches Charakteristikum aller ästhetischen Prozesse ist, muss in der Kunsttherapie nicht nur jederzeit mit dieser Unwägbarkeit gerechnet, sondern auch mit ihr gearbeitet werden« (ebd., 25) und das umso mehr, als in Bildung, Therapie und psychosozialer Begleitung sehr wohl Ziele, settingspezifische Aufträge und definierte Kompetenzerweiterungen bei Adressat*innen angesteuert werden. Dieses Paradox angesichts der konnotierten Wesensmerkmale des künstlerischen Mediums wurde in der Publikation schon mehrfach thematisiert: Freiheit, Gegenentwurf, Raum für Widerständiges, Nicht-Sanktioniertes, Unverfügbares, erleichterte Begegnung mit Fremdem, Aktivierung zum Schöpferisch-Sein, Beschenkt-Werden vom Zufall und der eigenen Entdeckung u. v. a. m. wurden im Kontext unterschiedlicher theoretischer, methodischer und adressat*innenspezifischer Aspekte in ihren Chancen und Potentialen bereits vorgestellt und erörtert. Das »Erlauben« und die produktive Arbeit mit diesem nicht willfährig Planbaren in künstlerischen Prozessen erfordert aufmerksame und unbedingte Zugewandtheit und Zuwendung der Professionellen sowie eine Reihe von fundierten »Bildkompetenzen« im Wahrnehmen, Handeln, Imaginieren, Verstehen, Kommunizieren, Kontextualisieren und Reflektieren, wie sie Hartmut Majer 2015 facettenreich ausdifferenziert (Majer, 2015, 53 ff.).

Zum Ende dieser Überlegungen stellt sich so die Frage, inwiefern dieser künstlerisch forschenden Haltung nicht gleichzeitig auch eine ethische und politische Dimension innewohnt, der ich mich mit diesen abschließenden Gedanken widmen möchte. Sandra Ruth Klein wirft in ihren Überlegungen zur Ethik in der Kunsttherapie die Notwendigkeit des Zauderns auf (vgl. Klein, 2015, 290); Petra und Peter Bürger sprechen vom Scheitern des Utopischen in der Kunst: »Utopien scheitern immer, aber sie hinterlassen eine veränderte Welt« (Bürger, 1990, 192). Es gilt sich den allgegenwärtigen Heilserwartungen an die Kunst und an das als schöpferisch oder weit öfter kreativ bezeichnete Handeln zu widersetzen. Das erweiternde Potential ästhetischer Aktivität spielte auch im Rahmen dieser Publikation eine vielfach theoretisch begründbare Rolle, doch kann Kunst per se das Versprechen auf das »Gute« weder figurieren noch einlösen. In den nachmodernen individualisierten Selbstoptimierungsnarrationen, in denen die Anderen kaum mehr eine Rolle spielen, dürfen künstlerische Methoden nicht zu einer weiteren persönlichen Entfaltungstechnologie werden, oder mit Bazon Brock provokativ formuliert: nicht der »Selbstverwirklichung als einem Ideal von Vollidioten« (Brock, 1990, 223) um jeden Preis dienen: »In einem hyperoptimistischen Gesellschaftsmodell, in dem Kritik nur noch als konstruktive gedacht wird, kann die Ethik in der Kunst die fehlende Angst und Furcht sein« (Klein, 2015, 291). Sowohl in Kontexten von Bildung als auch psychosozialer Begleitung sind wir mit Gewalt, Destruktion, schwierigen und ungeliebten Affekten (Aggression, Neid, Konkurrenz) und jeweiligen Auswirkungen von Seiten der Adressat*innen, aber auch von institutioneller Seite konfrontiert, die es zu fürchten gilt. Die Kunst kann der Ort sein, dies gefahrlos, intensiv zu zeigen, es »not-wendig auszuleben«, zu materialisieren; doch ist es damit nur bedingt »fort« und getilgt, es wird im Werk erst recht spürbar und bietet für alle die Chance einer ethisch inspirierten reflektierenden Arbeit. Dazu muss man jedes Mal neu und konzentriert hinschauen, sich aussetzen. Energie ist jedes Mal aufzuwenden, dem Sinn in einem Werk nachzuspüren, es in seiner Hinwendung zum Besseren, in seinem Entwurf zu verstehen. Zu dieser Intensität als oberstem Qualitätskriterium eines Werks zeitgenössischer Kunst in seinem Spannungsfeld von kollektiv gültigem Utopischen im Entwurf des Einzelnen sagt Harald Szeemann, einer der wichtigsten Kurator*innen des 20. Jahrhunderts:

> »Versuchen wir es unbürgerlich. Natürlich wurden alle diese wunderbaren Formulierungen wie Identität von Kunst und Leben oder authentische Selbstverwirklichung so oft gebraucht, dass man sie nicht mehr hören mag. Aber das besagt ja nichts über die Art, ob und wie sie mit Leben angereichert werden. Und die ist intensiv nur über den einzelnen möglich (Szeemann, 1990, 250 f.).

Vielleicht ist das eines der Desiderate, die Kunst und ihre Wirkung noch weiter um ein theoretisch fundiertes Element zu ergänzen, mit dem das Fragen und Ringen nach dem besseren Sinn in Gestaltung und Rezeption für Akteur*innen wie Begleiter*innen konstitutiv wird. Und das umso mehr, als Kunst in Zeiten eines ebenso entgrenzten Kunstbegriffs ohne Denken und Theoriearbeit auch vom Kunstschaffenden her nicht mehr gefasst und von keiner gesellschaftlichen Institution bestimmt werden kann (vgl. Lehner, 1996, 14). Das heißt, künstlerische Prozesse und Produkte in

Bildung und psychosozialer Begleitung setzen sorgfältige Hinwendung und eine ästhetisch forschende Erkenntnishaltung voraus, um den sich immer wieder neu herstellenden Sinn, seine Hinterfragung, seine implizite Hoffnung einzufangen. Dies trifft selbstredend auch für »freie« künstlerische Werke in Ausstellungskontexten zu, doch üblicherweise selektieren wir hier stark und dürfen/müssen das auch im Gegensatz zu künstlerischen Arbeiten von Klient*innen:

> »Aus der ethischen Verpflichtung gegenüber dem hilfesuchenden Menschen gilt es dann, sich immer wieder der Eindeutigkeit – weil vermeintlich konsumfähig, kontrollierbar und augenscheinlich wissenschaftlich – zu entziehen und die Vielschichtigkeit sowie die Abweichung zum Ausgangspunkt unserer Bemühungen zu machen« (Klein, a. a. O., 292).

Und irritierende, widerständige, »schwache« oder »kitschige« Phänomene in den künstlerischen Arbeiten als bedingt gelungene Formen des Protests, als Leid und als Wunsch nach einem gelingenderen, nicht beschädigten Leben zu lesen. Oder mit Klein formuliert:

> »Sie (die Ethik – Anm. der Verf.) kann die Erinnerung an eine schlechtere Welt sein, indem sie spürbar macht, dass die Grundrechte keine fixierten Tatsachen, sondern immer erst herzustellen und zu verteidigen sind« (Klein, a. a. O., 291).

Dies sei für jedes Subjekt in jeweiligen Arbeitskontexten anwaltlich zu vertreten genauso wie auf übergeordneter Ebene in einer von Transkulturalität, Diversität, Inklusionsnotwendigkeiten und zunehmenden sozialen Ungerechtigkeiten geprägten Welt.

Literatur

Albert, M., Hurrelmann, K. & Quenzel, G. (2015): Jugend 2015: Eine pragmatische Generation im Aufbruch. *Shell-Jugendstudie*. München: Kantar Public.

Allesch, C. G. (2006): Einführung in die psychologische Ästhetik. Wien: Facultas für UTB.

Attia, K. (2016): Sacrifice and Harmony. Katalog zur usstellung des MMK Frankfurt (Hrsg.), Bielefeld: Kerber.

Bader, R., Baukus, P. & Mayer-Brennenstuhl, A. (1999) (Hrsg.): Kunst und Therapie. Nürtingen: Verlag der Stiftung für Kunst und Kunsttherapie Nürtingen.

Baumgarten, A. (1988): Theoretische Ästhetik. Hamburg: Meiner.

Baumgartner, M. (1998): »...verhalten zu...« Christine und Irene Hohenbüchler. Köln: Walther König.

Belting, H. (1999): Der Ort unserer Bilder. In: Breidbach, O. & Clausberg, K. (Hrsg.): VIDEO ERGO SUM (S. 287 – 297). Hamburg: Hans-Bredow-Institut.

Belting, H. (2001): Bild-Anthropologie. München: Wilhelm Fink.

Belting, H. & Kamper, D. (2000) (Hrsg.): Der zweite Blick. Bildgeschichte und Bildreflexion. München: Fink.

Berendsen, E., Cheema, S.-N. & Mendel, M. (2019) (Hrsg.): Trigger-Warnung. Identitätspolitik zwischen Abwehr, Abschottung und Allianzen. Berlin: Verbrecher.

Berg, van den K. (2018): »Ein neuer Realismus zeichnet sich gegenwärtig ab.« Über Künstliche Intelligenz, Serendipität und Schönheit. In: KUNSTFORUM International, Zeitschrift für alle Bereiche der Bildenden Kunst, Band 253, S. 81–97.

Bergemann, U., Hanke, C. & Sick, A. (2006) (Hrsg.): Überdreht. Spin doctoring, Politik, Medien. Bremen: thealit.

Bernhard, A. (2015): Kritische Instanz der Reflexion kulturell-ästhetischer Bildungs- und Erziehungsprozesse. In: Braun, T., Fuchs, M. & Zacharias, W. (Hrsg.): Theorien der Kulturpädagogik (S. 245–276). Weinheim Basel: Beltz Juventa.

Bianchi, P. (1989): Bild und Seele. In: KUNSTFORUM International. Zeitschrift für alle Bereiche der Bildenden Kunst, Band 101, S. 68–95.

Bianchi, P. (2018): Einen Kunstsinn suchen und finden. In: KUNSTFORUM International, Zeitschrift für alle Bereiche der Bildenden Kunst, Band 253, S. 45–56.

Bippus, E. (2011): Eine Ästhetisierung von künstlerischer Forschung. In: Texte zur Kunst, 20. Jahrgang, Heft 82, S. 99–107.

Blohm, M., Heil, C., Peters, M., Sabisch A. & Seydel, F. (2006) (Hrsg.): Über Ästhetische Forschung. München: kopaed.

Bock, Th. & Heinz, A. (2016): Psychosen – Ringen um Selbstverständlichkeit. Köln: Psychiatrie Verlag.

Boehm, G. (1994) (Hrsg.): Was ist ein Bild? München: Fink.

Böhnisch, L. (2019): Lebensbewältigung. Weinheim Basel: Beltz Juventa.

Borgdorff, H. (2009): Die Debatte über Forschung in der Kunst. In: subTexte 03, Zürcher Hochschule der Künste, S. 23–51.

Brandstätter, U. (2008): Grundfragen der Ästhetik. Köln, Weimar, Wien: Böhlau für UTB.

Braun, T. (2015): Desiderate und Aufgaben einer zukünftigen Kulturpädagogik. In: Braun, T., Fuchs, M. & Zacharias, W. (Hrsg.): Theorien der Kulturpädagogik (S. 292–300). Weinheim, Basel: Beltz Juventa.

Breidbach, O. & Clausberg, K. (1999) (Hrsg.): VIDEO ERGO SUM. Repräsentation nach innen und außen zwischen Kunst- und Neurowissenschaften. Hamburg: Hans Bredow-Institut.

Brenne, A. (2006): Ästhetische Forschung – Revisited. In: Blohm, M., Heil, C., Peters, M., Sabisch, A. & Seydel, F.: Über Ästhetische Forschung (S. 193–213). München: kopaed.

Brenne, A. (2007): Analyse ästhetischer Rezeption und Produktion mittels der Grounded Theory. In: Peez, G. (Hrsg.): Handbuch Fallforschung in der Ästhetischen Bildung/Kunstpädagogik (S. 12–22). Baltmannsweiler: Schneider Hohengehren.

Brock, B. (1990): Selbstverwirklichung ist das Ideal von Vollidioten. In: Rötzer, F. & Rogenhofer, S. (Hrsg.): Kunst Machen? (S. 211–229). München: Boer.

Bundesministerium für Familien, Senioren, Frauen und Jugend (2005): Die wirtschaftliche und soziale Lage bildender Künstlerinnen und Künstler. Schwerpunkt: Die Lage der Künstlerinnen.

Bürger, C. & Bürger, P. (1990): Keinem künstlerischen Material kommt mehr historische Notwendigkeit zu. In: Rötzer, F. & Rogenhofer, S. (Hrsg.): Kunst Machen? (S. 185–200). München: Boer.

Bürger, P. (2009): Wahnsinn als Faszinosum. In: Röske T. & v. Beyme, I. (Hrsg.): Surrealismus und Wahnsinn (S. 27–52). Heidelberg: Wunderhorn.

Busch, K. (2011): Wissensbildung in den Künsten – Eine philosophische Träumerei. In: Texte zur Kunst, 20. Jahrgang, Heft 82, Berlin, S. 71–79.

Busch, K. (2016): Ästhetische Amalgamierung. In: Siegmund, J. (2016) (Hrsg.): Wie verändert sich Kunst, wenn man sie als Forschung versteht? (S. 163–178). Bielefeld: transcript.

Calle, S. (2003): M'AS TU VUE. München, Berlin, London: Prestel.

Calle, S. (2007): DIE KAMERA, DAS BIN ICH. In: KUNSTFORUM International, Zeitschrift für alle Bereiche der Bildenden Kunst, Band 188, Ruppichterroth, S. 202–213.

Cohen, Y. (2012): Die Entwicklung der sexuellen Identität bei Jugendlichen. In: Bründl, P. & King, V. (Hrsg.): Adoleszenz (S. 53–70). Frankfurt: Brandes und Apsel.

Collenberg-Plotnikov, B. (2016): Forschung als Verkörperung. In: Siegmund, J. (2016) (Hrsg.): Wie verändert sich Kunst, wenn man sie als Forschung versteht? (S. 65–86). Bielefeld: transcript.

Dannecker, K. (2006): Psyche und Ästhetik – Die Transformation der Kunsttherapie. Berlin: Medizinisch-wissenschaftliche Verlagsgesellschaft.

Dannenbeck, C. (2015): Inklusion und ästhetische Praxis. In: Grosse, T., Niederreiter, L. & Skladny, H. (Hrsg.): Inklusion und Ästhetische Praxis in der Sozialen Arbeit (S. 15–25). Weinheim: Beltz Juventa.

Danto, A. C. (2007): The way Things go. In: Fischli, P. & Weiss, D. (Hrsg.): Flowers & Questions (S. 213–222). London: Tate Publishing.

d'Elia, M. (2015): Kunsttherapie ist (eine) angewandte Kunst. In: Majer, H., Niederreiter, L. & Staroszynski, T. (Hrsg.): Kunstbasierte Zugänge zur Kunsttherapie (S. 19–28). München: kopaed.

Dias, M. & Riedweg, W. (2002): Alles andere interessiert mich. In: Rollig, S. & Sturm, E. (Hrsg.): Dürfen die das? Kunst als sozialer Raum (S. 64–72). Wien: Turia + Kant.

Documenta X: short guide, Kassel 1997.

Domma, W. (1990): Kunsttherapie und Beschäftigungstherapie. Köln: Maternus.

Domma, W. (2016): Pädagogische Kunsttherapie und Soziale Arbeit. Opladen, Berlin, Toronto: Budrich.

Dörr, M. (2011): »Be cool« – über die allgegenwärtige (unsichtbare) Scham. In: Bittner, G., Dörr, M., Fröhlich, V. & Göppel, R. (Hrsg.): Allgemeine Pädagogik und Psychoanalytische Pädagogik im Dialog (S. 159–177). Opladen, Farmington Hills: Budrich.

Egger, B. (1991): Der gemalte Schrei. Bern: Zytglogge.

Fach, W. (2004): Partizipation. In: Bröckling, U., Krasmann, S. & Lemke, T. (Hrsg.): Glossar der Gegenwart (S. 197–204). Frankfurt am Main: Suhrkamp.

Fonagy, P., Gergely, G., Jurist, E. L. & Target, M. (2004): Affektregulierung, Mentalisierung und die Entwicklung des Selbst. Stuttgart: Klett-Cotta.

Fonagy, P. & Luyten, P. (2011): Die entwicklungspsychologischen Wurzeln der Borderline-Persönlichkeitsstörung in Kindheit und Adoleszenz. In: Psyche – Zeitschrift für Psychoanalyse und ihre Anwendungen. 65. Jg. Sept./Okt., S. 900–952.

Funk, R. (2011): Der entgrenzte Mensch. Gütersloh: Gütersloher Verlagshaus.

Gattig, E. (2007): Vom schöpferischen Akt zum kreativen Prozess. In: Soldt, P. (Hrsg.): Ästhetische Erfahrungen (S. 33–62). Gießen: Imago.

Gerisch, B. (2012): Körperwelt. In: Bründl, P. & King, V. (Hrsg.): Adoleszenz (S. 91–122). Frankfurt: Brandes und Apsel.

Gerspach, M. (2009): Psychoanalytische Heilpädagogik. Stuttgart: Kohlhammer.

erstenberger, M. (2010): Zeichnen Kinder heute anders? In: Kirchner, C., Kirschenmann, J. & Miller, M. (Hrsg.): Kinderzeichnung und jugendkultureller Ausdruck (S. 101–110). München: kopaed.

Gingelmaier S., Taubner S. & Ramberg A. (Hrsg.) (2018): Handbuch mentalisierungsbasierte Pädagogik. Göttingen: Vandenhoeck & Rupprecht.

Glauner, M. (2016): Get Involved. In: KUNSTFORUM International, Zeitschrift für alle Bereiche der Bildenden Kunst, Band 240, Ruppichterroth, S. 30–55.

Gorsen, P. (1999): Kunst und Wahn in der Perspektive des 20. Jahrhunderts. In: Thomashoff, H.-O. & Naber, D. (Hrsg.): Psyche und Kunst (S. 8–19). Stuttgart: Schattauer.

Gorsen, P. (2001): Der im-perfekte Mensch. Dresden: Hygienemuseum.

Griebel, C. (2012): Kreativität und künstlerisches Handeln: Réflexion à main. In: Buschkühle, C.-P. (Hrsg.): Künstlerische Kunstpädagogik (S. 81–94). Oberhausen: Athena.

Griebel, C. (2006): Kreative Akte: Fallstudien zur ästhetischen Praxis vor der Kunst. München: kopaed.

Grosse, Th., Niederreiter, L. & Skladny, H. (2015) (Hrsg.): Inklusion und Ästhetische Praxis in der Sozialen Arbeit. Weinheim: Beltz Juventa.

Hase, A. (2013): Unschuldige Ungeheuer. In: Kunstforum International. Zeitschrift für alle Bereiche der Bildenden Kunst. Band 222. Köln, S. 45–55.

Haubl, R. (2007): Be cool! Über die postmoderne Angst, persönlich zu versagen. In: Busch, H.-J. (Hrsg.): Spuren des Subjekts (S. 111 –133). Göttingen: Vandenhoeck & Ruprecht.

Hein, P. (1982): Der Künstler als Sozialtherapeut. Frankfurt am Main, New York: Campus.

Heinzlmaier, B. (2010): Jugendkulturen in der Postmoderne. In: Kirchner, C., Kirschenmann, J. & Miller, M. (Hrsg.): Kinderzeichnung und jugendkultureller Ausdruck (S. 135–144). München: kopaed.

Herrmann, F. (2009): Künstlerische Gestaltung in der interkulturellen Erwachsenenbildung. Wiesbaden: vs research.

Hill, B. (2015): Kulturpädagogik und Sozialpädagogik. In: Braun, T., Fuchs, M. & Zacharias, W. (Hrsg.): Theorien der Kulturpädagogik (S. 72--101). Weinheim, Basel: Beltz Juventa.

Hirblinger, H. (2011): Unterrichtskultur. Gießen: Psychosozial.

Jäger, J. & Kuckhermann, R. (2004): Ästhetische Praxis in der Sozialen Arbeit. Weinheim: Beltz Juventa.

Jahn, H. & Sinapius, P. (2015): Künstlerische Forschung als Spielart einer phänomenologischen Forschungspraxis. In: Schmid, G. & Sinapius P. (Hrsg.): Artistic Research in Applied Arts (S. 249-260). Berlin: HBP University Press.

Janhsen, A. (2013): Neue Kunst als Katalysator. Berlin: Reimer.

Jonas, H. (1994): Homo Pictor: Von der Freiheit des Bildens. In: Boehm, G. (Hrsg.): Was ist ein Bild? (S. 105 -124). München: Fink.

Jung, E.-M. (2016): Die Kunst des Wissens und das Wissen der Kunst. In: Siegmund, J. (2016) (Hrsg.): Wie verändert sich Kunst, wenn man sie als Forschung versteht? (S. 23-44). Bielefeld: transcript.

Kapielski, T. (2007): Making Things Go. In: Fischli, P. & Weiss, D. (Hrsg): Flowers & Questions (S. 222-230). London: Tate Publishing.

Keupp, H. & Hohl, J. (2006) (Hrsg.): Subjektdiskurse im gesellschaftlichen Wandel. Bielefeld: transcript.

Kikol, L. (2018): Nett geknebelt. In: Kunstforum International, Band 254, Ruppichterroth, S. 46-61.

King, V. (2012): Neues Begehren. In: Bründl, P. & King, V. (Hrsg.): Adoleszenz (S. 29-52). Frankfurt: Brandes und Apsel.

Kirschmann, K. (2009): Kunsttherapie mit Frauen, die durch sexualisierte Gewalt in ihrer Kindheit traumatisiert sind. In: Konvergenzen, Divergenzen, Transformationen. Tagungsband der DFKGT. Berlin, S. 372-383.

Kittner, A.-E. (2009): Visuelle Autobiographien. Bielefeld: transcript.

Klein, G. (2006): Zugerichtet, kontrolliert und abhängig. In: Keupp, H. & Hohl, J. (Hrsg.): Subjektdiskurse im gesellschaftlichen Wandel (S. 187-204). Bielefeld: transcript.

Klein, S. R. (2015): Grenzverschiebungen: Kunst als Anlass zum Nachdenken über Ethik. In: Majer, H., Niederreiter, L. & Staroszynski, Th. (Hrsg.): Kunstbasierte Zugänge zur Kunsttherapie (S. 285-294). München: kopaed.

Knowles, J., Luciani, T., Cole, A. & Neilsen, L. (2007): The art of visual inquiry. Halifax. Backalong Books.

Knuf, A. (2016): Empowerment und Recovery. Köln: Psychiatrie Verlag.

Kolmar S. (2009): Beziehungs-Weisen. Ästhetische Forschung als kunsttherapeutische Methode anhand eigener Arbeiten. Seminararbeit an der Hochschule für Kunsttherapie. Nürtingen: unveröffentlicht.

Kraft, H. (1984): Psychoanalyse, Kunst und Kreativität heute. Köln: DuMont.

Kraft, H. (1989): Künstler, Kunstwerk, Betrachter. In: Schuster, W. & Woschek, B. (Hrsg.): Nonverbale Kommunikation durch Bilder (S. 29-39). Stuttgart: Hogrefe.

Kraft H. (2015): Psychoanalytische Konzepte des Kunstmachens. In: Majer, H., Niederreiter, L. & Staroszynski, Th. (Hrsg.): Kunstbasierte Zugänge zur Kunsttherapie (S. 141-150). München: kopaed.

Kreissl, R. (2004): Community. In: Bröckling, U., Krasmann, S. & Lemke, Th. (Hrsg.): Glossar der Gegenwart (S. 37–42). Frankfurt am Main: Suhrkamp.

Kreysing, A. (2015): Das Kunstwerk als verkörperte Intention. In: Feige, D. M. & Siegmund, J. (Hrsg.): Kunst und Handlung (S. 195–214). Bielefeld: transcript.

Kris, E. (1977): Die ästhetische Illusion. Phänomene der Kunst in der Sicht der Psychoanalyse. Frankfurt am Main: Suhrkamp.

Krüger, S. & Röske, T. (Hrsg.) (2013): Im Dienste des Ich. Wien, Köln, Weimar: Böhlau.

Kruse, O. (1997) (Hrsg.): Kreativität als Ressource für Veränderung und Wachstum. Kreative Methoden in den psychosozialen Arbeitsfeldern: Theorien, Vorgehensweisen, Beispiele. Tübingen: Deutsche Gesellschaft für Verhaltenstherapie-Verlag.

Kube Ventura, H. (2016): Partizipation und Marketing. In: KUNSTFORUM International, Zeitschrift für alle Bereiche der Bildenden Kunst, Band 240, Ruppichterroth, S. 111–121.

Kuckhermann, R. (2015): Ästhetische Praxis in der Sozialen Arbeit. In: Braun T., Fuchs, M. & Zacharias, W. (Hrsg.): Theorien der Kulturpädagogik (S. 182–206). Weinheim Basel: Beltz Juventa.

Kunsthaus Kannen – Alexianer Krankenhaus (2001): Freies Atelier und Kunsttherapie in der Psychiatrie. Münster: Aschendorf Verlag.

Lehner, T. (1996): Lesebuch. Ostfeldern-Ruit: Cantz.

Lehninger, A. (2013): Innen Gesticktes nach außen getragen. In: Röske, T. & von Beyme, I. (Hrsg.): ungesehen und unerhört (S. 212–219). Heidelberg: Wunderhorn.

Lempert, T. (2015): meine wilde mutter weiss, dass sie künstlerin ist. In: Majer, H., Niederreiter, L. & Staroszynski, T. (Hrsg.): Kunstbasierte Zugänge zur Kunsttherapie (S. 79–90). München: kopaed.

Liebau, E. (2015): Kulturelle Bildung in Zeiten der Globalisierung. In: Braun, T., Fuchs, M. & Zacharias, W. (Hrsg.): Theorien der Kulturpädagogik (S. 102–113). Weinheim, Basel: Beltz Juventa.

Limberg, R. (1998): Kunsttherapie bei frühen Störungen. Aachen: Shaker Verlag.

Loemke, T. (2010): Identität und jugendkultureller Ausdruck im Kunstunterricht - zur Integration persönlichen Erinnerungswissens. In: Kirchner, C., Kirschenmann, J. & Miller, M. (Hrsg.): Kinderzeichnung und jugendkultureller Ausdruck (S. 359–366). München: kopaed.

Loemke, T. (2019): Innehalten beim Begleiten künstlerischer Prozesse. Erlangen: FAU University Press.

Lüdeking, K. (1994): Zwischen den Linien. Vermutungen zum aktuellen Frontverlauf im Bilderstreit. In: Boehm, G. (Hrsg.): Was ist ein Bild? (S. 344–367). München: Fink.

Luhmann, N. (2008): Schriften zu Kunst und Literatur. Frankfurt am Main: Suhrkamp.

Lützenkirchen, A. (2011): Kunst in der Sozialen Arbeit. Lage: Jacobs.

Lyotard, J.-F. (1988): Beantwortung der Frage: Was ist postmodern? In: Welsch, W. (Hrsg.): Wege aus der Moderne (S. 193–203). Weinheim: VCH.

Majer, H. (2015): Künstlerische Kompetenzen in Wahrnehmungs- Handlungs- und Reflexionsprozessen der Kunsttherapie. In: Majer, H., Niederreiter, L. & Staroszynski, T. (Hrsg.): Kunstbasierte Zugänge zur Kunsttherapie (S. 49–64). München: kopaed.

Maset, P. (2002): Bewegungsabläufe nervöser Kunstbegriffe. In: Rollig, S. & Sturm, E. (Hrsg.): Dürfen die das? Kunst als Sozialer Raum (S. 85–96). Wien: Turia + Kant.

Maset, P., Reuter, R. & Steffel, H. (Hrsg.) (2006): Corporate Difference. Lüneburg: Edition.

McGlynn, E. (2015): Joseph Beuys: Auch wenn einer nichts kann, kann er etwas. In: Majer, H., Niederreiter, L. & Staroszynski, T. (Hrsg.): Kunstbasierte Zugänge zur Kunsttherapie (S. 103–116). München: kopaed.

McNiff, S. (1998): Art.based research. London: Jessica Kingsley Publications.

Mechler-Schönach, C. (2005): InSzene Kunsttherapie. In: v. Spreti, F., Martius, P. & Förstel, H. (Hrsg.): Kunsttherapie bei psychischen Störungen (S. 9–21). München: Urban-Fischer.

Mechler-Schönach, C. (2009): »Überlebensunterkleid«. In: Sammlung Prinzhorn (Hrsg.): Schwarzseiden (S. 12–29). Heidelberg.

Mechler-Schönach, C. (2015): war ist wird. In: Majer, H., Niederreiter L. & Staroszynski, T. (Hrsg.): Kunstbasierte Zugänge zur Kunsttherapie (S. 235–246). München: kopaed.

Meis, M. S. & Mies, G.-A. (2012): Künstlerisch ästhetische Methoden in der Sozialen Arbeit. Stuttgart: Kohlhammer.

Menzen, K.-H. (2013): Kunsttherapie in der Sozialen Arbeit. Dortmund: modernes lernen.

Merleau-Ponty, M. (1974): Phänomenologie der Wahrnehmung. Berlin: De Gruyter

Mersch, D. (2018): Kunst und Künstlertum. In: KUNSTFORUM International, Zeitschrift für alle Bereiche der Bildenden Kunst, Band 253. Köln, S. 70–79.

Michl, Th. (2010): Das Experiment im Kunstunterricht. München: kopaed.

Mollenhauer, K. (1996): Grundfragen ästhetischer Bildung. Weinheim, München: Juventa.

Naumann, T. M. (2010): Beziehung und Bildung in der kindlichen Entwicklung. Gießen: Psychosozial.

Naumann, T. M. (2011): Eltern heute – Bedürfnisse und Konflikte. Gießen: Psychosozial.

Niederreiter, L. (1995): Bilder zwischen Leben, Krankheit und Tod. Köln: Claus Richter Verlag.

Niederreiter, L. (2005): Kunstbetrachtung mit psychoseerfahrenen Menschen. In: Zeitschrift für Kunsttherapie, Köln: Claus Richter Verlag.

Niederreiter, L. (2009): Selbst- und Wirklichkeitsaneignung in der Kunstrezeption. In: Franzen, G. (Hrsg.): Kunst und seelische Gesundheit (S. 13–30). Berlin: Medizinisch Wissenschaftliche Verlagsgesellschaft.

Niederreiter, L. (2012): Künstlerisches Forschen über Josef Forster, einem »Künstlerpatienten« der Sammlung Prinzhorn. In: Zeitschrift für Musik-, Tanz- und Kunsttherapie. 23. Jg./Heft 3, Göttingen: Hogrefe, S. 158–166.

Niederreiter, L. (2010): Das ästhetische Experiment zur Erkundung von Strukturen eigener Beziehungserfahrung insbesondere der Helferbeziehung. Unveröfflichter Forschungsbericht.

Niederreiter, L. (2014): Ästhetische Erfahrung und künstlerische Handlung als vertiefte Selbstreflexion. In: Gerspach, M., Eggert-Schmid Noerr, A. D., Naumann, T. & Niederreiter, L. (Hrsg.): Psychoanalyse lehren und lernen an der Hochschule (S. 247–261). Stuttgart: Kohlhammer.

Niederreiter, L. (2015): Wie antwortet die Bildende Kunst? In: Majer, H., Niederreiter, L. & Staroszynski, T. (Hrsg.): Kunstbasierte Zugänge zur Kunsttherapie (S. 261–272). München: kopaed.

Niederreiter, L. (2015): Künstlerisches Forschen und künstlerische Resonanz im Outsider Kontext. In: Grosse, T., Niederreiter, L. & Skladny, H. (Hrsg.): Inklusion und Ästhetische Praxis in der Sozialen Arbeit (S. 150–172). Weinheim: Beltz Juventa.

Nigro, R. (2016): Wie verändert sich Kunst, wenn sie zur Tätigkeit ohne Werk wird? In: Siegmund, J. (Hrsg.): Wie verändert sich Kunst, wenn man sie als Forschung versteht? (S. 199–214). Bielefeld: transcript.

Otto, G. (1993): Therapie als Problem der (Kunst-)Pädagogik. In: Wichelhaus, B. (Hrsg.): Kunsttheorie, Kunstpsychologie, Kunsttherapie (S. 82–94). Berlin: Cornelsen.

Pates, R. & Fach, W. (2004): Zivilgesellschaft. In: Bröckling, U., Krasmann, S. & Lemke, T. (Hrsg.): Glossar der Gegenwart (S. 312–319). Frankfurt am Main: Suhrkamp.

Peez, G. (2001): Qualitative empirische Sozialforschung in der Kunstpädagogik. Hannover: BDK.

Peez, G. (2018): Einführung in die Kunstpädagogik. Stuttgart: Kohlhammer.

Pohlen, A. (2013): Gillian Wearing. In: KUNSTFORUM International, Zeitschrift für alle Bereiche der Bildenden Kunst, Band 219, Ruppichterrot. S. 272–274.

Rauchfleisch, U. (1984): Versuch eines psychoanalytischen Zugangs zur »Concept Art«. In: Kraft, H. (Hrsg.): Psychoanalyse, Kunst und Kreativität (S. 324–341). Köln: dumont

Raunig, G. (2002): Spacing the Lines. In: Rollig, S. & Sturm, E. (Hrsg.): Dürfen die das? Kunst als Sozialer Raum (S. 118–127). Wien: Turia + Kant.

Rauterberg, H. (2004): Aktionisten der Nächstenliebe. In: DIE ZEIT, Nr. 19 vom 29.April 2004.

Rauterberg, H. (2018): Kultureller Klimawandel. In: KUNSTFORUM International, Zeitschrift für alle Bereiche der Bildenden Kunst Band 254, Köln: S. 89–103.

Rech, P. (1990): L'ART POUR L'AUTRE. Köln: Richter.

Rech, P. (1984): Die gesellschaftliche Notwenigkeit von »Kunsttherapie«. In: Hartwig, H. & Menzen, K.-H. (Hrsg.): Kunst-Therapie. Berlin: Verlag Ästhetik und Kommunikation.

Reck, H. U. (1999): Kunst als Kritik des Sehens. In: Breidbach, O. & Clausberg, K. (Hrsg.): VIDEO ERGO SUM (S. 235–256). Hamburg: Hans-Bredow-Institut.

Reck, H. U. (2000): Bild als Medium – Zeichen der Kunst. In: Belting, H. & Kamper, D. (Hrsg.): Der zweite Blick. Bildgeschichte und Bildreflexion (S. 173 210). München: Fink.

Reck, H. U. (2003): Kunst als Medientheorie. München: Fink.

Reichelt, S. (2012): Malen als Traumasprache. In: Titze, D. (Hrsg.): Die Kunst der Kunsttherapie, Band 5. Zeichen setzen im Bild (S. 260–265). Dresden: Sandstein Verlag.

Richter, H.-G. (1984): Pädagogische Kunsttherapie. Düsseldorf: Schwann.

Richter-Reichenbach, K.-S. (1992): Identität und ästhetisches Handeln. Weinheim: Deutscher Studienverlag.

Richter-Reichenbach, K.-S. (1993): Pädagogische Kunsttherapie: Pädagogisierung von Therapie oder Therapeutisierung von Pädagogik. In: Wichelhaus, B. (Hrsg.): Kunsttheorie, Kunstpsychologie, Kunsttherapie (S. 95–110). Berlin: Cornelsen.

Röske, T. (2009): »Schwarzseiden«. In: Sammlung Prinzhorn (Hrsg.): Schwarzseiden: Heidelberg, S. 5–11: ohne Verlag.

Röske, T. (2009): Inspiration und unerreichtes Vorbild. In: Röske, T. & von Beyme, I. (Hrsg.): Surrealismus und Wahnsinn (S. 9–24). Heidelberg: Wunderhorn.

Röske, T. & Noell-Rumpeltes, D. (Hrsg.) (2011): Durch die Luft gehen. Josef Forster, die Anstalt und die Kunst. Heidelberg: Wunderhorn.

Röske, T. & v. Beyme, I. (2013): ungesehen und unerhört. Künstler reagieren auf die Sammlung. Heidelberg: Wunderhorn.

Rollig, S. & Sturm, E. (Hrsg.): Dürfen die das? Kunst als Sozialer Raum. Wien: Turia + Kant.

Rubin, J. A. (1993): Kunsttherapie als Kindertherapie. Karlsruhe: Gerardi.

Sammlung Prinzhorn (2009) (Hrsg.): Schwarzseiden Lisa Niederreiter Agnes Richter. Katalog zur Ausstellung. Heidelberg: ohne Verlag.

Sarbia, K. (2015): Bildwahrnehmung als kunsttherapeutische Praxis. In: Majer, H., Niederreiter, L. & Staroszynski, T. (Hrsg.): Kunstbasierte Zugänge zur Kunsttherapie (S. 187–198). München: kopaed.

Scherr, A. (2008): Subjekt- und Identitätsbildung. In: Coelen, T. & Otto, H.-U. (Hrsg.): Grundbegriffe Ganztagsbildung (S. 140–145). Wiesbaden: VS.

Schiebel, W. (2010): Collagierte Lebenswelten Jugendlicher. In: Kirchner, C., Kirschemann, J. & Miller, M. (Hrsg.): Kinderzeichnung und jugendkultureller Ausdruck (S. 197 – 208). München: kopaed.

Schirmeyer, S. & Achmatova, A. (1999): Schwarze Bilder – Schöne Bilder – Skulpturen. Heidelberg: Engelhardt und Bauer.

Schmid, G. & Sinapius, P. (2015) (Hrsg.): Artistic Research in Applied Arts. Berlin: HBP University Press.

Schmidbauer, W. (2002): Helfersyndrom und Burnout-Gefahr. München und Jena: Urban und Fischer.

Schmücker, R. (2016): Künstlerisch Forschen. In: Siegmund, J. (2016) (Hrsg.): Wie verändert sich Kunst, wenn man sie als Forschung versteht? (S. 123–44). Bielefeld: transcript.

Schneider-Geweke, B. (2012): Kunsttherapeutisches Arbeiten mit jungen unbegleiteten Flüchtlingen. In: Titze, D. (Hrsg.): Die Kunst der Kunsttherapie. Band 5. Zeichen setzen im Bild (S. 266–269). Dresden: Sandstein Verlag.

Schulz, F. (2010): Veränderte Bildwelten – zum Einfluss von Computerspielen auf das bildnerische Gestalten von Heranwachsenden. In: Kirchner, C., Kirschenmann, J. & Miller, M. (Hrsg.): Kinderzeichnung und jugendkultureller Ausdruck (S. 429–436). München: kopaed.

Schultz-Venrath, U. (2013): Lehrbuch Mentalisieren. Stuttgart: Klett Cotta.

Schuppener, S. (2007): KUNST ist Ausdruck von Persönlichkeit. In: Müller, A. & Schubert, J. (Hrsg.): SHOW UP (S. 75–83). Eucrea Hamburg.

Schwab, M. (2016): Walter Benjamins Theorie der Reflexion. In: Siegmund, J. (Hrsg.): Wie verändert sich Kunst, wenn man sie als Forschung versteht? (S. 179–198). Bielefeld: transcript.

Schwärzler, M. (2004): Bedürftige, alter egos, schöne Unbekannte. In: Rollig, S. & Sturm, E. (Hrsg.): Dürfen die das? Kunst als Sozialer Raum (S. 148–160). Wien: Turia + Kant.

Schwenk, B. (2012): Befreiung mittels Vereinnahmung. In: Gillian, W. (S. 31–38). Ridinghouse, Whitechapel Gallery und Köln: König.

Seitz, H. (2008): Kunst in Aktion. Bildungsanspruch mit Sturm und Drang. Plädoyer für eine performative Handlungsforschung. In: Pinkert, U. (Hrsg.): Körper im Spiel.

Wege zur Erforschung theaterpädagogischer Praxen (S. 28–45). Berlin, Milow, Strasburg: Schibri.

Siegmund, J. (2015): Gedanken zu einer sozialen Handlungstheorie der Kunst. In: Feige, D. M. & Siegmund, J. (Hrsg.): Kunst und Handlung (S. 119–142). Bielefeld: transcript.

Siekmann, A. (1998): Aus: Gesellschaft mit beschränkter Haftung. Köln: König.

Sinapius, P. (2008): Wissenschaftliche Grundlagen der Kunsttherapie, Band 2. Frankfurt: Peter Lang.

Spieler, J. (2000): Jürgen Klauke. In: Zweite, A., Krystof, D. & Spieler, R. (Hrsg.): Ich ist etwas Anderes (S. 120–127). Köln: Dumont.

Spies, A. & Steinbach, A. (2020): Bildung, Biografizität und Lebensbewältigung. In: Stecklina, G. & Wienforth, J. (2020) (Hrsg.): Handbuch Lebensbewältigung und Soziale Arbeit (S. 417–425). Weinheim, Basel: Beltz Juventa.

Soldt, P. (2007): Ästhetische Erfahrungen. Gießen: Imago.

Staehle, A. (2008): Sehen und Gesehen-Werden – Verstanden-Werden. In: Hirsch, M. (Hrsg.): Die Gruppe als Container (S. 117–143). Göttingen: Vandenhoeck und Ruprecht.

Staroszynski, T. (2015): Zeitgenössische Formen der Bildproduktion in der Kunsttherapie. In: Majer, H., Niederreiter, L. & Staroszynski, T. (Hrsg.): Kunstbasierte Zugänge zur Kunsttherapie (S. 273–284). München: kopaed.

Stecklina, G. & Wienforth, J. (2020) (Hrsg.): Handbuch Lebensbewältigung und Soziale Arbeit. Weinheim, Basel: Beltz Juventa.

Stemmer-Lück, M. (2009): Verstehen und Behandeln von psychischen Störungen. Stuttgart: Kohlhammer.

Strobl, A. (2000): Cindy Sherman. In: Zweite, A., Krystof, D. & Spieler, R. (Hrsg.): Ich ist etwas Anderes (S. 216–223). Köln: Dumont.

Strobl, R. (1999): Entstehungsmechanismen und Ausdrucksformen psychotischer Kunst. In: Thomashoff, H.-O. & Naber, D. (Hrsg.): Psyche und Kunst (S. 66–91). Stuttgart: Schattauer.

Strunk, M. (2018): Was kann die Kunst? In: KUNSTFORUM International, Zeitschrift für alle Bereiche der Bildenden Kunst, Band 253. Köln, S. 59–69.

Sullivan, G. (2010): 2nd Ed.: ART PRACTICE AS RESEARCH. Los Angeles, London, New Dehli: Sage.

Szeemann, H. (1990): Objektivität in der Kunst ist das kompromißlos Subjektive. In: Rötzer, F. & Rogenhofer, S. (Hrsg.): Kunst Machen? (S. 248–255). München: Boer.

Thelen-Daniel, U. & Oberauner, U. (2018): Weben, wickeln, wünschen – Kunsttherapie mit geflüchteten Kindern. In: Kunst und Therapie. Zeitschrift für bildnerische Therapien (S. 51–68). Köln: Claus Richter.

Thoma, S. (2018): Common Sense und Verrücktheit im Sozialen Raum. Köln. Psychiatrie Verlag.

Thomashoff, H.-O. & Naber, D. (1999) (Hrsg.): Psyche und Kunst. Stuttgart, New York: Schattauer.

Treptow, R. (2015): Theorie ästhetisch-kultureller Bildung. In: Braun, T., Fuchs, M. & Zacharias, W. (Hrsg.): Theorien der Kulturpädagogik (S. 207–224). Weinheim, Basel: Beltz Juventa.

Uhlhaas, P. J. & Konrad, K. (2011): Das adoleszente Gehirn. Eine Perspektive. In: Uhlhaas, P. J. & Konrad, K. (Hrsg.): Das adoleszente Gehirn (S. 261–264). Stuttgart: Kohlhammer.

Ullrich, W. (2018): Nachkunst. In: KUNSTFORUM International, Zeitschrift für alle Bereiche der Bildenden Kunst, Band 254, Köln, S. 62–77.

Van den Berg K. (2018): »Ein neuer Realismus zeichnet sich ab«. In: KUNSTFORUM International; Zeitschrift für alle Bereiche der Bildenden Kunst, Band 253. Köln, S. 80–97.

Vorkoeper, U. (2010). Unauffällige Fiktionen. Von Foto- zu Video-Texten. In: KUNSTFORUM International; Zeitschrift für alle Bereiche der Bildenden Kunst, Band 202. Ruppichterroth, S. 70–91.

Wearing, G. (2012): Katalog. Ridinghouse, Whitechapel Gallery und Köln: König.

Weingarten, M. (1999): Wahrnehmungen haben und Erfahrungen machen? In: Breidbach, O. & Clausberg, K. (Hrsg.): VIDEO ERGO SUM (S. 158–180). Hamburg: Hans-Bredow-Institut.

Weinhart, M. & Hollein, M. (2010) (Hrsg.): Weltenwandler. Frankfurt: Hatje Cantz.

Welsch, W. (1998): Ästhetisches Denken. Stuttgart: Reclam.

Welsch, W. (2018): Mittels der Kunst geht es eigentlich um Lebenskunst. In: KUNSTFORUM International, Zeitschrift für alle Bereiche der Bildenden Kunst, Band 253, Köln, S. 132–135.

Westlund-Morgenstern, K. (2008): »Ich kann mein Bild nicht sehen« – Einführung in das psychoanalytische Konzept der Symbolbildung und ihrer Störung nach schweren Traumata. In: Konvergenzen, Divergenzen, Transformationen. Tagungsband der DFKGT. Berlin. S. 189–202.

Wiegelmann-Bals, A. (2010): Kinderzeichnung im Kontext zweier Computerspiele. In: Kirchner, C., Kirschenmann, J. & Miller, M. (Hrsg.): Kinderzeichnung und jugendkultureller Ausdruck (S. 437–448). München: kopaed.

Wilson, L. (1991): Symbolisierung und Kunsttherapie. In: Rubin, J. A. (Hrsg.): Richtungen und Ansätze der Kunsttherapie (S. 63–80). Karlsruhe: Gerardi.

Wollyn, M. (2017): Dieser Schmerz ist nicht meiner. München: Kösel.

Zacharias, W. (2015): Zur Entstehung und Begründung der neuen Kulturpädagogik. In: Braun, T., Fuchs, M. & Zacharias, W. (Hrsg.): Theorien der Kulturpädagogik (S. 44–71). Weinheim, Basel: Beltz Juventa.

Zacharias, W. (2015): Zur Theoriebildung in einer urbanen kulturpädagogischen Topologie. In: Braun, T., Fuchs, M. & Zacharias, W. (Hrsg.): Theorien der Kulturpädagogik (S. 160–181). Weinheim, Basel: Beltz Juventa.

Zaremba, J. (2010): FanArt – zu Praktiken und Ausdrucksformen aktueller JugendKunst-Online. In: Kirchner, C., Kirschenmann, J. & Miller, M. (Hrsg.): Kinderzeichnung und jugendkultureller Ausdruck (S. 175–188). München: kopaed.

Zirfas, J. (2015): Zur Geschichte der Kulturpädagogik. In: Braun, T., Fuchs, M. & Zacharias, W. (Hrsg.): Theorien der Kulturpädagogik (S. 20–43). Weinheim, Basel: Beltz Juventa.

Internetquellen

https://www.aerzteblatt.de/archiv/78018/Psychische-Erkrankungen-Dramatische-Zunah me-kein-Konzept. Zugriff: 22.6. 2020

https://www.psyga.info/psychische-gesundheit/daten-fakten. Zugriff: 22.6.2020

https://www.destatis.de/DE/Themen/Gesellschaft-Umwelt/Gesundheit/Krankheitskoste n/_inhalt.html. Zugriff: 22.6.2020

Stichwortverzeichnis